Minerva Shobo Librairie

鉄道トンネル火災事故の検証

避難行動の心理と誘導のあり方

吉田 裕

[著]

ミネルヴァ書房

　　　　　　　は し が き

　2015年6月30日11時30分頃，新横浜駅～小田原駅間を走行中の東海道新幹線
「のぞみ225号」の車内において乗客による放火事件が発生し，放火犯を含む2
名が死亡，乗務員を含む28名が負傷した。この衝撃的なニュースは，焼損した
車内の映像とともに日本国内を駆け巡った。本列車は，運転士の適切な判断に
よりトンネルを避けた安全な場所に停車したが，東海道新幹線に比べトンネル
比率が高い他の新幹線で同様の事象が発生した場合，やむを得ずトンネル内に
停車することも想定される。
　ひとたび密閉されたトンネル内に停車した列車で火災が発生した場合の被害
の大きさは，1972年に全長約13.7キロの北陸トンネル内で発生した列車火災事
故（死傷者744名）から容易に想像できる。本火災事故を契機に，トンネル内で
列車火災が発生した場合には「トンネル内では停車させず走り抜ける」という
取り扱いが定められ，2017年現在においても継承されている。ところが，この
間にも1987年には近鉄東大阪線生駒トンネルにおいて，トンネル内の地上設備
火災に伴う停電により走行中の列車が火災現場付近に停車したトンネル火災や，
2011年には石勝線第一ニニウトンネルにおいて，脱線により停車した列車が燃
えるトンネル内列車火災が発生している。トンネル内で火災が発生した場合に
は，これまでどおり走り抜けることが基本であることには変わりないが，これ
らの事例のように列車がトンネル内に停車することもあり得るという前提で，
被害を拡大させないための効果的な避難誘導を検討していかなくてはならない。
本書は，この点に焦点を絞って論じることとした。
　ところで，トンネル火災時における効果的な避難誘導を検討するうえで重要
な点は，乗務員等を主体で考えるのではなく，突然の異常時に遭遇した乗客の
心理状態や避難行動を分析することにあると考える。既往の研究では，この分

i

析手法としてシミュレーション手法や実験的手法などが数多く用いられているが，本書では実際のトンネル火災事故に遭遇した生存者の証言を主体に分析を行った。また，避難行動の分析では鉄道トンネルを，山岳トンネル，都市トンネル（地下鉄），海底トンネルに大別し，それぞれのトンネル種別ごとに被害の軽減に繋がる推奨すべき行動の抽出も試みた。この２点は，本書の特徴といえる。

　本書をきっかけに，これまで策定されてきたトンネル火災対策が顧みられ，将来において発生し得るトンネル火災の備えに繋がれば幸いである。

2018年２月

吉田　裕

北陸トンネル敦賀口にある列車火災事故慰霊碑

（筆者撮影）

鉄道トンネル火災事故の検証

――避難行動の心理と誘導のあり方――

目　次

はしがき

序　章　甚大な被害をもたらす鉄道トンネル火災事故……………………1
　　　　──事故の現況と特徴──
　　1　我が国の交通市場における鉄道の役割…………………………………1
　　　（1）日本の国内旅客輸送の推移…1
　　　（2）日本の国内貨物輸送の推移…3
　　2　鉄道事故の発生状況と鉄道における火災事故…………………………5
　　　（1）鉄道事故の分類と発生状況…5
　　　（2）甚大な被害をもたらした鉄道事故…7
　　3　近年発生した事故の特徴とトンネル火災事故…………………………12
　　　（1）近年発生した事故の特徴…12
　　　（2）新幹線放火事件…13
　　　（3）リスクの高まるトンネル火災事故…22

第1章　鉄道トンネル火災事故の歴史と
　　　　異常時の人間心理・行動特性………………………………………31
　　1　鉄道トンネルにおける火災事故の歴史…………………………………31
　　　（1）日本における鉄道トンネル火災事故…31
　　　（2）世界における鉄道トンネル火災事故…39
　　2　火災のメカニズムと鉄道におけるトンネル火災事故の特徴…………41
　　　（1）火　災…41
　　　（2）鉄道におけるトンネル火災事故の特徴…45
　　　（3）煙流動の予測方法…48
　　　（4）鉄道の防火に関わる各種法令…49
　　3　異常時における人間の心理・行動特性と臨機応変な対応……………52
　　　（1）群集心理…52
　　　（2）異常時における動揺・人間特性…54
　　　（3）レジリエンスエンジニアリング…56

目　次

第**2**章　山岳トンネルにおける火災事故……………………………69

　1　山岳トンネルの建設……………………………………………69

　　（**1**）山岳トンネル建設の歴史…*69*

　　（**2**）長大トンネルの現状…*75*

　2　北陸トンネル火災事故……………………………………………76

　　（**1**）北陸トンネルの建設…*76*

　　（**2**）火災事故の概況…*78*

　　（**3**）被害の状況…*82*

　　（**4**）火災の原因…*85*

　　（**5**）被害を拡大させた要因…*85*

　　（**6**）事故時におけるヒューマンエラー的側面…*88*

　　（**7**）事故後の対策…*90*

　　（**8**）北陸トンネルで過去に発生した火災事故…*98*

　　（**9**）北陸トンネル火災事故でみられた組織的要因…*99*

　3　北陸トンネル火災事故における救助活動の概況と

　　　避難行動の分析……………………………………………………*100*

　　（**1**）救助活動の概況と避難行動の分類…*100*

　　（**2**）避難行動と心理状態の分析…*107*

　4　他の山岳トンネル火災事故………………………………………*111*

　　（**1**）生駒トンネル火災事故…*111*

　　（**2**）石勝線トンネル火災事故…*116*

　　（**3**）大清水トンネル火災事故（建設工事中に発生）…*122*

　5　山岳トンネル火災事故の特徴と課題……………………………*130*

　　（**1**）避難誘導の検討の重要性…*130*

　　（**2**）同種事故で共通してみられた事柄…*131*

　　（**3**）避難誘導における重要なポイントと課題…*131*

第**3**章　都市トンネル（地下鉄）における火災事故………………143

　1　都市トンネル（地下鉄）の建設…………………………………143

　　（**1**）世界における地下鉄建設の歴史…*143*

v

（2）日本における地下鉄建設の歴史…*146*

2　大邱（テグ）地下鉄火災事故………………………………………………*148*

（1）大邱地下鉄の建設…*148*

（2）火災事故の概況…*153*

（3）被害の状況…*157*

（4）地下鉄公社職員による初期対応…*160*

（5）火災の原因と被害を拡大させた要因…*165*

（6）事故後の対策…*170*

**3　大邱（テグ）地下鉄火災事故における救助活動と消火活動，
乗客の避難行動**…………………………………………………………*174*

（1）救助活動と消火活動…*174*

（2）避難行動と心理状態の分析…*179*

4　他の地下鉄火災事故……………………………………………………*186*

（1）ロンドン地下鉄キングス・クロス駅火災事故（イギリス）…*186*

（2）バクー地下鉄火災事故（アゼルバイジャン）…*193*

（3）日本における地下鉄火災事故…*197*

5　都市トンネル（地下鉄）火災事故の特徴と課題………………………*206*

（1）同種事故で共通してみられた事柄…*206*

（2）避難誘導における重要なポイントと課題…*208*

第4章　効果的な避難誘導の検討………………………………………*223*

1　鉄道における従来のトンネル火災対策………………………………*223*

（1）山岳トンネル…*223*

（2）都市トンネル（地下鉄）…*224*

（3）海底トンネル…*227*

（4）海外における鉄道トンネルの火災対策…*237*

2　鉄道以外の火災事例の分析と対策……………………………………*239*

（1）国内の火災事例と発生傾向…*239*

（2）従業員の行動に関する分析…*250*

（3）被害拡大の要因…*253*

目　次

　　（4）個別の火災事例…*257*

　　（5）対　策…*262*

　3　鉄道以外の火災事例から学ぶ新たな鉄道トンネル火災

　　　対策の検討 ……………………………………………………… *268*

　　（1）防火区画…*268*

　　（2）点滅・誘導音付き誘導灯…*269*

　　（3）安全エリア…*269*

　　（4）避難方法の啓蒙…*271*

　4　火災発生時において被害が甚大化するおそれのある他の鉄道施設…*271*

　　（1）複合化するターミナル駅…*271*

　　（2）複合化するターミナル駅の利用者アンケート…*273*

　　（3）複合化するターミナル駅における防火安全対策…*274*

　5　従来の事故防止からの脱却と安全性向上 ……………………… *275*

　　（1）従来の事故防止…*275*

　　（2）トンネル火災対策を阻害する潜在的要因…*276*

　　（3）鉄道の安全性向上に向けて…*277*

参考資料……*285*

参考文献……*299*

あとがき……*311*

索　　引……*313*

vii

序　章

甚大な被害をもたらす鉄道トンネル火災事故
――事故の現況と特徴――

1　我が国の交通市場における鉄道の役割

（1）日本の国内旅客輸送の推移

　交通機関は，鉄道，自動車といった陸上交通機関のほか，船舶，航空機に大別される。交通機関の発展は，移動性の向上や物流の活性化に繋がり，日本国内の経済や産業，都市・地域の発展に大きく貢献してきた。

　日本の国内旅客輸送の推移についてみてみる。**図序-1** のとおり，日本の国内旅客輸送量（輸送人キロ）は，1980年代まで増加傾向にあったが，1990年代以降はどの交通機関においても横ばい，ないし減少傾向にある。1960年代までは，鉄道のシェアが最も高く全体の過半数を占めていたが，高度成長期以降の急速なモータリゼーションの進展に伴い，1970年代以降の陸上交通の主役は，鉄道から自動車へとシフトしていった。現在では，鉄道のシェアが約3割，自動車は約6割となっており，航空や船舶はそれぞれ1割に満たない状況にある。[1]

　さらに，旅客輸送量を都市別あるいは移動距離帯別に分けてみると以下のとおりとなる。

　まず，都市別の割合は，国土交通省が実施した「全国都市交通特性調査」によると首都，中京，近畿の三大都市圏に位置する諸都市においては鉄道のシェアが高く，他方，地方都市やローカル地域では自動車のシェアが高い。例えば，2010年度の平日における代表交通手段別構成比は，首都圏の川崎市，稲城市，東京23区，横浜市においては鉄道が約4割と自動車の2倍になっている。一方，

図序-1　日本の国内旅客輸送量

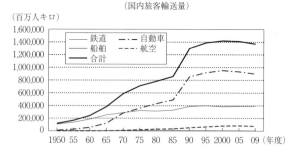

（国内旅客輸送量）

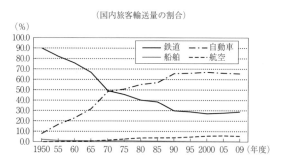

（国内旅客輸送量の割合）

注：2010年度は，東日本大震災の影響によりデータが一部欠損しているため2009年度とした。
出所：交通協力会（2015）『新交通年鑑』2015年度版，459頁をもとに筆者作成。

地方都市においては自動車のシェアが過去20年間で約4割から約6割へと大きく増加している。
(2)

　また，国土交通省の「全国幹線旅客純流動調査」の結果（2010年度）によると，距離帯別代表交通機関別分担率は，移動距離帯が300キロ未満では自動車が8割以上，1000キロ以上では航空が8割以上を占めている。一方，300キロ以上1000キロ未満では鉄道が4割以上を占めており，特に500キロ以上700キロ未満では約7割と自動車や航空の5～6倍となっている。
(3)

　ここで，他国と日本における鉄道の旅客輸送量を比較してみる。**図序-2**は，2010年度の旅客輸送量上位5カ国における過去60年間の旅客輸送量の推移を示したものである。1980年代までは日本とソ連の2国が多く増加傾向にあったが，

序　章　甚大な被害をもたらす鉄道トンネル火災事故

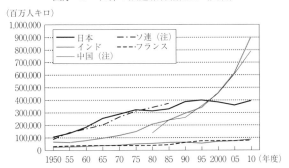

図序-2　世界の鉄道旅客輸送量（国別）

注：中国は1980年以降のデータ，ソ連は1985年までのデータ。
出所：総務省統計局『世界の統計』2009年度版，208-209頁，2013年度版，187-188頁。矢野恒太記念会（2006）『数字でみる日本の100年』改訂第5版，476頁。以上をもとに筆者作成。

1990年代以降の日本は横ばいとなっている。2000年代に入るとインドと中国の旅客輸送量が急増し，2010年度にはいずれも日本の2倍以上となった。現在，日本はインド，中国に次いで世界3位となっているが，単位人口あるいは国土面積当たりの旅客輸送量からみると，また全国にわたる鉄道網の充実などから日本は旅客鉄道大国であるといえる。(4)

（2）日本の国内貨物輸送の推移

　図序-3のとおり，日本の国内貨物輸送量（輸送トンキロ）は，旅客輸送量と同様，1980年代まで増加傾向にあった。交通機関ごとにみると，自動車は現在も増加傾向にあるが，鉄道・航空は横ばい，船舶は減少傾向にある。また，1950年代までは鉄道が全体の過半数を占めていたが，1960年代以降は船舶，1980年代以降は自動車へとシフトし，現在では自動車（約6割），船舶（約3割），鉄道・航空（いずれも1割未満）となっている。このように，日本の国内貨物輸送における鉄道のシェアは低く，旅客輸送上の役割とは大きく異なる。(5)

　ところで，他国における鉄道貨物輸送の実態であるが，『世界の統計 2013』によると，2010年代のアメリカ，中国，ロシアの輸送量は，いずれも日本の100倍以上となっている。このように，日本の国内における鉄道貨物輸送の

3

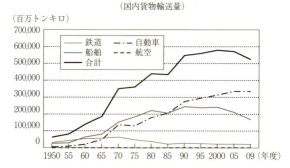

図序-3　日本の国内貨物輸送量

注：2010年度は，東日本大震災の影響によりデータが一部欠損しているため2009年度とした。
出所：交通協力会，前掲書，457頁をもとに筆者作成。

シェアは低く，他国と比べてもその役割は著しく小さい現状にある。[6]

　以上のとおり，日本の鉄道は，貨物輸送上の役割は小さいものの，都市部あるいは500キロ以上700キロ未満の中長距離区間における旅客輸送においては役割が大きく，自動車を除く公共交通の中では最もシェアの高い交通機関となっている。その1日当たりの輸送量は，実に6000万人を超えており，いわば，社会活動に不可欠なインフラであるともいえるのが鉄道である。しかし鉄道は大量輸送機関であるが故に，ひとたび事故が発生すると深刻な人的・物的被害が生じる。便利で不可欠な鉄道が，大きな損失を社会にもたらすのである。国民生活に不可欠な鉄道の安全性を向上させるためにはどのような課題があり，い

序　章　甚大な被害をもたらす鉄道トンネル火災事故

かなる方策を講じる必要があるのか。本書が考察しようとするのはまさにこの点である。

2　鉄道事故の発生状況と鉄道における火災事故

（1）鉄道事故の分類と発生状況

　鉄道事故等報告規則（運輸省令第 8 号，1987年 2 月）によれば，鉄道事故のうち，鉄道運転事故，輸送障害は**表序-1**のとおり定義されている。

　すなわち，鉄道運転事故とは，列車衝突事故，列車脱線事故，列車火災事故，踏切障害事故，道路障害事故，鉄道人身障害事故，鉄道物損事故をいい，そのうち列車衝突事故，列車脱線事故および列車火災事故はその影響の大きさから列車事故と総称される。輸送障害とは，鉄道運転事故以外で鉄道による輸送に障害が生じたものと定義され，2001年までは運転阻害と呼ばれていた。また，

表序-1　鉄道事故の分類

鉄道事故等			定　義
鉄道運転事故	列車事故	列車衝突事故	列車が他の列車又は車両と衝突し，又は接触した事故
		列車脱線事故	列車が脱線した事故
		列車火災事故	列車に火災が生じた事故
	踏切障害事故		踏切道において，列車又は車両が道路を通行する人又は車両等と衝突し，又は接触した事故
	道路障害事故		踏切道以外の道路において，列車又は車両が道路を通行する人又は車両等と衝突し，又は接触した事故
	鉄道人身障害事故		列車又は車両の運転により人の死傷を生じた事故 （前各号の事故に伴うものを除く）
	鉄道物損事故		列車又は車両の運転により500万円以上の物損を生じた事故（前各号の事故に伴うものを除く）
輸送障害			鉄道による輸送に障害を生じた事態であって，鉄道運転事故以外のもの 旅客列車は30分以上，旅客列車以外の列車は 1 時間以上の遅延を生じたものが該当

出所：運輸省「鉄道事故等報告規則」1987年 2 月運輸省令第 8 号。

5

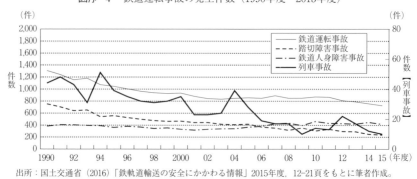

図序-4　鉄道運転事故の発生件数（1990年度～2015年度）

出所：国土交通省（2016）「鉄軌道輸送の安全にかかわる情報」2015年度，12-21頁をもとに筆者作成。

輸送障害以外のものであって閉そく違反や信号違反，信号冒進といった運転事故が発生するおそれがある事象は，2001年よりインシデントとして区別されるようになった。[7]

図序-4は，1990年度から2015年度までの25年間に日本国内で発生した鉄道運転事故と，その内訳である列車事故，踏切障害事故，鉄道人身障害事故の発生件数の推移である。同図によれば，鉄道運転事故はこの25年間で1308件（1990年度）から727件（2015年度）と約半分に減少している。

内訳では，踏切障害事故は25年間で約3割まで減少したのに対し，鉄道人身障害事故はほぼ横ばいの状態で変化していない。そのため，鉄道運転事故全体に占める鉄道人身障害事故の割合は約3割から約6割に倍増している。近年，大都市圏の鉄道駅を中心にホームドアやホーム柵の設置が進んでいるのはこのためである。[8]

一方，列車事故はこの25年間で約2割まで激減している。このこと自体は評価されるべきであるが，重大な列車事故は根絶されていない。2005年4月25日に発生した福知山線列車事故はその典型である。[9]

図序-5は，1990年度から2015年度までの25年間に日本国内で発生した輸送障害件数の推移を表したものである。同図のとおり，輸送障害は2478件（1990年度）から4733件（2015年度）と25年間で約1.9倍に増加し，既述の鉄道運転事

図序-5　輸送障害の発生件数（1990年度〜2015年度）

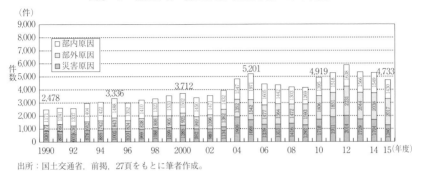

出所：国土交通省，前掲，27頁をもとに筆者作成。

故件数とは反対の傾向を示している。輸送障害は，部内原因，部外原因，災害原因の3つに分けられるが，いずれにおいても同様の傾向を示しており，なかでも部外原因は約4.2倍まで激増している。

　鉄道事業の原点は安全・安定輸送の確保にあり，輸送障害は，このうちの安定輸送を損なうものである。輸送障害が増加傾向にある一つの要因として，安全確保を最優先するという観点から運転規制が厳格に行われていることが想定される。しかしながら，頻繁に発生する列車遅れは，利用者の鉄道に対する信頼の喪失に繋がるおそれがあるため，今後は安全の確保は大前提としつつも，安定輸送の確保にも留意した対応の検討が必要になってくる。

　なお，鉄道運転事故の9割以上を占めている踏切障害事故および鉄道人身障害事故の大部分は，部外者の故意や不注意によるものである。そのため，今後ともハード整備による安全対策の拡充はいうまでもないが，それに加えて鉄道利用者，踏切通行者，鉄道沿線住民らの理解と協力を得ていくことも欠かせないと考えられる[10]。

（2）甚大な被害をもたらした鉄道事故

　日本の鉄道は，1872（明治5）年に新橋と横浜の間で開業した。**表序-2**は，鉄道創業から2017年3月末までの間に日本の国内で発生した死者50名以上また

表序-2 甚大な被害をもたらした鉄道事故一覧（死者50名以上あるいは死傷者200名以上）

（単位：人）

	No.	発生年月日	種別	線名	区間	死者	負傷者	合計	備考
1910～【1件】	1	1916（大正5）・11・29	列車衝突	東北本線	下田駅～古間木駅間	20	180	200	
1920～【3件】	2	1922（大正11）・2・3	列車脱線	北陸本線	親不知駅～青海駅間	88	42	130	雪崩
	3	1923（大正12）・4・16	列車脱線	参宮線	下庄駅～一身田駅間	6	200	206	
	4	1923（大正12）・9・1	列車脱線	熱海線	根府川駅	112	13	125	地震
1930～【1件】	5	1934（昭和9）・9・21	列車脱線	東海道本線	草津駅～石山駅間	11	216	227	強風
1940～【8件】	6	1940（昭和15）・1・29	列車脱線	西成線	安治川口駅	181	92	273	火災発生
	7	1943（昭和18）・10・26	列車衝突	常磐線	土浦駅	110	107	217	
	8	1945（昭和20）・5・17	列車衝突	富山地鉄本線	東新庄駅～越中美郷駅間	43	257	300	
	9	1945（昭和20）・8・24	列車衝突	八高線	小宮駅～拝島駅間	105	67	172	
	10	1945（昭和20）・9・6	列車脱線	中央本線	笹子駅	60	91	151	
	11	1945（昭和20）・12・6	列車脱線	南海高野線	紀見峠駅	27	224	251	
	12	1947（昭和22）・2・25	列車脱線	八高線	東飯能駅～高麗川駅間	184	497	681	競合脱線
	13	1948（昭和23）・3・31	列車衝突	近鉄奈良線	花園駅	49	272	321	車両故障
1950～【2件】	14	1950（昭和25）・6・8	線路故障	信越本線	熊ノ平駅	50	23	73	土砂崩壊
	15	1951（昭和26）・4・24	列車火災	京浜線	桜木町駅	106	92	198	
1960～【5件】	16	1962（昭和37）・5・3	列車衝突	常磐線	三河島駅	160	296	456	
	17	1962（昭和37）・8・7	列車衝突	南武線	津田山駅～久地駅間	3	197	200	踏切
	18	1963（昭和38）・11・9	列車衝突	東海道本線	鶴見駅～横浜駅間	161	120	281	競合脱線
	19	1968（昭和43）・1・18	列車衝突	南海本線	天下茶屋駅	0	239	239	
	20	1968（昭和43）・7・16	列車衝突	中央本線	御茶ノ水駅	0	210	210	
1970～【6件】	21	1970（昭和45）・10・9	列車脱線	東武伊勢崎線	鷲ノ宮駅～花崎駅間	5	237	242	踏切
	22	1971（昭和46）・10・25	列車衝突	近鉄大阪線	東青山駅～榊原温泉口駅間	25	218	243	
	23	1971（昭和46）・12・12	列車衝突	東海道本線	岐阜駅	0	227	227	
	24	1972（昭和47）・3・28	列車衝突	総武本線	船橋駅	0	758	758	
	25	1972（昭和47）・11・6	列車火災	北陸本線	敦賀駅～今庄駅間	30	714	744	
	26	1976（昭和51）・8・1	列車衝突	琴電志度線	今橋駅～松島2丁目駅間	0	230	230	
1980～【1件】	27	1986（昭和61）・3・23	列車衝突	西武新宿線	田無駅	0	204	204	雪
1990～【4件】	28	1991（平成3）・5・14	列車衝突	信楽高原鉄道信楽線	小野谷（信）～紫香楽宮跡駅間	42	628	670	
	29	1991（平成3）・6・25	列車衝突	福知山線	丹波竹田駅～福知山駅間	0	333	333	踏切
	30	1992（平成4）・6・2	列車脱線	関東鉄道常総線	取手駅	1	251	252	車両故障
	31	1993（平成5）・10・5	人身障害	大阪市交南港ポートタウン線	住之江公園駅	0	215	215	車両故障
2000～【1件】	32	2005（平成17）・4・25	列車脱線	福知山線	塚口駅～尼崎駅間	107	562	669	

注：死者100名以上または死傷者500名以上の事故にアミをかけた。

出所：日本鉄道運転協会（2013）『重大運転事故記録・資料（復刻版）』1-564頁。

は死傷者200名以上の甚大な被害をもたらした鉄道事故の一覧である。表序-2に示す32件の鉄道事故のうち，死者100名以上あるいは死傷者500名以上のものにアミをかけた。

　鉄道開業当初は運転区間が短くかつ列車回数も少なく速度も低いことから，甚大な被害をもたらす事故は発生しなかった。ところが，列車の速度が向上し列車編成両数も増加した20世紀前半より，東北本線・下田駅～古間木駅間で発生した列車衝突事故（表序-2のNo.1）など，甚大な被害をもたらす事故が発生しはじめた。1930年代までに発生した5件の事故のうち3件は，雪害・地震・強風といった自然災害によるものであった。その中でも死者数が一番多かった熱海線・根府川駅列車脱線事故（表序-2のNo.4）は，関東大震災により土砂崩壊が発生し，列車が海中に転落した事故である。⁽¹¹⁾

　表序-2より，甚大な被害をもたらした事故は1940年代（8件）が最も多く，そのうち4件が死者100名以上の事故となっている。その背景として，太平洋戦争に伴う軍への動員や召集等による人員不足や資材不足があいまって，日本国内の鉄道施設が急速に荒廃したことが考えられる。さらに，1944年頃から本格化した米軍による本土空襲は，施設・車両・資材を破壊し，鉄道の荒廃に拍車をかけた。そのため，1943年頃から列車事故および各種装置・施設・車両の故障が激増し，終戦後には荒廃した車両や施設を酷使しながら，疎開先の帰還者あるいは海外からの引き揚げ者などの大量輸送を背負わされたことで，鉄道の安全性は著しく後退した。1940年代に最大の死者数を出した八高線・東飯能駅～高麗川駅間列車脱線事故（表序-2のNo.12）の原因も車軸やレール等の材質不良や保守不良によるものとされている。⁽¹²⁾

　1940年代の次に多いのが，1970年代の6件，1960年代の5件となっている。この時代は，戦後の高度成長に伴い輸送需要が急激に増大したにもかかわらず，それに見合う保安装置（ATSなど）の整備が不十分であった。信号機の見誤りにより発生した常磐線・三河島駅列車衝突事故（表序-2のNo.16）は，ATSが整備される契機となった事故である。⁽¹³⁾

　ATSの整備により乗務員の信号冒進による事故が減少した代わりに，ATS

システムの弱点を突く事故が発生するようになった。最大の死傷者数を出した総武本線・船橋駅列車衝突事故（表序-2のNo. 24）が，その一例である。この事故を契機に，ATSの改良や新幹線で実績のあるATCの導入が検討されるようになった。[14]

　自動車台数の増加とともに1950年代の半ばから踏切事故が急増し，1960年にピークとなった。また，1960年代には南武線・津田山駅〜久地駅間列車衝突事故（表序-2のNo. 17），1970年代には東武鉄道伊勢崎線・鷲ノ宮駅〜花崎駅間列車脱線事故（表序-2のNo. 21）など，踏切内での自動車との衝突による脱線事故が多発した。このような踏切事故に伴う脱線事故は，1990年代にも発生している。[15]

　表序-2に示す鉄道事故のうち本書の主題である火災に関する事故は，西成線・安治川口駅列車脱線事故（表序-2のNo. 6），京浜線・桜木町駅列車火災事故（表序-2のNo. 15）および北陸本線・敦賀駅〜今庄駅間列車火災事故（以下「北陸トンネル火災事故」という。）（表序-2のNo. 25）の合計3件である。一つ目の西成線・安治川口駅列車脱線事故は，列車通過中に分岐器を転換したことによりガソリン動車が脱線し，ガソリンタンク破損に伴う火災で車内に閉じ込められた多くの乗客が焼死した。二つ目の京浜線・桜木町駅列車火災事故は，電力作業員が碍子交換作業中に誤って架線を断線垂下させたところに列車が進入したため火災が発生した。車両のドアの開け方が分からなかった乗客らは，中段が固定された3段構造の窓からの脱出もできなかったため，燃えさかる車内に閉じ込められた。火災が発生した列車は戦時中に設計された車両であり，延焼しやすかったことが指摘されている。三つ目の北陸トンネル火災事故の死傷者数は表序-2の中で2番目に多い事故となっている。これら3つの列車火災事故は，いずれも死者100名以上あるいは死傷者500名以上を伴う事故であり，列車火災事故はひとたび発生すると甚大な被害をもたらす危険性が潜んでいることを示している。[16]

　ところで，鉄道における列車火災事故は，近年，どのような発生状況となっているのであろうか。**図序-6**は，1990年から2015年までの25年間に日本の国

序　章　甚大な被害をもたらす鉄道トンネル火災事故

図序-6　列車火災件数の推移

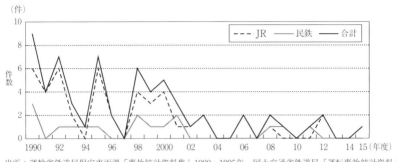

出所：運輸省鉄道局保安車両課「事故統計資料集」1990～1995年。国土交通省鉄道局「運転事故統計資料」1996～2015年。以上をもとに筆者作成。

表序-3　列車火災・脱線・衝突事故別の発生件数と死者発生率（2002～2015年度）

		列車火災	列車脱線	列車衝突
発生件数（件）	【A】	12	215	38
Aのうち，乗務員・乗客の死者が発生した件数（件）	【B】	2	3	0
乗務員・乗客の死者の発生率（％）	【B／A】	16.7	1.4	0.0

出所：運輸省鉄道局保安車両課，前掲。国土交通省鉄道局，前掲。以上をもとに筆者作成。

内で発生した列車火災件数の推移である。図序-6より，2002年以降の列車火災件数は，毎年2件以下とそれ以前に比べ減少傾向にあるにもかかわらず，死者を伴う列車火災事故が，中央本線・田立駅～南木曽駅間（2003年8月30日）と東海道新幹線・新横浜駅～小田原駅間（2015年6月30日）の2件発生している。表序-3は，列車火災発生件数が年間2件以下となった2002年から2015年までの列車火災・脱線・衝突事故別の発生件数と死者発生率である。表序-3より，列車火災は列車脱線，列車衝突に比べ乗務員・乗客の死者が発生する割合が高く，ひとたび発生すると甚大な被害をもたらす可能性が高いことが窺える。

列車火災事故のうち，トンネル内で発生した火災事故は救助や避難が困難であるため被害が拡大する可能性が高いことから，今後も残留リスクのある事故の一つとして扱っていく必要があると考える。本書が鉄道トンネル火災事故に焦点を絞って論じるのは，そのためである。なお，図序-6はあくまで事故種

別上の火災事故をもとに作成したため，前述した西成線・安治川口駅列車脱線事故（表序-2のNo.6）や第2章で詳述する石勝線・清風山信号場構内列車脱線事故（2011年5月27日発生）のように火災以外の種別に分類された事故は含まれていない。これまでに列車脱線事故のほか，踏切障害事故や輸送障害などの種別に分類された列車火災事例もある。そのため，第1章以降では事故種別に関係なくトンネル内で発生した火災事故について言及する。

3　近年発生した事故の特徴とトンネル火災事故

（1）近年発生した事故の特徴

　科学的な根拠はないが，重大な鉄道事故はおよそ10年ごとに繰り返されてきたというのが，これまでの鉄道事故の歴史である。福知山線列車事故の発生から10年経過した2015年には，新幹線の車内で初めての死者を出した東海道新幹線・新横浜駅～小田原駅間の列車火災事故（以下「新幹線放火事件」という。）（2015年6月30日）をはじめ，青函トンネル火災事故（2015年4月3日），京浜東北線の架線切断トラブル（2015年8月4日），山手線の電化柱倒壊事故（2015年4月12日），山手線や中央線などで発生した一連のケーブル放火事件（2015年8月中旬～9月上旬）など深刻な事故・事件が数多く発生した。

　2015年6月30日に発生した新幹線放火事件は，新幹線開業以来初の火災事故と認定されたが，乗客の焼身自殺によるものであった。この事故を契機に，さらなるセキュリティー向上を図るため，新幹線には客室内およびデッキ通路側にも防犯カメラの増設が行われている。なお，在来線では2003年8月30日に中央本線・田立駅～南木曽駅間の島田トンネルで同様の焼身自殺が発生している。[17]

　2015年8月中旬から都内のJR各線で発生したケーブル火災（以下「ケーブル放火事件」という。）は，同一犯による放火が原因であった。この事件を契機に，ケーブルカバーが耐火シートで覆われたほか，道路に面した施設の巡回強化や防犯カメラの増設も検討されている。[18]

　これら新幹線放火事件やケーブル放火事件は，人間の悪意による鉄道にとっ

ては比較的新しいタイプの事象である。放火による列車火災は，国際的には
2003年2月に韓国の大邱市の地下鉄で起こった事例が有名である。一方，ケー
ブル放火事件は，社会への挑戦という点で一種のテロ行為である。この種の事
件は海外の鉄道では頻発しているが，我が国の事例としては，1995年3月の地
下鉄サリン事件がよく知られている。

　かかる鉄道への攻撃・犯罪行為は，今後も残留リスクとして対応・管理して
いく必要がある。2005年7月に発生したロンドン同時爆破テロを受け，同年8
月，国土交通省内に同省鉄道局や主要鉄道事業者をメンバーとした「鉄道テロ
対策連絡会議」が設置された。また，鉄道に対するテロ発生の度合いを示す危
機管理レベルが，国土交通省により設定され，同省より通知されたレベルに応
じ鉄道事業者は対策を実施することになった。

　ところで，各鉄道事業者における具体的なテロ対策には，駅構内や列車内の
警備強化，監視カメラの設置といった見せる警備をはじめ，利用者への協力要
請，警察機関等との連携等がある。しかしながら，以上の対策を踏まえた現行
の鉄道システムではテロや犯罪を完全に防ぐことは困難であるため，テロは必
ず発生するという前提に立ち，被害を最小限に留めるための異常時対応を，あ
らゆるケースでシミュレーションする必要があると考える。[19]

　第2項では，2015年に発生した事故のうち，乗客の死者を伴った新幹線放火
事件について詳述する。

（2）新幹線放火事件

　新幹線は1964年の開業以来，長年にわたって乗客の死亡事故ゼロの記録が継
続されてきた。1995年には東海道新幹線・三島駅において，駆け込み乗車を行
おうとした乗客がドアに挟まれたまま列車に引きずられ死亡するという鉄道人
身障害事故が発生したが，乗車中の乗客が死亡するという列車事故（脱線・衝
突・火災事故）は新幹線の開業から50年間，1件も発生しなかった。これは，
信頼性の高い新幹線システムが，輸送の安全を確保しているためと考えられる。
ところが，新幹線開業50周年を迎えた2014年の翌年に東海道新幹線車内で前代

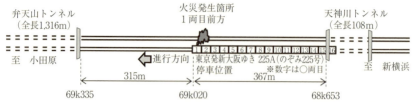

図序-7　225A 列車の停車場所

出所：運輸安全委員会（2016）『鉄道事故調査報告書：東海旅客鉄道株式会社　東海道新幹線　新横浜駅～小田原駅間列車火災事故』RA2016-5, 10, 20, 30頁をもとに筆者作成。

未聞の放火事件が発生し，車内の焼損状態の映像や乗客の証言などとともに，その衝撃的なニュースは日本全国を駆け巡った。[20]

概　況

2015年6月30日11時30分頃，東京発新大阪行き225A列車（のぞみ225号，16両編成，乗客約900名，乗務員4名，パーサー5名）が新横浜駅～小田原駅間を走行中，1両目の最前列付近で焼身自殺を図ろうとした乗客（以下「放火犯」という。）が大量の可燃性物質（ガソリン）を周辺の床にまき自らかぶった後，ライターの火をつけた。そのため，火は急速に広がり，濃い煙と爆風とともに1両目から2両目の客室内にかけて襲っていった。本放火事件は2003年に韓国・大邱市で発生した地下鉄火災事故（第3章で詳述）を彷彿とさせるものであった。火災発生後，本列車は運転士の適切な判断により，新横浜駅～小田原駅間で最長の弁天山トンネル（全長1316m）の入口手前315メートルに停車した（キロ程69k020m）。なお，キロ程とは東海道新幹線の起点である東京駅からの距離を意味する（図序-7）。[21]

この列車には，運転士のほか3名の車掌（1～6両目担当の前車掌，7～11両目担当の車掌長・列車長，12～16両目担当の後車掌）の合計4名の乗務員が乗車していた。また，乗車人員約900名のうち，火災現場付近の1～3両目の推定乗客人員は表序-4のとおりである。なお，列車長とは車掌長（乗務列車の乗務員を掌握し，業務の調整・指導を図る責任者）のうち，必要により列車の運転が行える者をいう。[22]

序　章　甚大な被害をもたらす鉄道トンネル火災事故

表序-4　推定乗車人員と乗車率

		1両目	2両目	3両目	全編成
定員（人）	【A】	65	100	85	1,323
推定乗車人員（人）	【B】	50	70	60	900
乗車率（％）	【B/A】	76.9	70.0	70.6	68.0

出所：運輸安全委員会（2016）前掲，9-10頁をもとに筆者作成。

　本火災事故では，放火犯のほか1両目の乗客1名が死亡し，他の乗客25名（うち，2名が重体）と乗務員3名が負傷した。死亡した乗客は，客室内での異常を認知した後，自主的に1両目前方から後側デッキまで避難したが，放火により発生した熱風を吸引したことに伴う気道熱傷により窒息死した。1両目および2両目の車内では，濃い煙と爆風が急速に広がった。そのため，4両目で車内改札を行っていた前車掌が，乗客の通報により異常を認知してから1～2両目で乗客の避難誘導をするまでの十分な時間はなかった。また，1両目は乗客が全員避難したことが確認できないほど濃い煙で覆われたため，客室内に取り残された可能性がある乗客への配慮から，1両目の貫通扉等は締切り状態とすることができなかった。これらの要因が重なったことにより，25名の乗客の負傷に繋がったと推測される。[23]

　指令は運転士から火災の通報を受けた後，11時38分に消防へ最初の通報を行った。消防は，12時05分に現地へ到着し救助活動を開始した。なお，乗務員により消火活動が行われ，12時45分には鎮火が確認されたため放水は行われなかった。負傷者は，負傷の程度により列車が火災で停車した場所から，あるいは運転再開後に最初に停車した次駅の小田原駅から医療機関へ搬送された。[24]

被害が拡大しなかった要因

　既述のとおり，本放火事件では，乗客2名が死亡（放火犯を含む），乗員乗客28名が負傷した。多くの乗客が乗車する中で発生した放火事件であったにもかかわらず，被害は拡大しなかった。ここでは，その要因を乗務員，乗客，車両に分けて考えたい。

①　乗務員

15

ⅰ）運転士

　新横浜駅を定刻（11時19分）に発車してから約10分後の11時29分55秒に1両目後方のトイレ内にある連絡用ブザーが，11時30分04秒に2両目の客室内前方に設置された非常ブザーが扱われた。運転士はこれらのブザーが扱われたことを運転台のモニタ画面で確認したため，非常ブレーキを扱いながら，車内放送で前車掌にブザー鳴動の原因確認を依頼した。その頃，運転室では油のにおいが漂いはじめた。そして，指令にブザーが扱われたために停止手配中である旨を伝えていたところ，背後から爆発音が聞こえ，後方を振り返ったところで閃光を確認した。運転士は，におい，音，光から車内で火災が発生した可能性があると判断した。表序-5のとおり，非常ブレーキの使用を開始したのが11時30分11秒（キロ程65k110m），放火が発生したのは11時30分45秒（キロ程66k920m）であることから，放火犯の異常な行動に気付き行われた通報（連絡用ブザー，非常ブザー鳴動）により，放火発生前から停止手配が採られていたことが分かる。[25]

　列車火災発生時の取り扱いとしては，トンネル内・橋梁を避けてすみやかに停車することとなっており，トンネル内で発生した場合には極力運転を継続してトンネル外に出ることが基本となっていた。表序-5のとおり，火災発生現場付近の延長6.4キロの区間（キロ程が64k300mから70k700m）には，8カ所のトンネルと2カ所の橋梁が連続的に介在している。このうち，全長400メートルの本列車をトンネルや橋梁を避けて停車できる区間には表序-5の停車可能欄に〇印を付した。運転士は，そのまま非常ブレーキによって停車するとトンネルや橋梁を避けて停車できないと判断したため，時速80キロまで減速した列車の非常ブレーキを一度緩解し，再び時速126キロまで加速した。そして，天神川トンネル（全長108メートル）と弁天山トンネル（全長1316メートル）との間（682メートル）に列車を停車すべくブレーキ操作を行った。その結果，225A列車は最後尾の16両目のみを天神川トンネル内に残し，2つのトンネル間に停車した。[26]

　運転士は停車後，乗務員室の窓や出入り戸を開けたが排煙しきれなかったた

序　章　甚大な被害をもたらす鉄道トンネル火災事故

表序-5　トンネル・橋梁の位置と運転士による取り扱い

トンネル・橋梁名（空欄はトンネル・橋梁以外）	キロ程		延長(m)	停車可能	時刻	停車までの時間	内容	キロ程	停車までの距離(m)	列車速度(km/h)
小原トンネル	64k396m	~ 64k736m	340	-	11:29:55	2分19秒	★連絡用ブザー鳴動	64k310m	4,710	251
	64k736m	~ 65k251m	515	○	11:30:00	2分14秒	力行ノッチ投入継続中			
第1楓柄見トンネル	65k251m	~ 65k306m	55	-	11:30:04	2分10秒	★非常ブザー鳴動	65k110m	3,910	246
	65k306m	~ 65k364m	58	×	11:30:11	2分03秒	非常ブレーキ使用			
第2楓柄見トンネル	65k364m	~ 65k422m	58	-						
	65k422m	~ 65k532m	110	×						
第3楓柄見トンネル	65k532m	~ 65k580m	48	-						
葛川橋梁	65k580m	~ 66k271m	691	○						
	66k271m	~ 66k271m	74	-						
	66k345m	~ 66k801m	456	○						
借宿トンネル	66k801m	~ 67k308m	507	×	11:30:45	1分29秒	★放火発生　非常ブレーキ使用継続中	66k920m	2,100	141
	67k308m	~ 67k641m	333	-	11:30:59	1分5秒	ブレーキ緩め	67k370m	1,650	82
					11:31:01	1分3秒	力行ノッチ投入	67k410m	1,610	77
開戸トンネル	67k641m	~ 67k756m	115	×						
	67k756m	~ 67k928m	172	-						
押切川橋梁	67k928m	~ 68k147m	219	×						
天神川トンネル	68k147m	~ 68k545m	398	×	11:31:30	44秒	非常ブレーキ使用	68k260m	760	126
	68k545m	~ 68k653m	108	-	11:31:45	29秒	ブレーキ緩め	68k690m	330	67
弁天山トンネル	68k653m	~ 69k335m	682	○	11:31:56	18秒	常用ブレーキ使用	68k860m	160	55
	69k335m	~ 70k651m	1,316	-	11:32:10	4秒	非常ブレーキ使用	69k010m	10	17
					11:32:14	0秒	停車	69k020m	0	0

注：停車可能とはトンネル・橋梁以外の区間で、新幹線の全長約400mを超える箇所に○を付した。
出所：運輸安全委員会（2016）前掲、6、9、11頁をもとに筆者作成。

め，乗務員室から一旦車外へ出て，1両目車内の前方側でくすぶっていた火を列車長と一緒に消火した。その際，運転士は負傷したため，小田原駅到着後，病院へ搬送された。なお，運転再開後の運転は列車長が担当した[27]。

　今回の事象で運転士が状況をすばやく判断し，異常時マニュアルに沿った適切な行動を冷静沈着に採ったことは推奨事例として挙げられる。日頃から行われている火災発生時の現車・机上訓練の成果が反映されたものと考える。

ⅱ）列車長

　車内改札後，11両目の後側デッキにいた列車長は，非常ブレーキによる減速を認めるとともに運転士が前車掌に対して行った非常ブザー確認依頼に関する車内放送を聞いた。そのため，11両目の乗務員室から列車が停車する旨の車内放送を行った後，前方の車両へと向かった。その途中，前車掌による火災発生の車内放送を聞き，後方車両へ避難する数十名の乗客を見て，前方車両で異常事態が発生したことを認知した。3両目から後方の車両においては異常を認められなかったが，2両目車内での視界は後側3列程度しか見えなかったため，2両目より前方へは進めない状態であった[28]。

　列車長は，運転士に煙の充満を避けるために空調を切ることと，隣接線の列車を止める手配を依頼したが，すでに煙が充満した1両目の運転室では操作ができないとの返答だったため，後車掌に16両目の運転台でEGS（架線停電を行う保護接地スイッチ）を扱うよう指示をした。列車長は前方車両にいた乗客を後方車両へ誘導した後，1両目車内の前方側でくすぶっていた火を運転士とともに消火器で消火した。

　列車長は，消火作業で負傷した運転士に代わり小田原駅まで運転したが，火災によりATC（自動列車制御装置）車上装置が故障したため，ハード装置なしの非常運転で運転した[29]。

　なお，小田原駅到着までの間，運転士のほか，前車掌，後車掌，パーサー5名により，車内放送，負傷者の救護，車内確認，車内換気，車内秩序の維持などが行われた[30]。

② 乗　客

序　章　甚大な被害をもたらす鉄道トンネル火災事故

表序-6　防犯カメラ映像の時間経過別記録内容

時刻	防犯カメラ映像の記録内容	参　考
11:29:38	1両目の乗客が避難を開始した。	
11:29:40	1両目から避難してきた乗客が2両目に入った。	
11:29:45以降	避難する乗客の1名が1両目後側デッキに立ち止まり，1両目客室内を見ていた。	
11:29:48以降	1両目デッキに立ち止まった複数の乗客が，1両目客室内を見たり，スマートフォンで客室内の撮影を始めた。これにより，デッキで滞留ができ，乗客の避難を阻害した。※貫通扉は開いたままとなった。	11:29:55（乗客）1両目トイレの連絡用ブザーが扱われた。11:30:04（乗客）2両目客室内の非常ブザーが扱われた。11:30:11（運転士）非常ブレーキを使用開始した。
11:30:12	放火犯が白色の収納容器に入ったガソリンをかぶった。	
11:30:15	乗客から異常の通報を受けた前車掌は，4両目から前方車両へと向かった。	11:30:19死亡した乗客が，1両目客室内から避難してきて1両目後側デッキで滞留した。
11:30:34	ほとんどの乗客は1両目後部デッキ内で立ち止まり，1両目客室内を見ていた。	
11:30:37	前車掌はPHSを所持しながら2両目の客室内に入った。	
11:30:45	1両目前側はオレンジ色に明るくなった。客室内に炎や煙が立ち込め，前方が確認できない状態となる（1両目～2両目）。	
11:30:46以降	1両目後側デッキにいた乗客らは，慌てた様子で2両目の客室へ避難を開始した。	

出所：運輸安全委員会（2016）前掲，7-8頁をもとに筆者作成。

　防犯カメラの映像記録や乗客の証言によると，車内には放火犯が犯行に及ぶまでの一部始終を目撃した乗客や放火をやめるよう放火犯に詰め寄った乗客が複数存在していた。放火犯は1両目の最前列付近で，収納容器を取り出し，その蓋を開けて容器中のガソリンを手のひらですくうように取り，まきはじめた。それを目撃した周囲の乗客が，後方側へ避難を開始したため，他の乗客も避難

19

を開始した。**表序-6**は、防犯カメラ映像の記録時刻と記録内容であり、放火の約1分前から乗客の避難行動が開始されていることが分かる。[31]

　以上のとおり、乗客による自主的な避難行動が比較的早期に採られた反面、1両目後側デッキでは滞留したり客室内に逆戻りする乗客の姿もみられた。これは、少し離れた所から放火犯の動向を窺ったり、スマートフォン等で車内の状況を撮影していたためとされている。このような状況は、放火犯がガソリンをかぶりライターの火がつけられる直前まで続いた。[32]

③　車　　両

　車両内部では、放火により1両目中央部から前側デッキにかけて座席の溶損、天井パネルの落下、床面や窓ガラス表面に焦げの付着などがみられたが、車両外部の焼損はなかった。このように焼損が部分的であり延焼の拡大防止が図れたことは、技術基準に適合する難燃材あるいは不燃材が当該車両の各部位に使用されていたためと考える。なお、1両目客室の貫通扉等は開放状態となっていたため、1両目の後側デッキ、2両目の前側デッキおよび客室内の空調吹出口に煤が付着していた。[33]

同種事故

　新幹線放火事件が発生する12年前の2003年8月30日21時41分頃、中央本線・田立駅～南木曽駅間の島田トンネル（全長2551m）において下り普通843M列車（中津川発松本行き、3両編成）車内で放火事件が発生した。2両目車内の1両目寄りで焼身自殺を図ろうとした乗客（以下「放火犯」という。）は、ペットボトルに入った可燃性物質（灯油と推定）を自身に振りかけ火をつけた。車内には乗客36名（放火犯含む）と乗務員2名が乗車しており、乗客の内訳は1両目10名、3両目25名、火災が発生した2両目には放火犯のみが乗車していた（**図序-8**）。[34]

　火災発生時には、運転台にある運転士知らせ灯が消灯したため、運転士は「運転士作業基準」に基づき直ちに非常ブレーキを使用して列車を停車させた。列車は、トンネル出口より210メートル手前のトンネル内で停車した。一方、車掌は乗客の申告により2両目を確認したところ炎が上がっているのを確認し

序　章　甚大な被害をもたらす鉄道トンネル火災事故

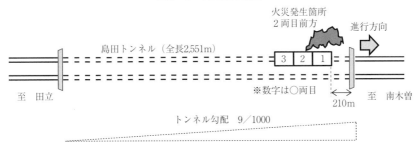

図序-8　火災発生現場

出所：運輸安全委員会（2004）『鉄道事故調査報告書：東海旅客鉄道株式会社　中央線田立駅～南木曽駅間列車火災事故』RA2004-1，2-7頁をもとに筆者作成。

ため，車掌室で防護無線を発報した後，消火器を持参して消火活動を行った。本放火事件では，放火犯1名が死亡しただけで死傷者は一人も発生しなかった。なお，車両は2両目車内の座席横内張板の焼損や天井部内張板の汚損が生じたほか，焼損した窓ガラスがトンネル内に落下した。[35]

　3両編成の車内では煙が立ち込め，特に1両目では煙の充満が著しかったため，車掌は1両目の乗客を運転室の乗降扉から一時的に車外へ避難させた。これは，列車が停車した場所が9パーミルの上り勾配区間であり，2両目から発生した煙は1両目方向へ流れたためと考える。車掌は総合指令所に本事故の発生と列車をトンネル外へ移動させたい旨を連絡したところ，速やかに発車するように指示を受けた。そのため，一旦車外へ避難した1両目の乗客が乗車したことを確認した後，運転士は列車の運転を再開させ，次駅の南木曽駅に列車を収容した。本列車が島田トンネルを脱出したのは，火災発生から約20分後の22時01分であった。[36]

　東海旅客鉄道（以下「JR東海」という。）の「運転士作業基準」では，運転士知らせ灯が消灯したときには直ちに非常停止し，トンネル内で列車火災が発生したときには可能な限りトンネル外の安全な場所まで運転を継続することと定められていた。本火災事故では，運転士は火災の発生に気付いていなかったため，運転士知らせ灯消灯時の取り扱いに従ってトンネル内に非常停止したものと考える。[37]

21

表序-7　新幹線放火事件後に講じられた措置

項　目	内　　　容
乗客への 注意喚起強化	・車内テロップ，駅の発車標テロップの注意喚起文を変更する。 ・注意喚起放送内容の変更を行う。
啓発ポスター	危険物持込禁止，不審物・不審行為発見時の通報に関する啓発ポスターの変更を行う。
乗務員室	乗務員室等に「乗務員用防煙マスク・耐火手袋」を搭載した。
手回り品	ガソリンをはじめ，可燃性液体そのものの持ち込みを禁止した。
車内防犯 カメラの 増設・機能強化 （2017.12 工事完了）	・2017年度までに700系を除く全編成の客室内およびデッキ通路部に車内防犯カメラを増設する。 ・非常ブザーと車内防犯カメラを連動させ，乗務員室で即座にブザーが扱われた車両の状況を確認できるように改良する。

出所：運輸安全委員会（2016）前掲，27頁をもとに筆者作成。

事故後の対策

　表序-7 は，新幹線放火事件後に JR 東海が講じた措置であり，乗客に対する注意喚起の強化や防犯カメラの増備・機能強化が決定された。本放火事件では，1両目デッキで客室内の様子を伺ったりスマートフォンで撮影する乗客が防犯カメラに記録されていた（前掲表序-6）。そのため，1両目客室の貫通扉等は開放状態のままとなった。これらを締切状態とすることは，被害を軽減させることに繋がるため，今後の検討課題となり得る。[39]

（3）リスクの高まるトンネル火災事故

トンネル比率の増大（新幹線）

　既述した新幹線放火事件では，運転士の正しい判断により列車をトンネル等を避けて停車させることができた。表序-8 は，新幹線の路線ごとの構造物割合であるが，放火事件のあった東海道新幹線のトンネル比率は13パーセントと他の路線に比べ著しく低いことが分かる。また，新幹線の開業時期ごとに3つのグループ（グループⅠ：1960年代～1990年代前半に開業，グループⅡ：1990年代後半～2010年代に開業，グループⅢ：建設中）に分け構造物割合を算出したところ，グループⅢのトンネル比率はグループⅠの約2倍であり，近年では最短

表序-8　路線ごとの構造物割合（新幹線）

グループⅠ　1960年代〜1990年代前半に開業

路線	トンネル（％）	橋梁・高架橋（％）	土工（％）
東海道新幹線　東京〜新大阪　（延長）515.4km（開業）1964年　〜1975年	13	34	53
山陽新幹線　新大阪〜博多　（延長）553.7km（開業）1972年	47	35	18
東北新幹線　東京〜盛岡　（延長）496.5km（開業）1982年　〜1991年	23	72	5
上越新幹線　大宮〜新潟　（延長）275km（開業）1982年	39	60	1
4路線全体の割合	30	48	22

グループⅡ　1990年代後半〜2010年代に開業

路線	トンネル（％）	橋梁・高架橋（％）	土工（％）
北陸新幹線　高崎〜金沢　（延長）348.4km（開業）1997年　〜2015年	47	47	6
東北新幹線　盛岡〜新青森　（延長）178.4km（開業）2002年　〜2010年	68	17	15
九州新幹線　博多〜鹿児島中央　（延長）257km（開業）2004年　〜2011年	50	41	9
北海道新幹線　新青森〜新函館北斗　（延長）148km（開業）2016年	65	28	7
4路線全体の割合	55	36	9

グループⅢ　建設中

路線	トンネル（％）	橋梁・高架橋（％）	土工（％）
北陸新幹線　金沢〜敦賀　（延長）114km（開業）2022年度予定	32	65	3
九州新幹線　武雄温泉〜長崎　（延長）67km（開業）2022年度予定	61	30	9
北海道新幹線　新函館北斗〜札幌　（延長）212km（開業）2030年度予定	76	17	7
3路線全体の割合	61	33	6

出所：交通協力会（2015）『新幹線50年史』交通新聞社、565-575、714-715頁をもとに筆者作成。

表序-9　トンネル総延長の沿革

時　期	JR（km）	地下鉄（km）	その他（km）	合計（km）
1990年3月【A】	2,112	465	406	2,983
2000年3月	2,085	668	566	3,319
2010年3月	2,304	816	606	3,726
2014年3月【B】	2,387	819	627	3,833
【B/A】率（%）	113.0	176.1	154.4	128.5

出所：国土交通省鉄道局『数字でみる鉄道』1991, 2001, 2011, 2016年版，運輸政策研究機構をもとに筆者作成。

ルートの選定や土木技術の進歩などにより，路線延長に占めるトンネル区間の割合が大きくなる傾向にあることが窺える[40]。

　つまり，東海道新幹線以外で同様の放火事件が発生した場合，やむを得ずトンネル内に停車する可能性が増大していると考えられる。

トンネル総延長の増大

　表序-9は，1990年3月，2000年3月，2010年3月，2014年3月時点の日本国内におけるトンネル総延長の沿革である。全体の総延長は，1990年から2014年までの24年間で約3割増加しており，特に地下鉄（都市トンネル）の総延長は約8割と著しく増加していることがわかる。JRでは，1990年から2000年にかけて一旦減少しているが，新線開業を路線廃止や第三セクター化が上回ったためと考えられる[41]。

　以上より，トンネルの総延長でみてもトンネル内での火災に遭遇する可能性が高まっているということがいえる。

トンネルの長大化

　表序-10は，日本の国内における全長が20キロを超える鉄道トンネルである。最長となる青函トンネルは，本州と北海道を結ぶ海底トンネルとして1988年に開業し，新幹線開業後は新幹線と貨物列車の共用区間として活用されている。この表より，青函トンネルと大清水トンネルを除き，全長が20キロを超える鉄道トンネルは2000年以降に開業あるいは建設中のものである。日本の山岳トンネルで最長となる北海道新幹線・渡島トンネル（全長3万2675メートル）や札

序　章　甚大な被害をもたらす鉄道トンネル火災事故

表序-10　延長が20キロを超える鉄道トンネル

	トンネル名	路　線	種別	延長(m)	開業(年)
1	青函トンネル	北海道新幹線	海底	53,850	1988
2	渡島トンネル	北海道新幹線	山岳	32,675	建設中
3	八甲田トンネル	東北新幹線	山岳	26,455	2010
4	札樽トンネル	北海道新幹線	山岳	26,230	建設中
5	岩手一戸トンネル	東北新幹線	山岳	25,808	2002
6	飯山トンネル	北陸新幹線	山岳	22,251	2015
7	大清水トンネル	上越新幹線	山岳	22,221	1987
8	新北陸トンネル	北陸新幹線	山岳	20,009	建設中

出所：交通協力会，前掲書，565-575頁。国土交通省鉄道局，前掲書，2016年版，199頁。鉄道・運輸機構発表資料「北海道新幹線（新函館北斗・札幌間）工事の計画変更について」（2016年7月22日）（2017年6月30日）。以上をもとに筆者作成。

樽トンネル（全長2万6230メートル），北陸新幹線・新北陸トンネル（全長2万9メートル）は建設中であり，将来にわたりトンネルの長大化が一層進むものと考えられる。[42]

　トンネルの長大化により，トンネル内で火災が発生してから列車がトンネル外へ脱出するまでに時間を要することが懸念される。また，列車がトンネル内で起動不能となり，乗客が自力でトンネルを脱出する場合も同様のことがいえる。

・地下鉄駅ホームの深度化

　表序-11は，4都市（東京，大阪，名古屋，福岡）の地下鉄駅のホーム階の深さ（平均深さ，最大深さ）を建設年代別に算出した結果である。戦前に建設された2都市（東京，大阪）において，ホーム階の深さは平均で約9〜10メートル，最大でも約12〜13メートル程度であった。その理由として，地下鉄路線が少ないため比較的地表に近い場所でも十分であったことが挙げられる。この時代の建設方法は，地上から掘削し建設後に埋め戻すという開削工法が中心であり，その傾向は戦後の1950年代まで続いた。[43]

　1960年代に入ると東京の地下鉄は7路線となり，深さ20メートルを超える駅が2駅（千代田線・新御茶ノ水駅，東西線・木場駅）建設され，ホーム階の平均

表序-11　建設年代別ホーム階の深さ（平均，最大）

（単位：m）

	東　京		大　阪		名古屋		福　岡	
	（対象）東京メトロ 東京都交通局		（対象）大阪市交通局		（対象）名古屋市交通局		（対象）福岡市交通局	
	平均深さ	最大深さ	平均深さ	最大深さ	平均深さ	最大深さ	平均深さ	最大深さ
戦　　前	8.96	11.90	10.33	12.60	—	—	—	—
1950年代	8.89	11.70	8.73	10.60	8.27	9.40	—	—
1960年代	12.10	24.30	12.63	19.60	11.51	14.60	—	—
1970年代	17.43	37.90	14.56	17.80	14.87	18.80	—	—
1980年代	18.90	27.80	14.06	18.50	19.16	25.00	16.39	22.20
1990年代	21.36	37.50	17.54	33.10	17.98	23.00	14.80	14.80
2000年代	22.98	42.30	21.04	26.70	19.59	24.00	13.56	15.70
2010年代	—	—	—	—	19.25	21.30	—	—

注：平均深さを算出するうえで，地上駅は含まない。上下線で駅のホーム深さが異なる場合は，大きな値を採用。

出所：今尾恵介（2008）『日本鉄道旅行地図帳』5号東京，新潮社，6-7頁。今尾恵介（2008）『日本鉄道旅行地図帳』7号東海，新潮社，10-11頁。今尾恵介（2009）『日本鉄道旅行地図帳』10号大阪，新潮社，8-9頁。今尾恵介（2009）『日本鉄道旅行地図帳』12号九州沖縄，新潮社，8-9頁。以上をもとに筆者作成。

深さは約12メートルとなった。さらに，1970年代に入ると東京の地下鉄は10路線となり，深さ30メートルを超える駅（千代田線・国会議事堂駅）が建設されるようになった。1960年代後半以降の建設方法は，従来の開削工法からシールド工法へとシフトしていった。建設年代別ホーム階の平均深さは時代とともに深くなっており，2000年代に建設されたホーム階の深さは平均約23メートルと1960年代の約2倍になっていることが分かる。地下鉄路線の拡大に伴い，既設路線と交差する新設路線のホームはさらに深い箇所に建設する必要があるため，駅ホームの深度化が進んだと考えられる。2017年3月現在，東京には13の地下鉄路線が張り巡らされており，深さ30メートルを超える駅が14駅，最も深い駅が大江戸線・六本木駅（深さ42.3m）となっている[44]。

　一方，大阪の地下鉄は1960年代から1980年代まで6路線のままであり，建設年代別のホーム階の深さは平均で13～15メートル，20メートルを超える駅は存在しないまま約30年が経過した。1990年代に入り長堀鶴見緑地線の開業に伴い，深さ30メートルを超える駅（長堀鶴見緑地線・大阪ビジネスパーク駅）が建設さ

れた。2017年3月現在，大阪市交通局の深さ20メートルを超える14駅は，いずれも1990年代に開業の長堀鶴見緑地線，2000年代に開業の今里筋線の駅である。[45]

　名古屋の地下鉄は1980年代に3路線から5路線となり，深さ20メートルを超える駅が建設されるようになった。2017年3月現在，名古屋市交通局では深さ20メートルを越える駅が15駅存在し，そのほとんどが1980年代以降に開業した桜通線，2000年代に開業した上飯田線の駅である。[46]

　福岡の地下鉄は1980年代から深さ20メートルを超える駅が建設され，2017年3月現在，福岡市交通局では深さ20メートルを超える駅が3駅存在する。なお，2000年代に開業した七隈線は他の地下鉄路線との交差がないため，全駅20メートル未満と比較的浅い場所に建設された。[47]

　地下鉄駅ホームの深度化により，ホームから地上までの距離が長くなるため，火災など災害発生時において乗客の避難がより困難となることが懸念される。併せて，消防隊などの救助活動にも多大な影響を及ぼす可能性が考えられる。

注
(1)　交通協力会（2015）『新交通年鑑』2015年度版，459頁。
(2)　国土交通省ホームページ「2010年度全国都市交通特性調査の調査結果について」http://www.mlit.go.jp/toshi/city_plan/toshi_city_plan_tk_000007.html（2015年11月11日アクセス）。全国70都市・60町村を抽出し，1都市当たり500世帯，1町村当たり50世帯を対象に実施された（全3万8000世帯を対象）。本調査に含まれる徒歩なの交通手段を除いて算出した場合には，川崎市などにおける鉄道の構成比は約5割となる。
(3)　国土交通省ホームページ「全国幹線旅客純流動調査」第5回（2010）調査 http://www.mlit.go.jp/common/001005632.pdf（2015年11月11日アクセス）。本調査は，航空，鉄道，幹線旅客船，幹線バス，自動車等を用いて都道府県を越えた旅客流動である。また，通勤や通学目的は除外され，目的が出張や観光，帰省などであるものが調査の対象となる。
(4)　総務省統計局『世界の統計』2009年度版，208～209頁，http://www.stat.go.jp/data/sekai/pdf/2009al.pdf，2013年度版，187-188頁，http://www.stat.go.jp/data/sekai/pdf/2013al.pdf（2015年11月11日アクセス）。矢野恒太記念会（2006）『数字でみる日本の100年』改訂第5版，476頁。
(5)　交通協力会，前掲書，457頁。
(6)　総務省統計局，前掲書，2009年度版，208-209頁，2013年度版，187-188頁。日本交通

政策研究会（2014）『自動車交通研究　環境と政策』2014年度，83頁。

(7)　国土交通省鉄道局安全対策室長（2011）「鉄道事故等報告規則等の事務取扱いについて」。鉄道事業者は，鉄道事業法第19条により，列車衝突事故，列車脱線事故，列車火災事故などの鉄道運転事故や死者等が発生した運転事故，旅客列車であれば30分以上の遅延を生じさせた輸送障害について，速やかに地方運輸局長へ報告する義務を負っている。

(8)　国土交通省（2015）「鉄軌道輸送の安全にかかわる情報」2014年度，11-22頁。http://www.mlit.go.jp/tetudo/tetudo_fr8_000020.html（2015年11月2日アクセス）。運輸省鉄道局（1995）『数字でみる鉄道』1995年版，177頁。

(9)　日本鉄道技術協会（2008）『20年後の鉄道システム』交通新聞社，469頁。

(10)　同上書，442頁。国土交通省，前掲，24-28頁。国土交通省鉄道局（2010）「鉄道利用者等の理解促進による安全性向上に関する調査」1，10頁。http://www.mlit.go.jp/tetudo/tetudo_fr8_000005.html（2015年11月5日アクセス）。

(11)　日本国有鉄道（1972）『日本国有鉄道百年史』第5巻，579頁。日本鉄道運転協会（2013）『重大運転事故記録・資料（復刻版）』，58頁。

(12)　運輸省（1980）『運輸省三十年史』運輸経済研究センター，170頁。日本国有鉄道（1973）『日本国有鉄道百年史』第11巻，176頁。日本鉄道運転協会，同上書，120-121，182-183頁。

(13)　運輸省，同上書，423頁。

(14)　運転保安研究会（1981）『鉄道の運転と安全のしくみ——運転保安ハンドブック』日本鉄道運転協会，65-66頁。日本貨物鉄道株式会社（2007）『貨物鉄道百三十年史』中巻，585-587頁。当初のATSは，停止信号に近づいたときに警報音を発し，運転士が「確認扱い」を行うシステムとなっていた。ところが，「確認扱い」後の防護機能はなく，運転士の注意力に依存するため，総武本線船橋駅列車衝突事故をはじめ，多くの衝突事故が発生した。そのため，停止信号の手前において列車を強制的に停車させる改良型ATS（のちのATS-P）の開発や新幹線で実績のあるATCの導入が検討されるようになった。

(15)　運転保安研究会，同上書，66-67，142-143頁。安部誠治編著（2015）『踏切事故はなぜなくならないか』高文研，19頁。1949年の年間踏切事故件数は，国鉄・民鉄を合わせて1500件程度であったが，10年後の1959年には5000件を超え，1960年には5569件とピークに達した。そのため，1961年には「踏切道改良促進法」が施行された。

(16)　日本鉄道運転協会（2013），前掲書，211頁。日本国有鉄道（1974）『日本国有鉄道百年史』第13巻，61，70頁。中西昭夫（2012）『安全の仕組みから解く——鉄道の運転取扱いの要点』日本鉄道運転協会，24-26頁。1951年に発生した京浜線桜木町駅列車火災事故を契機に列車火災に対する技術的な防止対策が進められ，1957年以降の新製車両はすべて鋼製となった。また，CTS局長のH. T. ミラー大佐からも同年5月8日付で国鉄総裁に対し，安全規程や職別運転取扱心得の制定，適切な運転考査の実施についての勧告があった。勧告は直ちに実行され，同年7月には運輸省により「運転の安全の確保

序　章　甚大な被害をもたらす鉄道トンネル火災事故

に関する省令」が制定された。日本国有鉄道はこの省令を受け，人命の安全に対して最も重要かつ簡単な規程として5項目からなる「安全の綱領」を制定し，運転関係の職場で日々唱和されてきた。「安全の綱領」は，以下のとおりである。

1．安全は，輸送業務の最大の使命である。

2．安全の確保は，規程の遵守及び執務の厳正から始まり，不断の修練によって築きあげられる。

3．確認の励行と連絡の徹底は，安全の確保に最も大切である。

4．安全の確保のためには，職責をこえて一致協力しなければならない。

5．疑わしいときは，手落ちなく考えて，最も安全と認められるみちを探らなければならない。

(17)　東海旅客鉄道株式会社・西日本旅客鉄道株式会社「東海道・山陽新幹線の防犯カメラの増設について」（2015年7月6日）。運輸安全委員会（2004）「東海旅客鉄道株式会社中央線田立～南木曽駅間列車火災事故」『鉄道事故調査報告書』RA2004-1，1-6頁。

(18)　『朝日新聞』DIGITAL，2015年8月29日，9月3日，http://www.asahi.com/articles/DA3S11938632.html，http://www.asahi.com/articles/DA3S11945102.html（2015年10月25日アクセス）。

(19)　国土交通省ホームページ「鉄道のテロ対策」http://www.mlit.go.jp/tetudo/tetudo_tk1_000007.html（2015年11月5日アクセス）。危機管理レベルは，レベルⅠ（通常警戒体制），レベルⅡ（高度警戒体制），レベルⅢ（厳重警戒体制）の3段階で構成されている。2005年12月には，レベルⅠと設定し全国の鉄道事業者に通知された。

(20)　中尾政之（2005）『失敗百選——41の原因から未来の失敗を予測する』森北出版，284-285頁。

(21)　運輸安全委員会（2016）「東海旅客鉄道株式会社東海道新幹線　新横浜～小田原間列車火災事故」『鉄道事故調査報告書』RA2016-5，1，5，6，10頁。

(22)　同上，1，9，16頁。

(23)　同上，1，5，21，23，25頁。

(24)　同上，9，19，23頁。

(25)　同上，2，6，11頁。

(26)　同上，2，3，6，9，10，17頁。

(27)　同上，3，21頁。

(28)　同上，3，4頁。

(29)　同上，4頁。

(30)　同上，5，16頁。

(31)　同上，5，7，8頁。

(32)　同上，5，7，8頁。

(33)　同上，14頁。

(34)　運輸安全委員会（2004）前掲，1，2，4頁。

(35)　同上，2-4，6頁。

⑶ 同上, 3, 4頁。

⑶ 同上, 6頁。

⑶ 運輸安全委員会 (2016) 前掲, 21, 27頁。

⑶ 同上, 7, 8頁。

⑷ 交通協力会 (2015)『新幹線50年史』交通新聞社, 565-575, 714-715頁。

⑷ 国土交通省鉄道局『数字でみる鉄道』1991年版, 2001年版, 2016年版, 運輸総合研究所。

⑷ 同上書, 2001年版, 565-575頁。鉄道・運輸機構発表資料「北海道新幹線（新函館北斗・札幌間）工事の計画変更について」(2016年7月22日)(2017年6月30日)。渡島トンネルは当初, 全長2万6470メートルで計画され, 隣接する村山トンネル（全長5265メートル）との間には約940メートルの高架橋や橋梁を建設する予定であった。ところが, 治山の重要性が高く大規模な斜面対策を要することから, 2016年7月に渡島トンネルは村山トンネルと一体化したトンネル建設に計画変更された。一方, 札樽トンネルは当初, 手稲トンネル（全長1万8750メートル）として計画されていたが, 北海道および札幌市より札幌市街地区間は沿線地域住民の生活環境に対する影響を小さくすべきとの要望を受けた。そのため, 札幌市街地区間では従来の高架橋構造からトンネル構造へと見直され, 手稲トンネルと一体となるトンネル建設に計画変更された。

⑷ 今尾恵介 (2008)『日本鉄道旅行地図帳』5号東京, 新潮社, 6-7頁。今尾恵介 (2009)『日本鉄道旅行地図帳』10号大阪, 新潮社, 8-9頁。

⑷ 今尾恵介 (2008) 同上書, 6-7頁。

⑷ 今尾恵介 (2009) 前掲書, 8-9頁。

⑷ 今尾恵介 (2008)『日本鉄道旅行地図帳』7号東海, 新潮社, 10-11頁。

⑷ 今尾恵介 (2009)『日本鉄道旅行地図帳』12号九州沖縄, 新潮社, 8-9頁。

第1章

鉄道トンネル火災事故の歴史と
異常時の人間心理・行動特性

1　鉄道トンネルにおける火災事故の歴史

（1）日本における鉄道トンネル火災事故

　表1-1は日本国内における営業運転開始後の鉄道トンネル内で発生した主な火災事故の一覧であり，表1-2は日本国内における建設工事中の鉄道トンネル内で発生した主な火災事故の一覧である。ここからは，これら日本国内で発生した鉄道トンネル火災事故について，山岳トンネル，都市トンネル，海底トンネルに分けて詳述する。

　山岳トンネル

　表1-1のとおり，太平洋戦争の終戦を迎えた1945年以前から都市トンネルでの列車火災は発生しているが，山岳トンネルでは1947年まで発生していない。当時，山岳トンネルでは，列車火災より蒸気機関車の排煙による窒息事故の方が深刻で，1945年までに5件発生した（表1-3）。そのうち，北陸本線・刀根駅～雁々谷駅間の柳ヶ瀬トンネルで発生した窒息事故では，上り勾配を運転していた機関士らと救助に向かった列車の機関士らの合計12名がトンネル内の排煙により負傷した。また，窒息により最大の死傷者を出したのは肥薩線・吉松駅～真幸駅間の山神第二トンネルで発生した事故であり，死者49名，負傷者20名であった。この事故では，手荷物の積載オーバーによりトンネル内に自然停車した列車から下車した乗客が，排煙または退行してきた当該列車に接触し死傷した。[1]

表1-1 営業運転開始後の鉄道

No.	発生年月日	発生場所	トンネル種別【長さ（m）】	列車がトンネル内を脱出或いは次駅まで運転
1	1935（昭和10）・3・11	東京・東京地下鉄道京橋駅	都市	
2	1940（昭和15）・11・17	東京・東京高速鉄道渋谷・神宮前駅	都市	
3	1941（昭和16）・1・2	東京・東京地下鉄道浅草駅	都市	
4	1947（昭和22）・4・16	大阪・近鉄奈良線旧生駒トンネル①	山岳【3,388】	
5	1947（昭和22）・8・19	大阪・近鉄奈良線旧生駒トンネル②	山岳【3,388】	
6	1950（昭和25）・5・28	東京・営団地下鉄赤坂見附駅～虎ノ門駅 間	都市	
7	1950（昭和25）・8・2	東京・営団地下鉄京橋駅	都市	
8	1951（昭和26）・12・20	東京・営団地下鉄青山一丁目駅	都市	
9	1956（昭和31）・5・7	和歌山・南海高野線紀伊神谷駅～紀伊細川駅 間 第18号トンネル	山岳【180】	
10	1957（昭和32）・7・16	大阪・大阪市営地下鉄御堂筋線西田辺駅	都市	
11	1959（昭和34）・11・18	大阪・大阪市営地下鉄淀屋橋駅～本町駅 間	都市	
12	1959（昭和34）・12・14	大阪・大阪市営地下鉄淀屋橋駅	都市	○
13	1961（昭和36）・9・1	東京・営団地下鉄赤坂見附駅	都市	
14	1961（昭和36）・11・2	北海道・石北本線石北トンネル	山岳【4,329】	○（車両切離し後）
15	1968（昭和43）・1・27	東京・営団地下鉄日比谷線六本木駅～神谷町駅 間	都市	
16	1969（昭和44）・8・2	東京・営団地下鉄東西線落合駅～高田馬場駅 間	都市	○
17	1969（昭和44）・12・6	福井・北陸本線北陸トンネル①	山岳【13,870】	○
18	1970（昭和45）・2・2	福井・北陸本線北陸トンネル②	山岳【13,870】	○
19	1972（昭和47）・11・6	福井・北陸本線北陸トンネル③	山岳【13,870】	
20	1972（昭和47）・11・6	東京・営団地下鉄日比谷線広尾駅	都市	
21	1972（昭和47）・11・24	東京・営団地下鉄日比谷線銀座駅	都市	
22	1975（昭和50）・2・20	東京・営団地下鉄銀座線新橋駅	都市	
23	1987（昭和57）・2・25	東京・営団地下鉄丸ノ内線荻窪駅	都市	
24	1983（昭和58）・7・11	東京・営団地下鉄千代田線湯島駅	都市	
25	1983（昭和58）・8・16	愛知・名古屋市営地下鉄東山線栄駅	都市	
26	1985（昭和60）・9・26	東京・東急新玉川線渋谷駅	都市	（注1）
27	1987（昭和62）・9・21	大阪・近鉄東大阪線生駒トンネル	山岳【4,737】	（注2）
28	1988（昭和63）・3・30	新潟・上越線新清水トンネル	山岳【13,500】	○
29	1992（平成4）・8・29	東京・都営地下鉄三田線春日駅～白山駅 間	都市	
30	2003（平成15）・8・30	長野・中央本線田立駅～南木曽駅 間 島田トンネル	山岳【2,551】	○
31	2005（平成17）・10・27	神奈川・横浜市営地下鉄新横浜駅	都市	
32	2006（平成18）・9・28	東京・京葉線東京駅	都市	
33	2011（平成23）・5・27	北海道・石勝線清風山信号場構内 第一ニニウトンネル	山岳【685】	
34	2012（平成24）・2・22	大阪・大阪市営地下鉄御堂筋線梅田駅	都市	
35	2015（平成27）・4・3	青森・津軽海峡線青函トンネル	海底【53,850】	

注：建設中のトンネル火災は含まない。また，都市トンネルはトンネル長さを省略。
（注1）運転不可となった事故車両を含め3編成（各10両連結）が連結し，30両分を避難通路とした
（注2）下り列車は停電により運行不能となったが，上り列車は，停電であったにも関わらず傾斜を利用し
（注3）列車より降車したが，トンネル内から避難したかどうか不明
（注4）一時的に降車したが，再び乗車し次駅まで運行
出所：伊藤健一（2012）「地下鉄道の火災と排煙対策」『建設の施工企画』12.9，30-32頁。『毎日新聞』東京本本国有鉄道運転局保安課（1949～1986）「運転事故通報」第1号～第453号。以上をもとに筆者作成。

第1章　鉄道トンネル火災事故の歴史と異常時の人間心理・行動特性

トンネル内で発生した主な火災事故

乗客がトンネル内を避難	死者（人）	負傷者（人）	出火場所	
			車両	地上
	0	0		切符売り場（電熱器の過熱）
○	0	5	集電器	
○	0	31	モーターに連結する電線の過熱	
○	28	64	抵抗器過熱	
（注3）	0	34	落雷によるモーター過電流	
○	0	7	モーターの故障	
○	0	4	集電器	
○	0	15	機関部のスパーク	
○	1	42	抵抗器過熱	
	0	0	集電器	
○	0	30	集電器のデッドアース	
	0	0	断路器	
	0	1		構内で工事中の信号所
	0	0	床下ディーゼルエンジン（急行第一はまなす）	
○（乗務員のみ）	0	11	車体下の抵抗器	
	0	0	連結部ホロ	
	0	0	電源車（特急日本海）	
	0	0	車輪（特急日本海）	
○	30	714	食堂車（急行きたぐに）	
	0	0	床下断流器	
	0	0	ブレーキの過熱	
	0	0	空気圧縮機室	
	0	0	抵抗器の過熱	
	0	0		信号用変圧器
○	2	3		変電所
	0	0	車軸ベアリングが過熱	
○	1	57		坑内の配電盤（高圧ケーブル）
	0	0	ディーゼルエンジン（アルカディア号）	
○	0	2	パンタグラフ落下	
（注4）	1	0	焼身自殺	
	0	0	床下主電動機ツナギ箱	
	0	0		変電所
○	0	79	ディーゼルの燃料タンク（特急スーパーおおぞら14号）	
	0	2		ホームの倉庫（吸い殻）
○	0	2	過電流によるモーターの発熱（特急スーパー白鳥34号）	

てトンネル内から脱出

社版。『読売新聞』東京本社版。毎日新聞東京本社情報調査部（1987）『戦後の重大事件早見表』毎日新聞社。日

表1-2　建設工事中の鉄道トンネル内で発生した主な火災事故

（単位：人）

発生年月日	線名	区間	死者	負傷者	合計	概況
1968（昭和43）・5・17	石勝線	鬼峠トンネル（延長3,765m）	2	5	7	・前日の十勝沖地震の影響で坑内にメタンガスが発生したと推定。 ・引火物は、爆破箇所にいた2名が死亡したため不明。
1970（昭和45）・4・8	大阪交通局2号線（谷町線）	天神橋筋六丁目駅〜都島駅間	79	420	499	・延長工事現場で地下に露出した都市ガス用中圧管の懸吊作業中に継手部が抜け落ち、都市ガスが突然周囲に噴出した。 ・現場に駆けつけたガス会社の緊急車両がエンジンを始動したときに自動車は発火し、噴出していたガスにも着火した。 ・被害者のほとんどが工事に関係のない一般の通行人。
1975（昭和50）・10・18	上越新幹線	塩沢トンネル（延長11,217m）	0	5	5	・側壁導坑断面内水抜坑を掘削中、ピックのみと玉石との間に発生した火花が導坑内に滞留したメタンガスに引火して小爆発が発生。 ・作業員5名は、顔や手に全治2〜3週間の火傷を負った。
1977（昭和52）・7・15	上越新幹線	湯沢トンネル（延長4,490m）	0	42	42	・セントルの補強作業でガス溶接を行った際に、溶接の火花が付近の可燃物に移った。 ・37名が約7時間坑内に閉じ込められた。閉じ込められた作業員らは、坑外から毎分20立方mの圧縮空気が送られてくる側壁坑付近に避難。 ・負傷者は、救出作業員を含む。
1979（昭和54）・3・20	上越新幹線	大清水トンネル（延長22,221m）	16	0	16	・ドリルジャンボの解体作業時にガス溶断を行った際に油が染み込んだネオプレン等に着火して燃え上がった。 ・風下へ避難した作業14名と救助のため入坑した2名の事務所職員が煙に巻かれて死亡した。

出所：赤塚広隆・小林英男「地下鉄工事現場での都市ガス爆発」. 失敗知識データベース　http://www.sozogaku.com/fkd/lis/hyaku_lis.html（2017年7月11日アクセス）。日本鉄道建設公団新潟新幹線建設局（1983）『上越新幹線工事誌（水上・新潟間）』1139-1147頁。日本鉄道施設協会（1994）『鉄道施設技術発達史』394頁。『朝日新聞』東京本社版、1977年7月16日、23面。

第**1**章　鉄道トンネル火災事故の歴史と異常時の人間心理・行動特性

表1-3　鉄道における主な窒息事故

(単位：人)

発生年月日	種　別	線　名	区　間	死者	負傷者	合計
1928（昭和3）・12・6	窒　息	北陸本線	刀根駅〜雁ヶ谷駅間	0	12	12
1939（昭和14）・2・3	窒　息	山陽本線	柱野駅〜玖珂駅間	0	17	17
1939（昭和14）・2・22	窒　息	篠ノ井線	明科駅〜西条駅間	0	13	13
1941（昭和16）・8・17	窒　息	山陽本線	柱野駅〜玖珂駅間	1	9	10
1945（昭和20）・8・22	窒　息	肥薩線	吉松駅〜真幸駅間	49	20	69

出所：日本鉄道運転協会（2013）『重大運転事故記録・資料（復刻版）』1-564頁。

　山岳トンネルでの列車火災は，1947年4月16日に近畿日本鉄道（以下「近鉄」という。）奈良線の旧生駒トンネル（全長3388メートル）で初めて発生した（表1-1のNo.4）。火災を起こしたのは，生駒発大阪上六（現，大阪上本町）行き普通列車（3両編成）で，原因は1両目の抵抗器の過熱によるものとされている。この時代は，終戦直後の資材難により，旧生駒トンネルのような勾配区間や多数の乗客が乗車した場合に，抵抗器の過熱がしばしば発生していた。生駒駅を出発後，トンネル内（下り勾配）に約500メートル進入した地点で，火災を認めた乗客の叫び声に気付いた乗務員が列車を停車させた。乗務員はパンダグラフを降下した後，列車火災発生の連絡や後続列車の抑止を行うため生駒駅へ向かった。火災発生後，乗務員による適切な誘導はなく，乗客の多くはトンネル出口に近い生駒方へ避難を試みたものの不運にも風下であったため，窒息等により28名が死亡，64名が負傷した。死者の大半が女性や子供であった。一方，風上であった大阪方へ避難した乗客はごく僅かであった。火災のあった同じ場所では，前年の12月24日にも信号停止をしていた先行の列車に後続の列車が追突する事故（死者1名，負傷者32名）が発生したばかりであった。そのため，火災に遭遇した多くの乗客は，この衝突事故のことを思い出し，発火直後から自ら車外への脱出を図った。乗客のこうした動きがなかったならば，おそらく犠牲者の数はさらに拡大していたであろう。なお，この火災から4カ月後の8月19日にも，落雷によるモーターへの過電流が原因で別の火災事故が発生している。この事故では，出火とともに車内は停電となり，多くの乗客が我

35

先へと車内から慌てて飛び降りたために，34名が負傷した（表1-1のNo. 5）。[(2)]

　旧生駒トンネルの次に代表的な山岳トンネルの火災として挙げられるのは，1956年5月7日に南海高野線・紀伊神谷駅～紀伊細川駅間の第18号トンネル（全長180メートル）で発生した事故である（表1-1のNo. 9）。この区間は生駒トンネルと同様，勾配区間であり，電気ブレーキ使用時にパンタグラフからの電流が抵抗器を通らず直接レールに流れるという，いわゆる電気機器のショートが出火の原因とされている。火災が発生した列車は，極楽橋発難波行き急行列車（3両編成）で，トンネル内の下り勾配を走行中，突然1両目の床下ブレーキ部から出火し，2両目，3両目へと延焼した。出火とともに車内は停電となり，驚いた乗客が窓ガラスを割り一斉に脱出を図ったため大混乱となった。そして，1両目の乗客は紀伊細川駅へ，2～3両目の乗客は紀伊神谷駅へとそれぞれ避難した。この火災により1名が死亡，42名が負傷したが，そのほとんどが火傷や窒息ではなく，降車時における怪我によるものであった。乗務員によると，トンネル外で停車すると多くの乗客が谷底へ転落するおそれがあったため，やむを得ずトンネル内に停車したという。[(3)]

　ところで，1961年11月2日に石北本線・奥白滝駅～上越駅間の石北トンネル（全長4329メートル）で発生した火災事故は，乗務員の適切かつ迅速な対応や冷静沈着な判断により死傷者が一人も発生しなかった（表1-1のNo. 14）。本事故では，急行第一はなます（網走発札幌行き，ディーゼル3両編成）が石北トンネル内を走行中，3両目床下エンジン部から出火しているのを車掌が認めて運転士に通報し列車を停車させた。同時に，車掌らは3両目の乗客を1，2両目に誘導し消火に努めたが，困難であると判断し車両の切り離しを行った。そして，現場に列車を停車させてから17分後には，前部側2両で運転を再開した。[(4)]

　1972年11月6日に発生した北陸トンネル火災事故は表1-1のとおり，これまで日本で発生したトンネル火災事故の中で最も多くの死傷者を伴う事故となった。なお，本事故は第2章で詳述する。

　北陸トンネル火災事故を契機に，トンネル内で列車火災が発生したときの取り扱いが改正され，可能な限り運転を継続しトンネル外の安全な場所に停止す

第1章　鉄道トンネル火災事故の歴史と異常時の人間心理・行動特性

るよう規定された。この教訓が生かされたのは1988年3月30日の夕刻に上越線・越後中里駅～岩原スキー場前駅間で発生した事故である（表1-1のNo. 28）。イベント用ディーゼル列車アルカディア号（高崎発長岡行き，3両編成，乗客82名）が新清水トンネル（全長1万3500メートル）を走行中に，3両目エンジン付近から出火した。列車は，新清水トンネルと次の松川トンネル（全長3100メートル）には止まらずに運転が続けられたが，その後，火勢が強まり車内にも煙が充満したため，トンネルを抜けた越後中里駅付近に緊急停車した。停車後，迅速な避難誘導が行われたため幸いにも死傷者は出なかった。[5]

　一方，停電や脱線に伴いトンネル内で列車が起動不能となったため，北陸トンネル火災事故の教訓を生かすことができなかった火災事故も2件発生している。一つ目は，1987年9月21日の夕刻に近鉄東大阪線（現，けいはんな線）・新石切駅～生駒駅間の生駒トンネル（全長4737メートル）で発生した事故である（表1-1のNo. 27）。新石切（大阪）側入口から約2キロ地点の特別高圧線接続箇所から出火し，現場付近を通りかかった下り列車が停電により立ち往生した。この火災事故は，延長約4.7キロのトンネル中央部で発生したが，火災現場近くにあった旧生駒トンネルとの連絡坑（斜坑）を利用して乗客の避難誘導がなされたために，幸いにも負傷者の大半は軽症であった。前述の北陸トンネル火災事故と同様，本事故も第2章で詳述する。[6]

　二つ目は，2011年5月27日の夜に石勝線・清風山信号場構内で発生した事故である（表1-1のNo. 33）。スーパーおおぞら14号（釧路発札幌行き，6両編成，乗客248名）が走行中，動力伝達装置等の脱落により脱線し，第一ニニウトンネル（全長685メートル）内で走行不能となった。脱落した部品の一部が6両目の燃料タンクを破損させ，漏出した軽油にエンジン付近で引火し，6両すべてが全焼した事故である。この事故では，当初，乗務員は火災を確認できなかったため，指令から車内で待機するように指示を受けた。その後，乗務員が避難経路の確認を行っている最中に，猛煙に不安を感じた乗客が，自らの判断により避難を開始した。幸いにも，トンネル長が685メートルと比較的短かったため，79名が負傷したものの死者は出なかった。本事故も第2章で詳述する。[7]

列車や地上設備を原因とする火災以外に，乗客の焼身自殺によるトンネル火災が2003年8月30日に中央本線・田立駅〜南木曽駅間の島田トンネル（全長2551メートル）で発生している（表1-1のNo.30）。事故の詳細は序章で既述のとおりである[8]。

　本事故は，2015年6月30日に東海道新幹線・新横浜駅〜小田原駅間で発生した乗客の焼身自殺による列車火災の予兆ともいえる事象である[9]。

　都市トンネル

　表1-1のとおり，1950年代以前に都市トンネルで発生した9件の火災事故のうち6件はトンネル内の避難を伴うものであった。その理由として，当時の車両は現在のものとは異なり，防火基準がなく延焼が早かったために，車両からの脱出が必要であったことが挙げられる。これらの事故では，乗客自らが早期に避難を試みたことで，火傷や一酸化炭素中毒による負傷者は比較的少なかった反面，脱出時における転倒やガラスの破片などによって多くの負傷者が発生した点が特徴的であった。

　1968年に発生した日比谷線火災事故（表1-1のNo.15）では，広尾駅〜六本木駅間を走行中に車内への白煙の流入が確認された列車は，次の六本木駅で乗客全員を降車させ回送列車となった。その後，六本木駅に入ってきた後続の列車も回送列車とし，故障列車と連結させ神谷町方面へ向けて走行している途中で出火し運行不能となった。この事故では乗務員や消防士ら11名が一酸化炭素中毒になった。本事故は，第3章で詳述する[10]。

　日比谷線では，1972年にも同様の事象が発生した（表1-1のNo.20）。白煙が確認されたために広尾駅で乗客を降車させた列車は，同駅の予備線に入換後に出火した。幸い死傷者は発生しなかったが，ホームや駅構内にも煙が立ち込めたため，乗客全員を地上に避難させた[11]。

　その後も1992年8月29日には，都営地下鉄三田線・春日駅〜白山駅間で地絡によるボヤが発生した（表1-1のNo.29）。列車は停電で走行不能となったため，乗客は車掌らの誘導により白山駅までの約250メートルを歩行した。トンネル内の照明は，停電となった列車の動力電源とは別系統であったため点灯し

ていたが，歩行中に 2 名の乗客が転倒し負傷した。[12]

　次に，地上設備側に原因があった事例としては，1983年 8 月16日に発生した名古屋市営地下鉄東山線・栄駅火災事故を挙げることができる（表 1 - 1 の No. 25）。この火災事故では，消火活動を行った名古屋市消防局員 2 名が一酸化炭素中毒により死亡， 3 名が負傷した。東山線はトンネル内の路床から動力電源を供給する第三軌条方式であり，救援隊や乗客の安全を図るために，消火活動は送電停止後に行われた。そのため，多くの列車は最寄駅で運転が打ち切られたが，名古屋駅～伏見駅間のトンネル内で 2 本の列車が立ち往生することとなった。このうち 1 本は伏見駅の約600メートル手前で停止したため，乗客は暗闇のトンネル内を乗務員の指示に従い歩行した。本火災事故では，消防局員以外の死傷者は発生しなかったが，栄駅に近接した地下街にも黒煙が流入し一時騒然となった。前述の日比谷線火災事故と同様，本事故も第 3 章で詳述する。[13]

　　海底トンネル

　海底トンネルでの火災事故は，2015年 4 月 3 日の青函トンネル火災事故（表 1 - 1 の No. 35）が発生するまで 1 件も発生していなかった。本火災事故は，2015年 4 月 3 日夕方に青函トンネルを走行中の特急スーパー白鳥34号（函館発青森行き，乗客124名）の床下からの出火により発生した。列車は，竜飛定点から青森方に約1.2キロ進んだ地点で停止したため，竜飛定点の斜坑ケーブルカーを利用した避難誘導が行われた。これは緊急避難用として開業時から設置されていたものであり，定員は20名であったが約15名ずつで運行されたため，火災発生から全員が地上に脱出するまでに 9 往復，約 5 時間半の時間を要した。そのため， 2 名の乗客が体調不良を訴えて救急搬送された。北海道新幹線の開業を控え，ケーブルカーによる避難誘導に課題が残っていることが顕在化した事例である。本事故は，第 4 章で詳述する。[14]

（2）世界における鉄道トンネル火災事故

　表 1 - 4 は，世界における死者20名以上または死傷者100名以上を発生させた鉄道トンネル火災の一覧である。同表のとおり重大な火災事故は，第二次世界

表1-4　世界における鉄道トンネル火災事故

No.	発生年月日	発生場所		死者(人)	概況
1	1903・8・10	Couronnes metro station	Paris France	84	列車火災（乗客は無事避難） 煙が駅に流入
2	1921・10・21	Batignolles tunnel（1km long）	Paris France	28	列車衝突により火災発生 ガス照明により被害が拡大 （この事故を契機にガス照明は使用禁止）
3	1944・1・3	Torre Tunnel	Spain	91	複数の列車が衝突 1日以上燃焼
4	1971・2・14	Wranduk Tunnel（1.5km long）	near Zenica Jugoslavia	33	列車火災により出口300m付近で停車 乗客は反対側の出口（1200m）に避難 120人以上が病院へ搬送
5	1972・6・17	Vierzy Tunnel（0.8km long）	France	108	列車衝突により火災が発生 犠牲者の殆どが列車衝突によるもの 200人以上負傷
6	1972・11・6	Hokuriku Tunnel	near Fukui Japan	30	省略（本稿参照）
7	1975・2・28	Moorgate underground station	London UK	44	トンネル側壁に突っ込み，火災発生
8	1975・10・20	Mexico City metro	Mexico City Mexico	50	列車衝突
9	1984・12・23	San Benedetto Tunnel（18.5km long）	Italy	17	爆発による火災 120人が負傷
10	1987・11・18	Kings Cross underground station	London UK	31	駅構内のエスカレータより出火 突然フラッシュオーバーとなるトレンチ効果 とよばれる現象が見られた
11	1990・12・28	New York metro	New York USA	2	ケーブル火災 乗客が非常網を引き，現場近くで停車 200人が負傷
12	1995・10・28	Baku metro	Baku Azerbaijan	289	駅より200m先で停車 排気装置が切り替わり，煙が乗客の避難方向に流れた
13	2000・11・11	Kitzsteinhorn Funicular Tunnel（3.3km long）	near Kaprun Austria	155	ケーブルカー トンネル上方へ逃げた乗客150名は全員死亡 （下方へ逃げた12名は生存）
14	2003・2・18	Jungangno metro station	Daegu Korea	192	放火 通報の遅れにより対向列車が火災現場に進入したが，ドアが開かなかった

出所：Alan Beard and Richard Carvel（2005），*The handbook of tunnel safety*, Thomas Telford, pp. 10-37.

大戦終戦の1945年以前に3件発生しており，その後四半世紀にわたって起きていなかったが，1970年代に入ってから激増している。1970年代以降に発生した11件の重大な火災事故の内訳は，都市トンネル（地下鉄）が6件，山岳トンネルが5件である。山岳トンネルにおける重大な火災事故は，北陸トンネル火災

事故（表1-4のNo.6）のような長大トンネルだけでなく，ユーゴスラビア（現，ボスニア・ヘルツェゴビナ）やフランスで発生したトンネル火災事故（表1-4のNo.4）のように全長が比較的短いトンネルでも発生していることが分かる。このことから，長大トンネルはもちろん，全長が短いトンネルでも火災が発生すると甚大な被害をもたらす可能性があるといえる。表1-4には，第2章や第3章で詳述する北陸トンネル火災事故（表1-4のNo.6）と2003年2月18日に韓国・大邱で発生した地下鉄火災事故（表1-4のNo.14）が記載されており，これらの事故は国際的にみても大きなトンネル火災事故の一つであったことが分かる。表1-4より，最大の死者数は1995年10月28日にアゼルバイジャンの首都バクーで発生した地下鉄火災事故（表1-4のNo.12）である。そのため，第3章では韓国・大邱地下鉄火災事故に加え，バクー地下鉄火災事故も詳述する。[15]

2　火災のメカニズムと鉄道におけるトンネル火災事故の特徴

（1）火　災

燃焼とは

　火は生命の誕生前から地球上に存在したといわれ，人類は火をおこし，それを保存・利用することで進化を遂げてきた。火の特性が科学的に明らかとなったのは18世紀後半であり，フランスの化学者アントワーヌ・ラボアジェ（1743-1794）により燃焼理論が確立された。[16]

　火，いわゆる燃焼には，燃料（可燃物）と酸素，エネルギー（熱）の3つが必要であり，一つでも欠けると燃焼は継続されない。この3つは，燃焼の3要素と呼ばれている。一つ目の燃料には，木材や木炭などの固体燃料，ガソリンや灯油などの液体燃料，液化天然ガス（LNG）や液化石油ガス（LPG）などの気体燃料があり，いずれも物質中に炭素と水素を含む有機物であることから燃焼によって発生する熱量が大きい。二つ目の酸素は，空気中に約21パーセント含まれており，燃焼は酸素の量が十分にかつ継続的に供給されれば継続するが，

表1-5　可燃物の引火点と発火点

（単位：℃）

可燃物	引火点	発火点
ガソリン	-30	約300
メチルアルコール	11	464
エチルアルコール	13	363
灯油	40〜60	220

出所：小林恭一（2015）『図解よくわかる火災と消火・防火のメカニズム』日刊工業新聞社，15頁。

空気中の酸素濃度が14〜15パーセント程度になると継続できなくなる。三つ目のエネルギーには，可燃物に点火して燃焼を促進させるマッチやライターなどの発火源のほか，加熱，摩擦，衝撃などが挙げられる。一方，消火を行うには3要素の除去が必要となり，燃料可燃物の除去（除去消火法）や酸素の遮断（窒息消火法），エネルギーの冷却（冷却消火法）などがある。さらに，連鎖反応の遮断（化学的消火法）を加え，これらは消火の4要素と呼ばれている。[17]

ところで，可燃物の着火には引火と発火の2つの形態がある。引火とは，ガソリンのような可燃性液体が空気中で温度を上げていくと可燃性の蒸気を発生させ，付近に火源があると燃焼を開始することをいう。この燃焼を開始する温度は，引火点と呼ばれる。この可燃性蒸気が空気中において一定範囲の濃度となると，爆発が発生する。一方，発火とは可燃性物質が空気中で加熱されると火源がなくても燃焼が開始することをいう。この燃焼を開始する温度は発火点と呼ばれ，その代表的なものにてんぷら油があり，その温度が約350〜400度に加熱されると火源がなくても発火する。このように発火は，人為的に火をつけなくても出火することから自然発火とも呼ばれる。**表1-5**は，可燃物の引火点と発火点であるが，いずれの物質においても発火点は引火点よりも高いことが分かる。[18]

火災とは

消防庁の「火災報告取扱要領」（1994年4月21日，消防災第100号）によると，火災とは「人の意図に反して，または放火により発生する」「消火の必要のある燃焼現象である」「消火設備などを使用する必要がある」という3つの条件を満たす燃焼現象であると定義されている。そのため，野焼きや祭りで使用される火は安全管理体制の下で行われているため火災には分類されないが，可燃性ガスの爆発や粉じん爆発などの急激な燃焼反応による爆発は火災として扱わ

れる。火災が発生すると**表1-6**のような現象がみられる。人は，視覚，臭覚，触覚，聴覚などにより火災の発生に気付くことができる。特に煙は小さな隙間などからも広がるため，火災発生箇所から離れたところでも気付くことができるが，水平方向には毎秒1メートル，垂直方向には毎秒3～5メートルの速さで広がるため，煙に気付いてから避難しても手遅れとなることもある。[19]

表1-6　火災発生時における現象

	人による感覚
炎や煙	視界に入る（視覚）
におい	きな臭い（臭覚）
熱	熱感（触覚）
音	ぱちぱちという音（聴覚）

出所：小林恭一，前掲書，98-99頁。

　火災が発生したときの燃焼時間と最高温度は，通気性のよい昔の木造建築物では出火から約7～8分で最高温度が1200度近くまで上昇し，燃えるものが少なくなると急激に低下する。燃焼の継続時間は15分程度とされている。一方，気密性の高い最近の木造建築物では，新鮮な空気が入りにくく内装材に不燃物が多く使用されるようになったため，最高温度は800度前後と低い代わりに燃焼時間は30分以上続くこともある。なお，火災が進展する過程で，熱せられた天井などからの放射熱により他の可燃物が加熱され，急速に延焼拡大し全面火災に至る現象をフラッシュオーバーという。[20]

　火災に関する研究は，化学，熱力学，流体力学，伝熱など互いに独立した多くの学問領域からなる複雑な分野から成り立っている。また，火災は制御されていない燃焼現象であり，その危険性を明らかにするための研究が進められてきたが，他の技術分野に比べると未発達な分野でもある。[21]

火災発生時における人体への影響

　火災が発生すると熱や煙等が放出される。まず，熱は人体に熱中症や火傷をもたらす。熱中症は，通常37度の深部体温が41度以上に上昇し体温調節ができなくなったときに生じる。発症までに長時間を要する熱中症に対し，火傷は即座に生じる。次に，煙は火災で発生する気流であり，燃焼で発生する微粒子を含んでいる。酸素が少なくくすぶる程度で燃焼した場合には，半ば液状の小さな粒子が発生するため白い煙となる。一方，酸素が多く炎を上げて燃焼した場合には，概ね黒色で大きな粒子が発生するため黒い煙となる。煙は，人体に視

43

表1-7　煙の濃度（減光係数）とその状況

減光係数 （1/m）	状況説明
0.1	・うっすらと煙がただようときの濃度。 ・煙感知器はこの程度の濃度で作動。 ・建物に不慣れな人はこれ以上濃くなると避難に支障が出る。
0.3	・建物をよく知っている人でも避難するときに支障が出る。
0.5	・薄暗い感じがするときの濃度。 ・手探り的な避難になる。
1.0	・ほとんど前方が見えなくなる。
10.0	・最盛期の火災階の煙の濃度。 ・暗闇状態でほとんど何も見えない。 ・誘導灯も見えない。
30.0	・出火階から煙が噴出するときの煙の濃度。

出所：日本火災学会（2007）『建物と火災』共立出版，103頁。

覚的な障害だけでなく生理的な障害をもたらすとされている。ここでは，以上の２点について触れる[22]。

　一つ目の視覚的な障害では，**表1-7**のとおり煙の濃度は減光係数で表され，その値が大きくなるに従い見通し距離は低下し，歩行速度の低下など避難行動に支障が生じると考えられる。煙の濃さが２倍になると視界が概ね半分になり，大空間にいるほど本当の濃度以上に煙の濃さを感じるといわれている。特に刺激性の強い煙では減光係数が大きくなるに従い急激に見通し距離が短くなるという傾向がある。その理由として，刺激性が強い場合には目を開けて歩行することが困難であることが考えられる。減光係数が0.1を超えると一般人の多くは動揺しはじめ，思考能力が低下し，避難行動不能に陥る可能性がある。ところで，減光係数が増すと思考力は低下するが，記憶力はそれほど低下しないとされている。そのため，あらかじめ避難経路を記憶させることができれば，思考能力の低下をカバーすることが期待される[23]。

　二つ目の生理的な障害では，**表1-8**のとおり煙には人体に影響を及ぼす有害な生成物が含まれており，これらの濃度と暴露時間および人の健康状態によ

り影響度合いが異なる。不
完全燃焼により発生する無
臭の一酸化炭素（CO）は,
肺に入ると酸素とヘモグロ
ビンとの結合を阻害し, 一
定量を超えると呼吸障害を

表1-8　有害な生成物と人体への影響

生成物	人体への影響
二酸化炭素	呼吸困難
一酸化炭素, シアン化水素	血液への酸素供給阻害
塩化水素, フッ化水素, 臭化水素	感覚器官への刺激

出所：大宮喜文・若月薫（2009）『基礎　火災現象理論』共立出
版, 144頁。

引き起こす。また, ポリ塩化ビニルやポリウレタンなどが燃焼して発生するシ
アン化水素（HCN）は, 体内の酸素消費を阻害する。これらの生成物は呼吸器
系に支障を及ぼし呼吸障害を引き起こすが, 特にシアン化水素は非常に低い濃
度で人を意識不明に陥らせる。さらに, 煙は薄い濃度であっても咳き込んだり,
むせたり, 目を刺激したりといった生理的な苦痛が心理的な動揺を与えるとさ
れている。[24]

（2）鉄道におけるトンネル火災事故の特徴

列車火災試験でみられた火災の状況

① 定置燃焼試験

　北陸トンネル火災事故が発生した直後の1972年12月に, 国鉄大船工場内で停
車状態の鉄道車両の燃焼試験が国鉄の鉄道技術研究所により実施され, 燃焼の
進行状況が確認された。試験車両は客車１両で着火部位は室内中央部の座席上,
着火方法は新聞紙とアルコールである。着火直後より火勢が徐々に強まると天
井に煙が充満しはじめ, 着火５〜６分後には出入口から噴出する煙が確認され
た。火勢がさらに強まると窓ガラスにひび割れが発生し, 着火９分後には天井
に燃え広がるというフラッシュオーバー状態となり, 窓ガラスが落下し屋根に
燃え移った。温度やガス濃度はフラッシュオーバーを境に急激な変化がみられ,
温度は着火19分後までに激しい温度の上昇降下を繰り返しながら漸増し, ガス
濃度は着火15分後にピークとなった。[25]

② 火災列車走行試験

　火災を発生させた列車の走行試験が, 非トンネル区間（1973年８〜９月に北

図1-1 走行試験列車の編成図

(凡例) SL：蒸気機関車、客：客車　　　（凡例）DL：ディーゼル機関車、客：客車
出所：田中利男（1976）『列車火災』日本鉄道図書，84, 100頁。

海道の狩勝実験線）とトンネル区間（1974年10月に宮古線・宮古駅～一の瀬駅間）で実施された。走行試験に使用した列車の編成は図1-1のとおりであり、安全を考慮して機関士以外の乗車を禁じて無人測定が行われた。測定項目は、火災車両とその前後車両、最後尾車両における車内温度、煙濃度、一酸化炭素濃度等である。両試験で共通してみられたのは、火勢の中心は進行方向に対し火源の後部側へ向かって拡大することである。また、機関車の運転台からは、炎や煙は火災車両より後方に向かって流れていくことが確認された。そのため、火災車両の後方にある車両は前方に比べ大きな影響を受け、後方にある車両であっても火災車両から遠く離れた車両であれば影響は少ないとされた。また、火災車両後部の貫通扉を閉め切ることで、火災車両から2両目以降の車両には重大な健康被害を引き起こす危険性が認められなかったことから、火災車両の貫通扉、窓、通風器、側扉などを閉め切ることは火災の拡大防止上極めて重要であると考えられる。[26]

トンネル内や地下駅で発生する火災の特徴

① トンネル内で発生する火災の特徴

　トンネルは扉や壁といった区画が少ない特殊な閉鎖空間であり、トンネル内で火災が発生した場合、火源付近の空気温度は発熱により上昇し、トンネルの天井に到達した煙は図1-2のとおり天井に沿って坑口へ向かって流れる。このように、トンネル内上部は高温層、下部は空気層と概ね2層に分かれるが、このうち高温層は可燃物の燃焼により生じた煙を含むため、一般に煙層と呼ばれる。このような煙の流動は、火源の規模や排煙、外部風、壁面による熱の損

図1-2 トンネルにおける煙流動の概略図

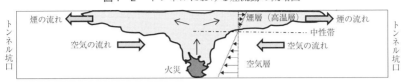

出所:斉藤実俊・山本昌和・村上直樹ほか(2014)「トンネル内火災時の煙流動と避難時間の予測」『研究開発テーマ』鉄道総合技術研究所,3頁。小林恭一,前掲書,135頁。以上より筆者作成。

失など様々な要因により異なる状態を示し,煙に含まれる有毒ガスや燃焼による酸素不足,煙による視界不良,ガスの濃度などが乗客の避難や消防活動の主たる阻害要因となる。

トンネル火災では,不特定多数の乗客による避難が行われるうえ,トンネルの構造を熟知している人が少なく,さらには火災の状況によって列車が停車する場所が異なることから,場合によっては乗務員でさえ停車した場所や脱出までの経路(距離や方向)の把握が困難となる。

また,乗務員は自らの判断ではなく指令からの指示により避難を開始することになる可能性が高いため,他の火災事例に比べ避難が遅れがちとなり,場合によっては車内での籠城を強いられることにもなりかねない。

② 地下駅で発生する火災の特徴

閉鎖空間である地下駅での火災は,本線トンネルから駅構内方向へ流入する新鮮な空気により火勢が強まり,空気の膨張により強い上昇気流が形成されることから,火災で発生した煙は駅構内の階段等を伝って急速に上階へ拡散していく。そのため,駅構内は高温の溶鉱炉のような状態となることもある。また,駅に向かって走行する列車によって一度に押し込まれた大量の空気は,火勢を急速に拡大させる。[27]

地下駅火災では,窓のある地上の建物火災とは異なり発生した有毒ガスや煙は十分排出されないうえ,ほとんどの乗客の避難方向と同じ上方に流れるため,避難時における大きな障壁となる。

また,救助活動や消火活動を行う消防隊員にとっても,現場の状況把握が困難な中で,煙が噴出する階段からの進入を強いられるなど,一般の建物火災と

表1-9　地下施設で火災が発生した時の危険要因

1．「乗客の避難」「消防の救助」	3．「消防の救助」
・窓などの最終避難（救出）手段がない ・密閉された空間で，窓などの開口部がない 　　煙が排出されず，熱気が蓄積される ・大規模化，複合化（複数の地下施設と接続） 　　他施設へ延焼，煙が拡散，迷路化により避難（救出）が 　　困難 ・大量の一酸化炭素が発生（酸素不足に伴う不完全燃焼）	・状況把握が困難 　　消防活動上の戦術決定が困難 ・地上との無線交信が困難 ・厳しい環境下における消防活動 ・地下施設への進入が困難 　　煙が排出されている所から進入
2．「乗客の避難」	
・避難方向が上方となる（体力的に困難） ・煙の動きと同じ方向に避難 ・地下施設に対する不安感 　　暗闇，潜在的な不安，位置喪失感	

出所：東京消防庁・火災予防審議会（1991）「都市の地下空間における施設の防火安全対策に係る調査報告書」
　　　123-141頁。

は異なる対応が求められる。

　表1-9は，東京消防庁・火災予防審議会が1991年に発行した「都市の地下空間における施設の防火安全対策に係る調査報告書」に記載された地下施設で火災が発生したときの危険要因を，乗客の避難と消防の救助別に分類したものである。なお，表1-9には①のトンネル内で発生する火災の特徴と共通する危険要因も見受けられる。

（3）煙流動の予測方法

　既述のとおり，火災が発生すると熱や煙が放出されるが，トンネルや地下鉄といった密閉された特殊な空間の火災では，発生した煙は窓のある地上の建物火災とは異なり十分排出されない。

　現行の煙流動の予測方法としては，数値シミュレーションと実物大試験の2つがあるが，数値シミュレーションは，煙流動予測についての信頼性が高いとはいえないレベルであるため，今後実物大実験結果との比較を繰り返し行うことで，より信頼性の高いシミュレーション方法として確立していく必要がある。[28]

（4）鉄道の防火に関わる各種法令

　鉄道車両や鉄道施設の防火に関わる各種法令には，「消防法」（1948年法律第186号），「建築基準法」（1950年法律第201号），「鉄道営業法」（1900年法律第65号）第1条に基づき制定された「鉄道に関する技術上の基準を定める省令」（2001年国土交通省第151号）などが挙げられる。「消防法」では，火災の予防，警戒，鎮圧を目的とした法律に対し「建築基準法」では社会全体の利益を損ねないように建築物の敷地，構造設備，用途に関する必要最低限の基準が定められている。「鉄道に関する技術上の基準を定める省令」は，鉄道の種類ごとに規定されていた基準を一体化し，性能規定化されたものである。

　地下駅およびこれに接続する地下トンネルの火災対策に関する具体的基準は，1975年に制定された「地下鉄道の火災対策の基準」（鉄総第49号の2，1975年1月30日）にはじまる。その後，2002年に省令の解釈基準第29条（地下駅等の設備）に規定されたが，2003年に発生した大邱地下鉄火災事故を受け，2004年にその一部が改正された。駅舎を例にみると，改札内のコンコースやプラットホーム，線路横断のための跨線橋，地下通路部分は，「消防法」では防火対象物として規制を受けるが，「建築基準法」では建築物としての規制は受けない。ただし，改札内の駅事務所や店舗等は建築物としての規制の対象となることから，改札内は対象外とそうでないものが混在する。そのため，駅舎は建築基準法上，特殊な建築物であるといえる。なお，「鉄道に関する技術上の基準を定める省令」では，**表1-10**のとおり地下駅等の設備，車両，電車線路の設備等についての火災対策が定められている。[29]

鉄道車両

　既述のとおり，鉄道車両の火災に対する技術的な防止対策が施されるようになったのは，1951年4月に発生した京浜線・桜木町駅列車火災事故後である。本事故では，戦時中に設計された木製車両のドアが開かなかったために多くの犠牲者が発生したとされている。本事故を契機に，貫通扉の改良や非常用ドアコックの増設，屋根および屋根上機器の絶縁化，金属板張りの天井へ交換などの車両側対策が採られ，1957年以降の新製車両はすべて鋼製となった。また，

表1-10 「鉄道に関する技術上の基準を定める省令」で定められている主な火災対策基準

第29条	地下駅等の設備	第83条	車両の火災対策
第32条	避難用設備等	第86条	動力車を操縦する係員が単独で乗務する列車等の車両設備
第41条	電車線路等の設備等	第85条	停電時の装置の機能
第46条	送電線路及び配電線路の施設	第108条	列車の危難防止
第74条	旅客用乗降口の構造		

出所：火災予防審議会・東京消防庁（2011）「複合化するターミナル施設の防火安全対策のあり方──火災予防審議会答申」25頁。国土交通省鉄道局（2011）『鉄道六法（2011年版）』第一法規，801-818頁。国土交通省鉄道局「鉄道に関する技術上の基準を定める省令等の解釈基準の一部改正について」（国鉄技第124号，2004年12月27日）。

地方鉄道建設規程では電車火災事故防止策が定められ，まずは地下鉄車両の不燃化が求められた[30]。

　次に，1956年5月に発生した南海高野線・紀伊神谷駅〜紀伊細川駅間の列車火災事故（表1-1のNo.9）を契機に，鉄道車両の火災対策が本格的に実施されるようになった。まず，事故直後に「電車の火災事故対策について」（鉄運第39号，1956年6月15日）が通達され，車両の火災対策の強化が指示された。その翌年には，「電車の火災事故対策に関する処理方について」（鉄運第5号，1957年1月25日）が通達され，車両を新製あるいは改造する場合には，A様式（主として地下線を運転するもの），またはB様式（地下線を運転しないもの）をもとに施工されるようになった。これらの様式には，車体構造の材質や貫通路，予備灯，通報装置，消火器の設置等が定められている[31]。

　南海高野線の火災事故を契機に地下線を運転する車両はA様式によるものと定められたが，1957年に大阪市営地下鉄御堂筋線・西田辺駅で発生した全焼事故（表1-1のNo.10）を受け，不燃化の最高基準として新たにA-A様式が追加された（鉄運第136号，1957年12月18日）。この基準はその後，1968年1月27日に営団地下鉄（現，東京メトロ）日比谷線・六本木駅〜神谷町駅間で発生した回送列車の火災事故（表1-1のNo.15）を受けて見直しされた。具体的には，火災が発生した車両はA-A様式の基準を満たした1966年製の新製車両（東武鉄道所属）であったが，あくまで難燃性に過ぎず，一度燃焼すれば有毒ガスを

第1章 鉄道トンネル火災事故の歴史と異常時の人間心理・行動特性

大量に放出することが明らかとなった。この事故を契機に，「電車の火災事故対策について」（鉄運第81号，1969年5月15日）が通達され，これまでの最高基準であったA-A様式がA-A基準に見直され今日に至っている[32]。

以上に示す車両の火災対策基準は，1987年の国鉄分割・民営化に伴い，運輸省令の「普通鉄道構造規則」等に規定され，2001年以降は性能規定化に伴い「鉄道に関する技術上の基準を定める省令」の解釈基準に規定されている[33]。

鉄道施設

鉄道施設の火災対策は鉄道車両に比べて遅く，1972年に発生した北陸トンネル火災事故（表1-1のNo.19）を契機に，車両の防火，耐火強度の向上策に併せ，既述の「地下鉄道の火災対策の基準」が制定された。本基準は，地下駅および地下駅に接続するトンネルに適用され，建造物の不燃化や防火管理室，警報設備，通報設備，避難誘導設備，排煙設備，消火設備などの整備基準が定められている。また，本基準の解説として「地下鉄道の火災対策の基準の取扱いについて」（鉄土第9号，1950年2月14日）が通達され，1982年の改正では排煙設備の設計方法が通達された。これらの具体的基準は2001年の性能規定化以降，「鉄道に関する技術上の基準を定める省令」の解釈基準に規定されている[34]。

ところで排煙設備は法律や省令によって設置の目的が異なり，消防法では消火活動上必要であるのに対し，建築基準法では安全な避難経路の確保が設置の目的となっている。また，消防法が適用される範囲が地下駅舎であるのに対し，建築基準法では改札口の外側となっている。ただし，改札内であっても駅務室は排煙設備を設置すべき建築物となっている。一方，「鉄道に関する技術上の基準を定める省令」では，地下駅に接続するトンネルならびに長大なトンネルには，必要な換気量に応じた換気設備を設けることとなっている。ただし，自然換気が可能な場合は除外されるため，長大であっても山岳トンネルには排煙設備が設置されていないのが現状である。以上のとおり，法律や省令によって排煙設備の設置目的や適用範囲が異なるが，これらの適用外であっても必要に応じて設置されることもある[35]。

3　異常時における人間の心理・行動特性と臨機応変な対応

（1）群集心理

　フランスの心理学者ギュスターヴ・ル・ボン（1841-1931）によると，「群集」とは任意の個人の集合を指しており，その国籍・職業・性別あるいは個人の集合する機会の如何を問わない。そして，「群集」が形成されるとそれを構成する人々の個性が消え失せ，あらゆる個人の感情が同一の方向に向けられ一つの集団精神が生まれる。ところで，交差点に偶然集まった人々は共通の興味や関心がないことから，「群集」ではなく「単なる集合」に過ぎない。一方，事務所にいる大勢の人々や朝礼などで校庭に整列している高校生たちは，ある組織に所属した人間の集合体であり「集団」と呼ばれる。[36]

　なお，「群集」はその中に自然発生的にリーダーが生まれることにより，それまでの純然たる「群集」から脱皮して「集団」に移行することもあれば，反対に異常時等に遭遇し組織が崩壊することにより「集団」が「群集」に転化することもある。[37]

　「群集」は，大きく３つの形態に分かれる。一つ目は，1973年のオイルショック時におけるトイレットペーパーの買い占めでみられたような，相互に競合し先を争う「無統制群集」である。この「群集」は，限られた空間において一時的に存在し明らかな共通目標を持つが，相互のコミュニケーションが成立することはなく連帯感は醸成されない。二つ目は，これまで統制のとれていた組織集団が，突然発生した事故や災害等により崩壊し上層部の指示に従わなくなるといった「反統制群集」である。この「群集」は，時間的にはやや長続きし空間的にも広がりを持つが，構成員の持つ目標は必ずしも一致するものではない。そして一致したグループ内でのみ，正常なコミュニケーションが期待される。三つ目は，戦争や災害などですべてを失い，新しい目標を見出せないまま不安定な人間関係のもとにある「非統制群集」である。この「群集」は，時間的継続も長く空間的にも広がりを持つが，いくつもの分派が生じやすく，「反統制

群集」と同様，同じグループ内でのみ正常なコミュニケーションが成立する。[38]

　ところで，災害に遭遇した「群集」が起こす行動の一つに「パニック」があるといわれている。パニックとは，自分自身の安全を脅かす事態を避けるため，他者の安全を無視して行われる非合理かつ無秩序な行動の集積である。社会心理学者の広瀬弘忠によると，パニックは緊迫している状況に置かれているという意識が人々の間で共有されていること，危険から逃れる方法があるが安全の保障がないこと，人々の間におけるコミュニケーションが不成立といった条件が同時に揃ってはじめて発生するとされている。[39]

　しかし近年では，災害時においては「パニック」より「正常性バイアス」と呼ばれる心理的な罠の方が「危険を回避するタイミングを逸する」いわゆる「逃げ遅れ」に繋がるため，より恐ろしいものとされている。「正常性バイアス」とは，災害など危険（異常）な状況に遭遇しても「危険でない」または異常だと感じることなく正常の範囲内の状況として処理する状態，いわゆる異常事態というスイッチが入らない状態を指す。人は，危険（異常）な状況に遭遇すると危険を無視することによって過度な緊張から解放され心的バランスを保とうとする一種の自己防衛規制が働くことにより，非日常的な行動を避けたがる心理状態となる。[40]

　表1-11は，「正常性バイアス」による具体的な心理状態とこのバイアスに影響を与える主な要因である。周りの人々が避難をしないと自分も避難行動を起こさないという「同調性バイアス」や危険（異常）が状況の中に紛れ込んでしまって気付けないという「同化性バイアス」などが「正常性バイアス」に強く影響を与えるとされている。このうち「同調性バイアス」とは，周囲にいる他人の行動に左右されるものであることから，集団の中にいるときほどこのバイアスに陥りやすい。また，突然訪れる危険には対応しやすいが，緩やかに悪化する火災や水害等の危険に対しては鈍感になりやすく，「正常性バイアス」が起こりやすい。[41]

表 1-11　正常性バイアスによる具体的な心理状態とこのバイアスに影響を与える主な要因

正常性バイアスによる具体的な心理状態	正常性バイアスに影響を与える主な要因
・そんなに酷くなるとは思わなかった。 ・まさかあんな災害に見舞われるとは思わなかった。 ・あり得ない出来事だ。 ・最初は，まさかこんな大変な災害が発生していたとは思わなかった（最初は大丈夫だと思った）。 ・自分は被害にあうはずがない。 ・みんながじっとしているので大丈夫だと思った。	・周囲が避難しない。 ・危険や異常が状況の中に紛れ込んで気づけない。 ・安心させるため，意図的に災害の規模を過小に連絡。 ・大事に至らない警報が繰り返し発生。 ・ハード対策が完備されているという安心感。 ・イメージしにくいリスク。

出所：広瀬弘忠（2011）『災害そのとき人は何を思うのか』ベスト新書，45-50，55-59，65-67，96-98，138-146頁。広瀬弘忠（2011）『きちんと逃げる。災害心理学に学ぶ危機との闘い方』アスペクト，40-42頁。広瀬弘忠（2004）『人はなぜ逃げおくれるのか』集英社，11-13，16頁。

（2）異常時における動揺・人間特性

煙に対する動揺

　神忠久による煙の中における避難者の心理状態に関する研究では，実験的手法により煙に巻かれたときの心理的動揺度の測定が行われた。ちなみに実験で使用された煙は，木片を電気炉で燻焼させた刺激性の強い白煙であり，目への刺激は強いものの無害である[42]。

　第一の実験では，被験者を密室に近い状態の実験室（約5メートル×4メートル）に閉じ込め，煙の濃度を徐々に増加させながら安定度検査器と呼ばれる装置により動揺度の測定が25名分行われた。この実験より，建物内の熟知度や被験者の気丈さ等で煙に対する動揺度が異なることが示唆された[43]。

　第二の実験では，煙が充満した長さ15メートルの廊下を被験者に歩行させたときの記憶力と思考力の測定が29名分行われた。結果は，あらかじめ非常口の位置を記憶していると，ある程度の煙であっても捜し出すことは可能であるが，思考力が低下すると非常口の場所をあらかじめ知らない場合には捜し出すことは困難であることが示唆された[44]。

異常時における人間の行動特性

　人が火災といった異常時に直面した場合，基本的な行動特性として以下の3

第1章　鉄道トンネル火災事故の歴史と異常時の人間心理・行動特性

点が指摘されている。一つ目に帰巣性である。人は進んできた経路を逆に戻ろうとする傾向にある。これは，特に内部の状況を全く知らない初めての建物で発生しやすい。二つ目は向光性である。人は一般に暗闇に対して不安感を抱くために，明るい方向を目指す傾向にある。三つ目は追従性である。人は気が動転すると正常な判断力や理解力が働かなくなることから，誰かが走ると盲目的にその後を追う傾向にある。[45]

　これまで述べた3つの行動特性のほか，人間には日頃から使い慣れた出入口や階段の方へ向かう日常動線志向性や開かれた空間を目指す向開放性，煙や炎といった危険現象からできるだけ遠ざかろうとする本能的危険回避性などの行動特性がある。[46]

　また，実際の火災では，ホテルのバスルームやデパートの便所へ逃げ込む籠城がよくみられる。これは，危険が迫ると狭い隅の方へ逃げ込む特性によるものであるが，火勢が強く長時間煙にさらされると助かる見込みはないと考えられる。ところが，これまでにバスルームのドアをタオルなどで密封し浴槽に水を張って籠城し，奇跡的に救出されたケースがあった。また，人は異常時に遭遇すると通常の思考が停止し，万に一つの奇跡を期待して死のダイブと呼ばれる高所からの飛び降りなどを敢行することがある。これは，脱出したい，助かりたいという強い欲求により窓の外が天国のように思われ，「この高さなら何とか飛び降りることができるだろう」という地面までの距離感が歪められた認知の変容によるものと考えられる。千日デパート火災の22名をはじめ，ホテルニュージャパン火災では13名が高層階より飛び降りて死亡したが，いずれも絶望的な行動であった。[47]

　籠城や飛び降りのほか，荷物を取りに戻ったり着替えをしたりするパターンや池之坊満月城火災では，火元を確認した第一発見者の客が誰にもいわず自分だけ避難したケースもある。火災時において人の生死を分ける基準は，「自らが火災を覚知した」ことや「避難経路を熟知していた」ことなど様々な要因が影響するため一概に説明できない。ところが，「絶対死ぬわけにはいかない」という強烈な生存意欲に支えられた行動で，生還あるいは救助されたケースが

55

表 1 -12　火災事例の詳細（人間の行動特性）

（単位：人）

名　　称	種別	発生年月日	時刻	在館者	死者	負傷者
東京・白木屋百貨店	百貨店	1932（昭和 7 ）・12・16	9:18	1,600	14	40
兵庫・池之坊満月城	宿泊施設	1968（昭和43）・11・2	2:30	309	30	44
大阪・千日デパート	複合用途	1972（昭和47）・5・13	22:27	212	118	81
熊本・大洋デパート	百貨店	1973（昭和48）・11・29	13:15	1,166	103	124
栃木・川治プリンスホテル	宿泊施設	1980（昭和55）・11・20	15:15	143	45	22
東京・ホテルニュージャパン	宿泊施設	1982（昭和57）・2・8	3:24	378	33	34

出所：東京消防行政研究会（1983）『火災の実態からみた危険性の分析と評価──特異火災事例112』全国加除
　　法令出版，14-25頁。

ある。川治プリンスホテル火災に遭遇した74歳の生存者は，「こんなところで
死んでたまるか」と思い，助かるにはどのような行動が必要かを冷静に考え，
上半身を曲げ窓枠より顔を下に向けたと証言している。また，白木屋百貨店火
災では，避雷針の導線を伝って逃げる客や大洋デパート火災では途中までしか
ないロープにぶら下がり宙吊りになりながら，はしご車に救助された客もいた。
避難する者には，それなりの運動神経や行動能力が要求されるが，最後まで諦
めないことが重要である[48]。

　ちなみに，これまで紹介した火災事例の詳細は表 1 -12を参照されたい。

（3）レジリエンスエンジニアリング

　これまで潜在的な危険性を有するシステムにおける不安全行為について論じ
てきた。原子力におけるすべてのヒューマンパフォーマンス問題の約 7 割は不
適切な手順書により発生しており，違反となる不遵守行為は半分に満たないと
いわれている。不適切な手順書によりヒューマンエラーが発生することは，原
子力分野に限ったことではなく，他産業においても同様である。このように，
ルールや手順書を遵守することは必ずしも正しい結果を導くとは限らない。そ
の実例を以下に示す[49]。

　ジェームズ・リーズンによれば，1988年 7 月 6 日に北海のパイパー・アル
ファ海底油田掘削設備で発生したガス管爆発事故では，多くの作業員が事前に

第**1**章 鉄道トンネル火災事故の歴史と異常時の人間心理・行動特性

整備されていた緊急時手順書に従い，設備上部の居住区画にある共用スペース
へと避難した。ところが，不運にもこの区画が火柱の通り道となり，多数の作
業員がこの区画で死亡した。一方，本事故の生存者の中には，手順書に反して
設備最下部に降り，ロープと梯子を使って救命ボートで避難した者がいた。こ
のような行為を「正しいルール違反」というが，望ましい結果をもたらすうえ
で必然的な違反であったと考えられる[50]。

　以上のようなヒューマンエラーに関するパラダイムシフトはレジリエンスエ
ンジニアリングと呼ばれ，エリック・ホルナゲルなどにより研究が進められて
いる。この学問分野では，システムが置かれた環境は絶え間なく変化しており，
システムそのものを本質的に危険なものあるいは不安定なものと捉え，これを
安全に働かせるのはシステムで働く人間の力であると主張されている。ホルナ
ゲルは2種類（第1種と第2種）の安全を挙げ，第1種の安全は悪い結果が起
きない従来型の安全マネジメントであり，第2種の安全は変化する状況の中で
求められるパフォーマンスが可能となる高い水準に保たれた状況と述べている。
レジリエンスはまさにこの第2種の安全に該当し，組織と個人の柔軟性，弾力
性，しなやかさであるとされている[51]。

　ところで，レジリエンスを実現するためにはどのような特性が必要であろう
か。臨機応変な対応を行ううえで重要な要因の一つに，心の準備がある。注意
深さであるメンタルスキルの訓練では潜在的な危険性の認識が重要であり，特
に組織レベルでは規範的なプロセスコントロールの限界を理解することが必要
となる。一方，個人レベルでは，自信の絶望的な喪失に陥るのではなく，「最
終的にはうまくいく」という揺るぎない信念と窮地に追い込まれても動じない
強靭な精神力が必要となる[52]。

　また，マニュアルさえ守っていればよいという，悪しきマニュアル主義から
の脱却が重要である。マニュアルは，一定水準の安全を確保するには有効であ
るが，本当の安全を確保するには不十分である。悪しきマニュアル主義は自分
の思考を停止させ，仕事の誇りを奪い，やる気を失わせてしまうおそれがあり，
想定外の事象に遭遇したとき，自力で判断できない社員を育てることにつな

がる。[53]

　ここでは，未曾有の災害に遭遇しながらも適切な避難誘導により，乗客が無事，生還できた災害事例として，国鉄時代ではなく分割・民営化後の平成期に発生した2つの事例を紹介する。

日豊本線竜ヶ水駅土石流災害

　1993年7月から9月にかけ，鹿児島県の各地において類稀な多量の長雨に伴う被害が発生した。なかでも8月6日夕刻に多数の土石流や斜面崩壊が発生した鹿児島市竜ヶ水地区での被害は甚大であった。同地区は，約30〜45度の急斜面で標高200〜400メートルの姶良カルデラ壁と鹿児島湾の間に位置するわずかな平坦地に，日豊本線，国道10号線が通り，民家が点在していた。竜ヶ水駅構内を襲った3本の大規模な土石流等により，日豊本線とその海側にある国道10号線は完全に寸断され，同駅周辺は陸の孤島となった。その当時，同駅付近には，上下線2本の列車が抑止されていた。この災害時の避難誘導の詳細を以下に示す。[54]

　1993年8月6日16時50分頃，西鹿児島（現，鹿児島中央）行き下り普通列車（3両気動車，乗客約130名）の車掌は，竜ヶ水駅に向かう途中で，土砂崩壊の兆候を感じたことから，指令や国分行き上り普通列車（2両気動車，乗客約200名）の乗務員に，竜ヶ水駅での列車の抑止を要請した。停車後，乗務員らは上り列車の乗客200名を，海側に停車していた下り列車に一旦移動させた。ところが，数回に分かれて発生した土石流により列車も徐々に埋没していった。そのため，警察官の協力により列車を捨ててさらに海側の国道10号線へ乗客を全員避難させた。国道には大きなガソリンスタンドがあり，そこが一番安全と判断されたことから，乗客は混乱もなくまとまって緊急避難した（17時30分頃）。[55]

　ガソリンスタンドに設置された電話機は，回線の断線あるいは通話者の輻輳に伴い通話ができず，車掌は緊急要請を行うために列車へ戻り，列車無線で指令に状況を伝えた。九州旅客鉄道（以下「JR九州」という。）は，海上保安庁に救出船の要請を行ったものの手続きが難航し，海上保安庁の大型フェリーが，ようやく沖に現れたのは20時頃であった。また，JR九州は桜島漁業組合にも

第1章　鉄道トンネル火災事故の歴史と異常時の人間心理・行動特性

協力要請したことから，乗客らは地元漁船により竜ヶ水近辺の浅瀬から大型フェリーまで搬送された。救助活動は翌日の午前0時過ぎまで行われ船で避難した人は500人以上にのぼったが，その中には，乗客のほか国道のドライバーや住民も含まれていたともいわれている。救助活動がはじまった21時頃には，巨大な土石流が発生し3名の乗客と住民1名が犠牲となった。この土石流に伴い数多くの人が海に流されたが，自力で泳いだりタイヤやドラム缶にしがみついたりして多くの人が一命をとりとめた。(56)

　以上のとおり，竜ヶ水駅において上下列車を抑止させ，乗客を車外に避難させた車掌の判断は適切であったといえる。この災害でレジリエンスを実現させた要因は，適切な判断と避難指示，警察やJR九州の乗務員といった社会的に認知されたリーダーが居合わせたこと，現地の地理に詳しく災害の発生予測が適切だったことが挙げられる。(57)

　このことは，本災害に遭遇した乗客に対するアンケート結果にも表れており，74パーセントの乗客がJR九州の情報伝達は適切であったと評価した。避難中における主な情報源は，「乗務員」が34パーセントと最も多く，「周囲の乗客」28パーセント，「周囲の警察官」20パーセントとなっている。また，60パーセントの乗客は，国道への避難の動機は乗務員からの避難の呼び掛けとしており，73パーセントの乗客が避難を即断できたとされている。以上のことは，災害時での乗務員による情報伝達や呼び掛けの重要さを示唆している。(58)

東日本大震災における津波被害

　2011年3月11日14時46分に発生した東日本大震災では，巨大津波により東北，関東地方の沿岸部が壊滅的な被害を受け，死者・行方不明者は合わせて1万8000人を超えた。この巨大津波により被災した列車は10本以上もあり，その被災範囲も北は岩手県北部の八戸線から南は福島県南部の福島臨海鉄道まで広域にわたった（表1-13）。地震発生後，津波が襲来するまでの時間は最短で20分程度，長い所で1時間以上あった。各列車は外部との通信が遮断された状況下にあったが，乗務員の自主的な判断に基づく早期の行動により被害を最小限に食いとどめることができた。その背景には，限定的な指令からの情報や指示を

表 1-13　東日本大震災で発生した津波による主な被災列車

No.	会社名	路線名	列車番号	発着駅	被災箇所	編成	乗務員数（人）	乗客数（人）	状　況
1	JR東日本	八戸線	448D	久慈発八戸行き	久慈駅～陸中夏井駅間	3両	2	35	車内に待機して無事
2	三陸鉄道	北リアス線	116D	久慈発宮古行き	白井海岸駅～普代駅間	1両	1	15	車内に待機して無事
3	JR東日本	山田線	1647D	花巻発宮古行き	津軽石駅付近	2両	2	20	脱線・車内浸水／避難して無事
4	三陸鉄道	南リアス線	213D	盛発釜石行き	鍬ヶ崎トンネル（吉浜駅～唐丹駅間）	1両	1	2	トンネル内から徒歩で避難して無事
5	三陸鉄道	南リアス線	—	留置列車	盛駅	3両	—	—	車両の床下まで浸水・乗客不在
6	JR東日本	大船渡線	—	留置列車	盛駅	2両	—	—	車両の床下まで浸水・乗客不在
7	JR東日本	気仙沼線	2942D	気仙沼発小牛田行き	松岩駅～最知駅間	2両	1	30	脱線・車内浸水／避難して無事
8	JR東日本	石巻線	—	留置列車	女川駅	2両	—	—	脱線・横転して大破・乗客不在
9	JR貨物	仙石貨物	—	留置列車	石巻港駅	2両	—	—	機関車・コンテナが多数被災
10	JR東日本	仙石線	1321S	あおば通発石巻行き	石巻駅	4両	—	—	浸水／終着駅のため乗客不在
11	JR東日本	仙石線	3353S	あおば通発石巻行き	野蒜駅～陸前小野駅間	4両	2	60	車内に待機して無事
12	JR東日本	仙石線	1426S	石巻発あおば通行き	野蒜駅～東名駅間	4両	2	50	脱線・車内浸水／避難先で被災
13	仙台臨海鉄道	—	—	留置列車	仙台港駅	3両	—	—	被災
14	JR貨物	常磐線	92レ	—	浜吉田駅～山下駅間	—	—	—	機関車水没、コンテナ流出・大破
15	JR東日本	常磐線	244M	仙台発原ノ町行き	新地駅	4両	3	40	脱線・横転／避難して無事
16	福島臨海鉄道	—	—	留置列車	小名浜駅	2両	—	—	津波により被災

出所：廣部安 (2012)『東日本大震災からの復活 走り出せ！東北の鉄道』イカロス出版、資料頁。

第**1**章　鉄道トンネル火災事故の歴史と異常時の人間心理・行動特性

待つだけでなく，乗客の携帯端末などを通じた正確で新しい情報や地元に精通した乗客からの地域情報を入手できていたことがある。ここでは，表1-13のうち4本の被災列車（うち2本〔表1-13のNo.2とNo.11〕は高台に停車し車内で待機，他の2本〔表1-13のNo.12とNo.15〕は車外へ避難）において採られた判断や行動について紹介する。⁽⁵⁹⁾

① 　三陸鉄道北リアス線116D列車（表1-13のNo.2）

　116D列車（久慈発宮古行き普通列車，ワンマン運転，1両，乗客15名）は，白井海岸駅～普代駅間を走行中，強い揺れに遭遇した。運転士は，地震発生直後，交信ができた指令からの指示により高台に列車を停止させた。ところが，久慈にある指令所自体が津波による避難を強いられたため，指令が避難した後はすべて運転士の判断に委ねられることになった。運転士は，自分の携帯電話を見ても電波が入らなかったことから，ワンセグ放送を見ることができた乗客から外の情報を入手した。また，停車した場所から普代の村まで1キロ程であったが，車外は寒く乗客を避難させるにはリスクがあった。一方，車内は暖かくトイレや自動販売機が設置されていたことから，車内の方が安全と判断し列車の中に留まることを決めた。最終的に，地震発生から約4時間後の19時前に，普代から来た消防分団により全員救助された。⁽⁶⁰⁾

② 　仙石線3353S列車（表1-13のNo.11）

　3353S列車（あおば通発石巻行き快速列車，4両，乗客約60名）は，野蒜駅で1426S列車と行き違いを行い，石巻方面に向けて14時36分に出発した。この野蒜地区は，街全体が大きな津波被害を受けた東松島市に位置し，2015年5月の仙石線全線開業時まで不通となっていた区間を有する。3353S列車は，小高い丘を登りはじめた所で地震を感知し緊急停車した。運転士と車掌は，マニュアルに従い乗客を避難所へ誘導することを考えたが，地元乗客のアドバイスを受け車内で留まることにした。乗客らは，全員無事に救出される翌日まで車内で一夜を過ごした。あたり一面は雪景色のうえ，停電により空調が停止したことで車内は冷え込んだ。そのため，運転士と車掌は乗客全員を真ん中の車両に集め，他の3両から座席のシートをはいでこれを乗客に配布した。また，乗客が

持っていた土産のお菓子を全員に配り飢えをしのいだとされている[61]。

③ 仙石線1426S列車（表1-13のNo.12）

　野蒜駅で3353S列車と行き違った1426S列車（石巻発あおば通行き普通列車，4両，乗客約50名）は，発車後，強い揺れに襲われ，仙台方へ約300メートル走行した位置で停車した。運転士と車掌は乗客50名を降車させ，避難場所として指定されていた近所の野蒜小学校へ誘導した。ところが，海岸から1キロほど離れたこの小学校の体育館を津波が直撃したことにより，自宅から避難してきた住民らとともに亡くなった乗客もいたとされている。本列車は津波に伴い大破した[62]。

④ 常磐線244M列車（表1-13のNo.15）

　244M列車（仙台発原ノ町行き普通列車，4両，乗客約40名）は，ドアを閉め新地駅を発車する直前に大きな揺れに襲われた。ワンセグ放送を見ていた乗客から大津波警報が発令されていることを知り，偶然列車に乗り合わせていた警官2名が乗客らを1キロ離れた高台にある新地町役場まで誘導することを決断した。そのため，車掌は乗客に駅前広場へ集まる旨を放送した。乗客の中には，「駅で家族を待つ」といって避難を拒むものがいたために警官の1名が必死に説得した。その最中に津波が押し寄せてきたが，幸いにも警官と乗客は，地元住民が運転する軽トラックに便乗させてもらい難を逃れた。ところで，運転士1名と車掌2名は乗客を駅前広場へ誘導後，車内で待機していたが津波が襲来したため駅の跨線橋へ避難し一命を取り留めた。本列車も，津波に伴い大破した[63]。

　最後に，レジリエンスの実現に組織に共通してみられた特徴を整理すると，以下の3点である。第一に，現場が柔軟な発想と臨機応変な行動力を持っていたこと，第二に，上意下達ではなく現場が自立的・自発的に判断して行動したこと，そして第三に，現場が組織の使命を理解しそれに従って行動していたことである。これらはすべて，緊急時における現場への権限委譲など高信頼性組織が持つ高い安全水準を支えていると考えられる[64]。

第1章　鉄道トンネル火災事故の歴史と異常時の人間心理・行動特性

　これまで紹介した2つの事例によれば，指令が短時間のうちに災害や事故の全貌を把握し，乗務員に適切な指示を出すことは不可能な場合があることが分かった。今後は，一定の行動基準を定めたうえで，乗務員が臨機応変に判断できるツールの整備や体制の構築，訓練の実施を検討していく必要があると思われる。⁽⁶⁵⁾

注

(1)　日本鉄道運転協会（2013）『重大運転事故記録・資料（復刻版）』1-20, 79, 162頁。

(2)　『朝日新聞』大阪本社版，大阪本社奈良版。『毎日新聞』大阪本社版。『大和タイムズ』。『奈良日日新聞』。いずれも1947年4月17日～20日。

(3)　『朝日新聞』大阪本社版，大阪本社和歌山版，1956年5月8日～9日。『和歌山新聞』1956年5月8日。

(4)　日本国有鉄道運転局保安課「運転事故通報」第152号（1961年11月分），36-37頁。

(5)　Kazuhiro Nagase and Kohji Funatsu (1988), A Study of a Fire on a Diesel Railcar, *Fire Technology*, Vol. 26 No. 4.『朝日新聞』東京本社版，1988年3月31日，31面。鉄道火災対策技術委員会（1975）「鉄道火災対策技術委員会報告書」6-7頁。

(6)　『毎日新聞』東京本社版，1987年9月22日，23面。『読売新聞』東京本社版，1987年9月22日，27面。『朝日新聞』東京本社版（夕刊），1987年9月22日，15面。

(7)　運輸安全委員会（2013）「北海道旅客鉄道株式会社石勝線清風山信号場構内列車脱線事故」『鉄道事故調査報告書』RA2013-4, 65-66頁。『朝日新聞』東京本社版，2011年6月2日，33面。

(8)　運輸安全委員会（2004）「東海旅客鉄道株式会社中央線田立～南木曽駅間列車火災事故」『鉄道事故調査報告書』RA2004-1, 1-6頁。

(9)　運輸安全委員会（2016）「東海旅客鉄道株式会社東海道新幹線　新横浜～小田原間列車火災事故」『鉄道事故調査報告書』RA2016-5, 1-25頁。

(10)　富樫三郎・猿山忠之助（1968）「地下鉄日比谷線の電車火災概要」『火災』18巻4号，194-198頁。

(11)　『朝日新聞』東京本社版（夕刊），1972年11月21日。

(12)　『朝日新聞』東京本社版，1992年8月30日。

(13)　『朝日新聞』東京本社版，『毎日新聞』東京本社版，『読売新聞』東京本社版。いずれも1983年8月17日付け。

(14)　『朝日新聞』北海道本社版，2015年4月5日，28面，東京本社版，2015年4月5日，35面。

(15)　Alan Beard and Richard Carvel (2005), *The Handbook of Tunnel Safety*, Thomas Telford, pp. 10-37.

⑯　田中利男（1976）『列車火災』日本鉄道図書，2-3頁。日本火災学会（2007）『建物と火災』共立出版，2頁。

⑰　大宮喜文・若月薫（2009）『基礎　火災現象理論』共立出版，22-23頁。小林恭一（2015）『図解よくわかる火災と消火・防火のメカニズム』日刊工業新聞社，8-13，36-42頁。

⑱　大宮喜文・若月薫，同上書，60-62頁。小林恭一，同上書，13-15頁。

⑲　小林恭一，同上書，20-21，98-99頁。

⑳　神忠久（2014）「生死を分ける避難の知恵——その1　火災避難時の基礎知識」『照明工業会報』No. 8，65頁。小林恭一，同上書，29-31頁。

㉑　大宮喜文・若月薫，前掲書，2，12-14頁。

㉒　大宮喜文・若月薫，同上書，137-144頁。神忠久（2014）前掲，66頁。日本火災学会，前掲書，15，99，103頁。

㉓　日本火災学会（2007）前掲書，103-104頁。神忠久（2014）同上，67頁。

㉔　日本火災学会（2007）同上書，15頁。神忠久（2014），同上，67頁。大宮喜文・若月薫，前掲書，138，144頁。

㉕　田中利男，前掲書，71-77頁。

㉖　同上書，77-112頁。宮古線における列車火災試験グループ（1977）「トンネル走行下の列車の火災性状——宮古線猿峠トンネルにおける列車火災試験」『鉄道技術研究報告』No. 1032，138頁。

㉗　森田武（2003）「韓国大邱廣域市地下鉄火災（前篇）」『近代消防』41巻5号，36頁。

㉘　阿部伸之（2004）「CFD を用いた火災の数値シミュレーション」『日本流体力学会数値流体力学部門 Web 会誌』第12巻第2号，69-70頁。中濱慎司ほか（2015）「実験用実大トンネル火災実験の LES による煙流動解析」『日本建築学会技術報告書』第21巻第48号，661頁。斉藤実俊・山本昌和・村上直樹ほか（2014）「トンネル内火災時の煙流動と避難時間の予測」『研究開発テーマ報告』鉄道総合技術研究所，No. N512121R，2-7頁。数値シミュレーションには，ゾーンモデルとフィールドモデルの2つの手法が用いられ，そのうちゾーンモデルは古くから火災安全性の評価ツールとして活用されてきたが詳細なデータが得られない。そのため，複雑な計算やより詳細な解析には CFD（数値流体力学）などのフィールドモデルの利用が望まれる。

㉙　火災予防審議会・東京消防庁（2011）「複合化するターミナル施設の防火安全対策のあり方——火災予防審議会答申」17-25頁。国土交通省鉄道局（2011）『鉄道六法（平成23年版）』第一法規，801-818頁。佐久間悠監修（2016）『すぐに役立つ知っておきたい建築基準法と消防法のしくみ』三修社，8-11頁。

㉚　伊藤健一（2012）「地下鉄道の火災と排煙対策」『建設の施工企画』2012年9月号，30頁。日本国有鉄道（1974）『日本国有鉄道百年史』第13巻，70頁。日本国有鉄道監査委員会（1973）「北陸本線北陸トンネル列車火災事故に関する特別監査報告書」50-51頁。

㉛　『朝日新聞』大阪本社版，大阪本社和歌山版，1956年5月8日〜9日。『和歌山新聞』1956年5月8日。伊藤健一，同上，30-32頁。鉄道監督局（1957）「電車の火災事故対策

第**1**章　鉄道トンネル火災事故の歴史と異常時の人間心理・行動特性

に関する処置方について」鉄運第5号。主に地下線で運転するA様式の車体構造（屋根，天井，内張，床，外板）は，すべて金属または不燃性の材料を用いることとなっている。

⑶　伊藤健一，同上，30-32頁。『朝日新聞』東京本社版（夕刊）。『毎日新聞』東京本社版（夕刊）。『読売新聞』東京本社版（夕刊）。いずれも1968年1月27日付け。

⑶　伊藤健一，同上，32頁。

⑶　伊藤健一，同上，32頁。運輸省鉄道監督局長「地下鉄道の火災対策の基準」（鉄総第49号の2，1975年1月30日）。

⑶　伊藤健一，同上，35-37頁。

⑶　Gustave Le Bon（1921）, *Psychologie Des Foules*, Librairie Felix Alcan, pp. 11-15／櫻井成夫訳（1993）『群集心理』講談社，25-29頁。釘原直樹（2011）『グループ・ダイナミクス――集団と群集の心理学』有斐閣，101-102頁。安倍北夫（1977）『入門群集心理学』大日本図書，21-22頁。

⑶　安倍北夫，同上書，22-23頁。

⑶　同上書，23-24頁。

⑶　同上書，102-120頁。広瀬弘忠（2004）『人はなぜ逃げおくれるのか』集英社，11-17，128-129，141-145頁。

⑷　広瀬弘忠（2011）『災害そのとき人は何を思うのか』ベスト新書，50頁。広瀬弘忠，同上書，17頁。

⑷　広瀬弘忠（2011）『きちんと逃げる。災害心理学に学ぶ危機との闘い方』アスペクト，41頁。

⑷　神忠久（1990）「煙に巻かれたときの心の動揺度」『照明』第1巻第12号（通巻196号），15頁。

⑷　同上，15-17頁。安定度検査器は，大小4つの穴を有する金属板と金属棒で構成されており，被験者は穴の淵に触れないように金属棒を順次差し込んでいく。煙が増すにつれ，煙に対する恐怖感や目や喉に対する刺激が増し，被験者は作業に集中できなくなり金属棒が淵に触れる回数が増えていく。実験における煙の濃度は，値が大きい程見通し距離が小さくなる減光係数が用いられた。実験の結果，許容濃度は減光係数0.15（1/メートル）であることが分かり，見通し距離で13メートル程度であった。許容濃度は，建物内の熟知度や本人の気丈さにより個人差があると考えられるが，許容濃度が0.2～0.4（1/メートル）となる被験者も少数であるが存在した。これらの被験者には，何らかのスポーツや文化活動においてリーダー的存在であった者が多く，気丈な性格であったことは注目すべき点である。

⑷　神忠久（1990）「煙の中での思考力および記憶力の低下」『照明』第2巻第1号（通巻197号），27-30頁。被験者は，廊下の入口で4つ並んだ色の順番を覚え，煙で充満した15メートルの通路の中を進んだ後，出口で思い出した色の順番を押しボタンで回答した。一方，帰路時では1桁の暗算問題が2秒間に1回の割合で出され，被験者は煙の中を歩きながら回答した。

⑷　日本火災学会（2002）『火災と建築』共立出版，203頁。岡田光正（1985）『火災安全

学入門』学芸出版社，174-175頁。

(46) 日本火災学会（2002），同上書，203頁。日本火災学会（1976）『建設防火教材』83頁。

(47) 日本火災学会（1976），同上書，83頁。岡田光正，前掲書，175頁。古田富彦（2003）「安全・危機管理に関する考察（その2）――緊急時の人間行動特性」『国際地域学研究』第6号，244頁。

(48) 岡田光正，同上書，176-177頁。神忠久（1993）「適切な避難誘導はなされなかったのか　旅客ホテル火災（4）」『照明』第3巻第9号（通巻217号），13頁。神忠久（1988）「煙に巻かれたときの心理状況」『照明』第1巻第2号（通巻186号），5-6頁。神忠久は，消防庁消防研究所の実験棟や実際の道路トンネルなどにおいて，自らを被験者とした煙の人体実験を行った。実験を通じ神忠久は，「こんなところで死んでたまるかと思い，その気力で歩きはじめた」ことや「駄目かと思った瞬間から自分を失う」などと述べ，避難者の気力がいかに生死へ大きく影響するかを提唱した。

(49) James Reason (2008), *The human contribution : unsafe acts accidents and heroic recoveries*, Ashgate, pp. 58-64. ／佐相邦英監訳（2010）『組織事故とレジリエンス』日科技連，70-79頁。

(50) *Ibid.*, pp. 58-64. ／同上書，70-79頁。

(51) 芳賀繁（2012）「しなやかな現場力とこれからの安全文化」『経営情報』No. 221，3-4頁。

(52) James Reason (2008), *op. cit.*, pp. 66-68. ／佐相邦英監訳，前掲書，79-82，280-288頁。

(53) 芳賀繁（2011）「想定外への対応とレジリエンス工学」『信学技報』SSS2011-10，6頁。

(54) 九州旅客鉄道株式会社（1994）『93夏　豪雨災害復旧工事誌』青雲印刷，7頁。廣井脩（1996）「1993年鹿児島水害における災害情報の伝達と住民の対応」『氾濫原危機管理国際ワークショップ論文集』293頁。防災科学技術研究所（1995）「1993年8月豪雨による鹿児島災害調査報告」『主要災害調査』第32号，145頁。

(55) 廣井脩，同上，293頁。防災科学技術研究所，同上，145頁。

(56) 廣井脩，同上，293-294頁。

(57) 九州旅客鉄道株式会社，前掲書，12頁。

(58) 渡辺実・廣井脩（1994）「災害時の情報伝達方策に関する一考察――93鹿児島水害JR竜ヶ水駅災害における乗客意識調査」『地域安全学会論文報告集（4）』224-229頁。アンケートは，地元放送局MBC南日本放送の協力を得て約1カ月間，テレビやラジオを通じて当時の乗客を探り出すことができた119名を対象に，避難の行動や情報伝達，災害遭遇時の意識等に関して行われた。

(59) 林能成（2012）「東日本大震災における鉄道の避難誘導」『社会安全学研究』第2号，36-37頁。芳賀繁（2011），前掲，6頁。廣部妥（2012）『東日本大震災からの復活　走り出せ！東北の鉄道』イカロス出版，資料頁，126-128頁。

(60) 廣部妥，同上書，82-83頁。

(61) 尾木和晴（2011）『AERA Mook　震災と鉄道 全記録』朝日新聞出版，110-114頁。廣部妥，同上書，資料。

第1章　鉄道トンネル火災事故の歴史と異常時の人間心理・行動特性

⑫　尾木和晴，同上書，114頁。

⑬　同上書，122-123頁。東北の鉄道震災復興誌編集委員会（2012）『よみがえれ！　みちのくの鉄道～東日本大震災からの復興の軌跡～』109-110頁。

⑭　芳賀繁（2014）「しなやかな現場力を支える安全マネジメント」『JR EAST Technical Review』No. 49，3頁。

⑮　芳賀繁（2011）前掲，8頁。林能成，前掲，37頁。

第2章

山岳トンネルにおける火災事故

1 山岳トンネルの建設

（1）山岳トンネル建設の歴史

　日本の鉄道用隧道（以下「鉄道トンネル」という。）には，山岳部を貫く山岳トンネルと都市部の地下を貫く都市トンネル，海底部を貫く海底トンネルの3種類があるが，本章では主に山岳トンネルについて述べる。

　表2-1は，1880年以降のある時点で日本の国内最長となった鉄道用山岳トンネルを整理したものである[1]。この中で，初めて日本人技術者のみで建設されたのが逢坂山トンネル，そして初めてダイナマイトが使用されて建設されたのが柳ヶ瀬トンネルである[2]。

　1890年代に入り，工事の完成速度を早める目的で，第二板谷峠トンネルなどに竪坑が設けられるようになった。鉄道創業以来，手掘りによる掘削が中心であったが，笹子トンネルの建設から，削岩機が本格的に使用されるようになった。また笹子トンネルでは，現場に水力発電が設けられ，運搬や照明，換気などに電気が用いられるようになり，トンネル掘削の作業効率は著しく向上した[3]。

　トンネルの掘削は，大正の初期まで当時日本式と呼ばれていた頂設導坑式が国内唯一の工法であったが，1919年に竣工した東海道本線の新逢坂山トンネル（全長2325メートル）の建設の際には，諸外国で実績があった新オーストリア式と呼ばれる底設導坑式が初めて導入された。

　トンネルの覆工は，場所打ちコンクリート工法が採用された房総西線（現，

69

表2-1　鉄道用山岳トンネルの変遷

	トンネル名	線名	区間		全長（m）	単複	竣工（年）
1	逢坂山	東海道	京都	大津	665	単線	1880（明治13）
2	柳ヶ瀬	北陸	雁谷	刀根	1,352	単線	1884（明治17）
3	第二板谷峠	奥羽	板谷	峠	1,629	単線	1896（明治29）
4	金山	常磐	竜田	富岡	1,655	単線	1898（明治31）
5	冠着	篠ノ井	冠着	姨捨	2,656	単線	1899（明治32）
6	笹子	中央	笹子	初鹿野	4,656	単線	1902（明治35）
7	清水	上越	土合	土樽	9,702	単線	1931（昭和6）
8	北陸	北陸	敦賀	南今庄	13,870	複線	1962（昭和37）
9	六甲	山陽幹	新大阪	新神戸	16,250	複線	1971（昭和46）
10	大清水	上越幹	上毛高原	越後湯沢	22,235	複線	1980（昭和55）
11	岩手一戸	東北幹	いわて沼宮内	二戸	25,808	複線	2000（平成12）
12	八甲田	東北幹	七戸十和田	新青森	26,455	複線	2005（平成17）

注：以下の海底トンネルは含まない。
・関門［下り］【全長】3,614m【竣工】1942（昭和17）年
・関門［上り］【全長】3,604m【竣工】1944（昭和19）年
・新関門【全長】18,713m【竣工】1974（昭和49）年
・青函【全長】53,850m【竣工】1985（昭和60）年
出所：日本国有鉄道（1958）『鉄道技術発達史』第2編（施設），1474, 1476-1479頁。日本鉄道
施設協会（1994）『鉄道施設技術発達史』390-392頁。鉄道・運輸機構（2005）「JRTT鉄道・
運輸機構だより」No. 5　2005春季号，17頁。以上をもとに筆者作成。

内房線）の鋸山トンネル（全長1252メートル，1917年竣工）以前は，煉瓦や石材
積みが主体であった。また，現在の都市トンネルで用いられているシールド工
法は，トンネルの膨圧対策を目的に羽越線の折渡トンネル（全長1438メートル，
1924年竣工）の建設で初めて採用された。[4]

　大正時代の中頃より，トンネルは単に新線建設の目的だけでなく，勾配改良
や迂回距離の短縮を目的に計画されるようになった。そしてこの頃より延長が
5キロを超える長大トンネルが建設されるようになった。その代表例として，
1918年に着工された東海道本線の丹那トンネル（全長7804メートル，1934年竣
工）や1922年に着工された清水トンネル（表2-1）を挙げることができる。

　このうち，丹那トンネルはそれまでのトンネルとは異なり，複線型トンネル
である。[5] 丹那トンネルの工事では，建設中に高圧地下水が多量に湧出したため
多くの水抜坑が掘削された。水抜坑には既述の折渡トンネルに続き二度目の
シールド工法が試用され，本坑の排水に大きく貢献した。なお，シールド工法

が本格的に採用されたのは，日本で初めての海底トンネルとなる関門トンネルの建設時であった。[6]

　丹那トンネルとは対照的に，清水トンネルは，建設時に岩盤などが崩れないように仮設する支保工を必要としない良好な地質区間が全体の3分の2を占めていた。また，建設に際しては，現在に比べ小型ではあったものの米国製新型機械が数多く使用された。そのため，当時日本で最長となるトンネルであったにもかかわらず，その工期は約9年と比較的短期間であった。[7]

　ところで，戦前のトンネルに使用された支保工のほとんどは木製支柱式であったが，一部区間で鋼製の支保工が試用された。佐久間ダム建設に伴う付替工事で掘削された飯田線の大原トンネル（全長5063メートル，1955年竣工）がその嚆矢である。鋼材価格が他の材料に比べ相対的に安価となり，経済的にペイできるようになったことで，鋼製の支保工が使用されるようになったのである。さらに，この頃より大型掘削機械が導入されるようになり，大原トンネルの建設においても全断面掘削工法が採り入れられた。また，飯田線の峯トンネル（全長3619メートル，1955年竣工）は，底設導坑式を改良した底設導坑先進上部半断面工法により掘削が行われ，我が国のトンネル掘削技術の礎を築いた。[8]

　1960年代から1970年代にかけて，在来線の輸送改善や新幹線建設のために長大トンネルの建設が相次いだ。その皮切りとなったのが，北陸トンネルである。その後の山岳トンネル建設においては，単線トンネルでは全断面掘削工法，複線トンネルでは底設導坑先進上部半断面工法が主流となった。[9]

　1980年代に入り，鋼アーチ支保工から吹付けコンクリートとロックボルトを組み合わせたNATM（New Austrian Tunneling Method）への移行がはじまった。NATMは，上越新幹線の中山トンネル（全長1万4790メートル，1983年竣工）の建設において初めて導入され成功をおさめた。その後，土木学会の「トンネル標準示方書（山岳編）」（1986年改訂）において，NATMが山岳工法の標準工法と位置づけられ今日に至っている。また，NATMはシールド工法や開削工法が主流となっている都市トンネルにも応用されるようになり，2006年には土木学会「トンネル標準示方書（2006年）」でも都市部山岳工法として記述され

表2-2　トンネル工事での殉職者数

		工　期 （年）	延長 （キロ） 【A】	殉職者数 （人） 【B】	キロ当たり殉職 者数（人／キロ） 【B／A】	備　考
1	丹那トンネル	1918〜1934	7.9	67	8.48	
2	清水トンネル	1922〜1931	9.7	26	2.68	
3	関門トンネル	（下り）1936〜1942 （上り）1940〜1944	7.2	18	2.50	上下線
4	北陸トンネル	1957〜1962	13.9	25	1.80	
5	東海道新幹線	1959〜1964	67	74	1.10	日本坂トンネル 除く
6	新清水トンネル	1963〜1967	13.5	14	1.04	
7	山陽新幹線 （新大阪〜岡山）	1967〜1972	58	33	0.57	
8	山陽新幹線 （岡山〜博多）	1970〜1975	223	75	0.34	
9	東北新幹線 （大宮〜盛岡）	1971〜1982	112	31	0.28	
10	上越新幹線 （大宮〜新潟）	1971〜1982	107	55	0.51	
11	青函トンネル	1964〜1985	53.9	34	0.63	

注：5および7〜10は，その区間にあるすべてのトンネルにおける殉職者数を合算。
出所：日本鉄道施設協会，前掲書，393頁。

るようになった。[10]

　ところで，表2-2は，トンネル工事における殉職者数である。キロ当たりの殉職者数は，約16年半にわたる難工事であった丹那トンネルが最も多く約8.5人／キロとなっており，特に1921年4月1日の落盤事故では16名が死亡，17名が8日間にわたり坑内に閉じ込められた。主に木製支柱式支保工が用いられていた戦前の1940年代までは，トンネル工事における殉職のほとんどは落盤事故によるものであった。

　その後，鋼アーチ支保工や吹付けコンクリート，ロックボルトの採用に伴い，落盤事故による殉職者数は大幅に減少した。また，発破方法が導火線方式から

第**2**章 山岳トンネルにおける火災事故

表2-3 戦後のトンネル工事における殉職者の死因別内訳

		工　期 （年）	事故内容	殉職者数 （人）	
1	北陸トンネル	1957〜1962	車両・重機械 落　石 転　落 発　破 その他	13 3 3 3 3	25
2	東海道新幹線 （全トンネル）	1959〜1964	肌落ち・土砂崩壊 ずり運搬 掘　削 発　破 支保工建込み その他	21 18 15 6 3 11	74
3	山陽新幹線 （全トンネル）	1967〜1975	車両・重機械 浮石・ずり落下 その他	58 31 19	108
4	東北新幹線 （全トンネル）	1971〜1982	車両・重機械 浮石・ずり落下 その他	8 13 10	31
5	上越新幹線 （全トンネル）	1971〜1982	発破・火災 車両・重機械 土砂崩壊・落盤 その他	20 14 11 10	55
6	青函トンネル	1964〜1985	車両・重機械 発　破 感　電 その他	24 3 3 4	34

※北陸トンネルでは，落盤事故が皆無であった。
注：2〜5は，その区間にあるすべてのトンネルにおける殉職者数を
　　合算した。
出所：日本鉄道施設協会，前掲書，393-395頁。

電気式へと変わったことで，発破事故も大幅に減少した（**表2-3**）。一方で，
トンネルの大断面化や機械化に伴い，作業員が工事用車両（トラックやトロ）
に挟圧されたり，激突されたりする車両・重機械による事故が増加した。
　トンネル工事では，落盤のほか，1968年5月17日に石勝線の鬼峠トンネル
（全長3765メートル，1972年竣工）で発生したガス爆発や1979年3月18日に既述

73

表2-4　全長10キロ以上の鉄道の長大トンネル（2017年3月現在）

	トンネル名	線　名 （★第三セクター鉄道）	全長 （m）	竣　工 （年）	トンネル内 旅客駅・待避所
1	青函	津軽海峡線	53,850	1985（昭和60）	竜飛定点, 吉岡定点
2	八甲田	東北新幹線	26,455	2005（平成17）	
3	岩手一戸	東北新幹線	25,810	2000（平成12）	
4	飯山	北陸新幹線	22,225	2008（平成20）	
5	大清水	上越新幹線	22,221	1980（昭和55）	
6	新関門	山陽新幹線	18,713	1974（昭和49）	
7	六甲	山陽新幹線	16,220	1971（昭和46）	
8	榛名	上越新幹線	15,350	1981（昭和56）	
9	五里ヶ峯	北陸新幹線	15,175	1995（平成7）	
10	中山	上越新幹線	14,857	1982（昭和57）	
11	北陸	北陸本線	13,870	1962（昭和37）	
12	新清水	上越線	13,500	1967（昭和42）	土合駅
13	安芸	山陽新幹線	13,030	1974（昭和49）	
14	筑紫	山陽新幹線	11,865	2007（平成19）	
15	北九州	山陽新幹線	11,747	1974（昭和49）	
16	福島	東北新幹線	11,705	1976（昭和51）	
17	頸城	★えちごトキめき鉄道	11,353	1969（昭和44）	筒石駅
18	塩沢	上越新幹線	11,217	1978（昭和53）	
19	蔵王	東北新幹線	11,215	1981（昭和56）	
20	赤倉	★北越急行	10,472	1974（昭和49）	美佐島駅
21	生田	武蔵野（南）線	10,314	1975（昭和50）	

出所：日本鉄道建設業協会（1990）『日本鉄道請負業史　昭和（後期）編』。日本トンネル技術協会
ホームページ「長大トンネルリスト」http://www.japan-tunnel.org/files/images/data_longe
st_tunnel.pdf（2015年5月31日アクセス）。

の中山トンネルで発生した異常出水による災害なども発生した。また，1979年
3月20日には大清水トンネル（表2-1，全長2万2235メートル）において，掘
削作業を終えた後，削岩機であるドリルジャンボを解体している最中に発生し
た火災により16名が犠牲となった。本火災事故は，「建設工事中の鉄道トンネ
ル内で発生した主な火災事故」（第1章の表1-2）の一つであるが，山岳トン
ネル内で火災が発生した際の避難や救助方法を学ぶことができる事例と考えら
れる。そのため，本章第4節の「他の山岳トンネル火災事故」で詳述する。[11]

第2章　山岳トンネルにおける火災事故

図2-1　斜坑・連絡坑の設置状況

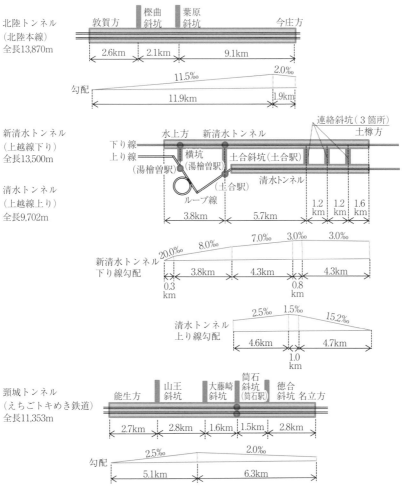

出所：鉄道火災対策技術委員会（1974）「鉄道火災対策技術委員会報告」付属資料Ⅰ　委員会資料編, 579-581頁。

（2）長大トンネルの現状

　我が国の鉄道トンネルのうち，全長が10キロを超える長大トンネルは2017年3月現在，21カ所ある（表2-4）。そのうち，青函トンネルが一番長く，八甲

田トンネル，岩手一戸トンネルと続くが，そのほとんどが新幹線用トンネルで占められている。

　一方，在来線トンネルは青函トンネルを含め全部で6カ所あり，そのうち2カ所は第三セクター鉄道が保有している。第2節以降で詳述する北陸トンネルは，2017年3月現在でも在来線用山岳トンネルの中で日本最長である。なお，青函トンネルは，2016年の北海道新幹線開業に伴い新幹線と共用となった。

　ところで，表2-4が示すとおり，全長10キロを超える21カ所の長大トンネルは，すべて1960年代以降に建設されたものである。図2-1は，表2-4に示した在来線の長大トンネル（北陸，新清水，頸城）における斜坑や連絡坑の設置状況である。それらは，現在でも主に作業用通路として活用されている。

　トンネルの長大化は，戦後における施工技術の向上によるものであることがみて取れる。これらの長大トンネルでは，工期の短縮を図るため，建設時には数カ所の斜坑や竪坑などが設けられた。また，新清水トンネルのように既設のトンネル（清水トンネル）から連絡坑が設けられたものもある（図2-1）。表2-4のうち，青函，新清水，頸城，赤倉の4トンネルには，斜坑を用いて旅客駅あるいは避難所が設けられている。これらは，トンネル火災発生時における避難誘導には有効な設備であると考えられる。[12]

2　北陸トンネル火災事故

（1）北陸トンネルの建設

トンネルの計画

　1892年公布の「鉄道敷設法」に基づいて建設が始まった北陸本線は，1913年4月に米原駅～直江津駅間において全線開業した。沿線地域には，朝鮮や満州への玄関口となる敦賀や新潟などの主要港が存在することから，早くからその輸送力強化が求められていた。ところが，同本線にはそれを阻むいくつかの難所が存在していた。その一つが，豪雪による災害も多く，勾配や曲線が厳しい木ノ本駅～今庄駅間であった。[13]

第2章　山岳トンネルにおける火災事故

このうち木ノ本駅～敦賀駅間の線路増設や勾配改良を目的とした深坂トンネルの建設が1938年に着工したが，日中戦争・太平洋戦争により工事の中断を余儀なくされた。戦後，工事は再開され，1957年の深坂トンネルの完成とともに新線へ切り替えられた。加えて本区間を含む田村駅～敦賀駅間では，我が国初の交流電化が行われ，輸送力の強化が図られた。[14]

一方，敦賀駅～今庄駅間の26キロは，山中信号場を頂点に前後約14キロにわたり25パーミルの勾配となっており，3カ所のスイッチバックを必要とするため，ディーゼル機関車と蒸気機関車の三重連運転が行われていた。同区間の輸送力増強および近代化対策については，1956年に地質調査や現場踏査などをもとに6つの案が提案された。その一つは，木ノ本と今庄を約18キロの長大トンネルで短絡するという案であった。しかし，同案は総工費や工期の問題のほか，敦賀を通らないことによる乗客サービスの低下といった問題に繋がることから却下され，1957年4月に現行のルートである13キロ複線隧道案が採用された。この隧道は，当時の国鉄総裁である十河信二により，「北陸隧道」と命名された。[15]

なお，本書では「北陸隧道」を「北陸トンネル」と呼ぶ。

トンネルの建設

北陸トンネルの着工に当たっては，工期短縮を図るため4工区（谷口，葉原，板取，今庄）に分けた建設計画が策定された。葉原（第二）工区には長さ470メートルの葉原斜坑，板取（第三）工区には深さ230メートルの板取竪坑を設けたうえで，全断面掘削工法と呼ばれる工法を採用し，約4カ年という短い工期で完成させるという計画であった。今後の標準となる工法が試験的に採用されたことで，当時，「青函トンネルや新幹線トンネルといった長大トンネル建設の試金石」としても注目された。[16]

建設は1957年11月に着工されたが，断層や破砕帯により地下水の噴出や土砂の崩壊が相次いで起こったため，工事の進捗に遅れが生じた。そのため，1959年4月には2本の斜坑等に加えて長さ112メートルの樫曲斜坑が追加で掘削され，さらに地質に応じ21種類にも及ぶ特殊な工法が新たに採用された。その結果，当初の計画よりも半年ほど工期が伸びたが，着工から約4年半後の1962年

77

3月に全長1万3870メートルの北陸トンネルが完成した。

なお，このような大工事であったにもかかわらず，落盤や大出水，生き埋めといった死亡事故が皆無であったことは特筆されるべきである。[17]

トンネル開業による効果

北陸トンネルは北陸本線電化（敦賀駅～福井駅間）に合わせ，東洋で最長，世界で5番目に長いトンネルとして1962年6月10日に開業した。この日は，山陽本線（三原駅～広島駅間）および信越本線（長岡駅～新潟駅間）でも電化が完了し，3線そろっての同時開業となった。とりわけ北陸本線の電化開業は，その約1カ月前に発生した常磐線三河島駅構内の列車衝突事故（1962年5月3日，死者160名）の大惨事を忘れさせるかのような祝賀ムード一色で祝われた。[18]

トンネル開業前の敦賀駅～今庄駅間は，前述のとおり北陸本線の中でも豪雪による難所の一つであり，木ノ芽峠により福井県の嶺北，嶺南地域間の政治，経済，文化交流を分断する大きな障害となっていた。こうした事情から，北陸トンネルは夜明け前の福井に光をもたらすものとして，「天の岩戸」とも呼ばれた。[19] また，北陸から関西および中京地区へのアクセス改善のみならず，京阪神と北海道および東北経済圏とを結ぶ交通動脈としての役割を果たすものと期待された。[20]

北陸トンネル開業前後における敦賀駅～今庄駅間の概況を**表2-5**にまとめた。トンネルの開業に伴い敦賀駅～今庄駅間は，電化とあいまって運転時分は従来の39分から15分程度と大幅に短縮された。ちなみに1950年代中頃には，北陸本線のほとんどが単線非電化であったため大阪駅～金沢駅間の所要時分は最速で約6時間であったのが，1960年代中頃には一部区間を除き金沢まで複線電化されたことで，最速で3時間40分台まで短縮された。[21]「近代化の象徴」「汗と油の結晶，世紀の隧道」などと大きな注目を集めたのが，開業当時の北陸トンネルだった。[22]

（2）火災事故の概況

国鉄監査委員会が1973年1月に公表した「北陸本線北陸トンネル列車火災事

第**2**章　山岳トンネルにおける火災事故

表2-5　敦賀駅～今庄駅間の概況

	距離(km)	駅	スイッチバック	最大勾配(‰)	トンネル(個)	単複	電化	所要時間(分)
旧線 ※新線開業と同時に廃止	26.4	新保駅 杉津駅 大桐駅	深山(信) 葉原(信) 山中(信)	25.0	11	単線	×	39
新線 (北陸トンネル経由)	19.2	南今庄駅	なし	11.5	3	複線	○ (交流)	15

出所：日本国有鉄道岐阜工事局 (1963)『北陸本線敦賀・今庄間北陸ずい道工事誌』1-13頁。高田隆雄・大久保邦彦 (1985)『全国鉄道と時刻表5　近畿北陸山陰』新人物往来社，243-246頁。以上をもとに筆者作成。

故に関する特別監査報告書」や福井地方裁判所の「北陸トンネル列車火災刑事事件判決」などによると，北陸トンネル火災事故の概況は以下のとおりである[23]。

　1972年11月6日午前1時04分，北陸本線下り501列車「急行きたぐに号」(大阪発青森行，電気機関車＋けん引客車数15両，乗客数約760名) は敦賀駅を2分遅れて発車し，駅から約2キロ離れた全長約13.9キロの北陸トンネルに進入した。この列車には，乗客約760名のほか，国鉄職員が13名 (動力車乗務員〔以下「機関士」という。〕3名，列車乗務員〔以下「車掌」という。〕8名〔うち5名が乗客扱，3名が荷物扱〕，鉄道公安職員2名)，郵政省職員9名，食堂車従業員8名が乗車していた (図2-2)[24]。

　列車がトンネル内を時速約60キロで走行中，車掌1と車掌2は，12両目デッキにいた3名の乗客より11両目の食堂車で火災が発生している旨の通報を受けた。ただちに食堂車へかけつけ，煙を確認した車掌1は，乗務員用無線機で機関士1に火災の発生を通告した。通告を受けた機関士1は，北陸トンネルの敦賀口より約5.3キロ地点 (図2-2) に列車を停止させた (1時13分)。

　停止後，軌道短絡器などにより列車防護手配が行われたため，木ノ芽信号所の場内信号機は停止現示となり，上り506M列車「急行立山3号」は，火災現場より約2キロ手前で停車した。

　火災発見後，車掌1および食堂車従業員らは，消火器を使って10分間にわたり懸命な消火活動を行ったが，消火活動の継続は困難と判断し消火を断念した

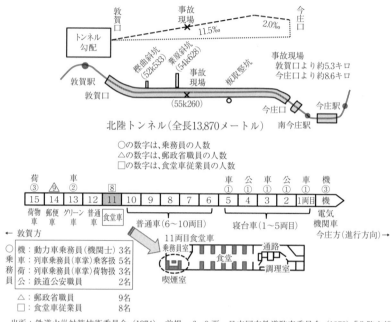

図2-2 501列車(きたぐに号)の編成および職員の配置，火災発生箇所

出所：鉄道火災対策技術委員会（1974），前掲，6-9頁。日本国有鉄道監査委員会（1973）「北陸本線北陸トンネル列車火災事故に関する特別監査報告書」5，35-36頁。以上をもとに筆者作成。

（1時17分頃）。そこで，火災車両を切り離してトンネル内から脱出することにし，車掌1は1時24分頃に初対面の機関士1と打合せのうえ，先ずは11両目の食堂車と12両目の客車を切り離した（1時34分頃）。ほとんどの乗務員は車両切り離しの経験がなかったうえ，トンネル内は暗闇で列車の進行方向に向かって1000分の11.5という上り勾配であったため，作業が完了するまでに10分以上の時間を要した。次に機関士らは，10両目と11両目の切り離し作業を試みたが，煙が充満し作業の継続が困難になり，また後部側への延焼の危険があると判断し，前部側11両を今庄方へ約60メートル移動させるに留まった。その際，何の合図もなく突然前部側が走行を開始したため，車掌1は車掌3に前部側へ飛び乗るように命じた。列車は2つに分離された形となり，13名の国鉄職員は，乗客数の多い前部側11両に4名（機関士3名，車掌1名），乗客数の少ない後部側

第2章　山岳トンネルにおける火災事故

図2-3　北陸トンネル火災事故現場

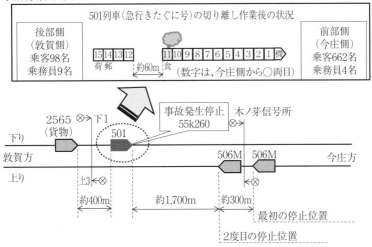

出所：鉄道火災対策技術委員会（1974），前掲，44-47頁。日本国有鉄道監査委員会，前掲，5，33-34頁。以上をもとに筆者作成。

4両に9名（車掌7名，鉄道公安職員2名）とアンバランスな配置となった（図2-3）。

前部側ではさらに，9両目と10両目との切り離しを試みたが，作業の途中で下り線の架線が停電となり，切り離しができないまま列車の運転が不可能となった（1時52分）。その後，機関士3は，き電の再開を国鉄金沢鉄道管理局（以下「金鉄局」という。）電力指令に沿線電話で要請したが，電力指令が現場の状況を把握できず感電など二次災害のおそれがあると判断したため，き電再開は行われなかった（1時55分頃）。

停電後における現場付近の状況は図2-3のとおり，501列車の後方には2565貨物列車，今庄方約2キロの上り線には，506M列車がそれぞれ赤信号で停止していた。その後，信号機が進行現示となり，506M列車は時速5キロの最徐行で約300メートル進行したところ，前方から避難してくる人影を発見したため，501列車より約1.7キロ今庄方で停車した。

火災事故発生の第一報が機関士2により敦賀，今庄両駅に連絡されたのは，列車が停車してから15分後の1時28分であった。その後，機関士2は第二報として，車両の切り離し作業により食堂車をトンネル内に残留させ，前部側のみ今庄方へ移動する旨を敦賀駅に連絡した（1時45分頃）。

ところで，停電が発生した1時52分頃より，前部側の乗客の一部は今庄方へ，後部側の乗客の一部は敦賀方へとそれぞれ避難を開始した。乗客の避難と同時に，救援列車による救助活動が敦賀口および今庄口双方より行われたが，トンネル内における猛煙の影響もあって作業は難航した。

金鉄局は，本局および現地（敦賀，今庄）にそれぞれ事故対策本部を設置し，地元の警察や消防，自衛隊，病院関係者などの応援を得て，総勢約2000人による大規模体制で救助活動を展開した。その結果，停車から約10時間後の11時35分頃までに乗客，職員等の収容を終え，12時43分には501列車の車両が敦賀，今庄両駅に収容された。その後現場検証などが行われ，同日の22時45分には上下線とも開通した。[26]

この火災事故により，30名（うち，1名は機関士2）が死亡し，714名（消防署員，食堂車従業員，国鉄職員を含む）が負傷した。

（3）被害の状況

死者30名

北陸トンネル火災事故で死亡した30名（乗客29名，国鉄職員1名）は，いずれも前部側11両に乗車していた者で，火災で発生した一酸化炭素等の有毒ガスによる中毒が死因とされている。避難の途中，有毒ガスにより意識を失い，気道の窒息症状をきたしてトンネル内で死亡したものと思われる。[27]死者30名の内訳を表2-6でみると，男性が15名，女性が15名と同数であり，年齢構成では40歳代が8名と一番多く，以下50歳代6名，60歳代5名と続いている。[28]

なお，犠牲者のうちの1名（乗客）は，事故当日には発見されず，事故から1週間後の13日午後にトンネル内の下水暗渠の水中で発見されている。死因は，有毒ガスにより昏睡状態に陥り，誤って水中に転落したことによる溺死で

第**2**章　山岳トンネルにおける火災事故

あった。[29]

負傷者714名

後部側に乗車していた乗客98名のうち，早期に避難を開始し徒歩でトンネルを脱出した28名は無傷であった。そのほかの乗客70名は，加療1カ月以上が8名，1カ月以内の軽症が62名であった。

一方，前部側に乗車した663名のほとんどが負傷し，無傷の者は20名程度であった。前部側のうち1〜4両目の乗客は，早期に避難を開始し徒歩でトンネルを脱出，またはトンネル内で停車中の506M列車に救助されたことで，加療3週間以内の負傷で済んだ。しかし，5〜10両目の乗客は，避難の開始が遅れたため重症に至った者が多かった。[30]

患者の多くは，刺激性ガスによる呼吸器系の炎症が特徴的にみられたため，「北陸トンネル列車火災事故医療対策委員会」により「北陸トンネル災害症」という病名が付けられた。[31]

重症患者は，高圧酸素治療が受けられる大都市の病院へ転送するために，8日午後にヘリコプターで京都へ，9日夕方には臨時のお座敷列車で兵庫へ，そして10日午前に救急車で名古屋へ搬送された。幸いにも，一部の負傷者を除き，後遺症が懸念されるほどの一酸化炭素中毒の症状はみられなかった。[32]

入院した患者は，**表2-7**より事故直後の11月7日には422名に達した。その後，退院者も増えていったが，事故発生から2カ月経過した1973年1月になっても，約40名が継続して入院していた。入院患者が利用した医療機関は，11月7日時点で地元の敦賀，武生地域が全体の9割であったが，2週間後には転院により地元以外の医療機関の割合が7割を超えるようになり，その中には秋田県や新潟県，愛媛県の病院までも含まれていた。これは，本列車が大阪駅を出発した11月5日は飛び石連休最後の日で，ビジネス客や地元へ帰省する者が多く，乗客の出身地が広域にわたっていたためであった。[33]

表2-6　死者内訳

年齢層（歳）	男性（人）	女性（人）	合計（人）
0 〜 9	1	1	2
10〜19	1	1	2
20〜29	1	1	2
30〜39	2	2	4
40〜49	3	5	8
50〜59	4	2	6
60〜69	3	2	5
70〜79	0	1	1
合　計	15	15	30

出所：鉄道火災対策技術委員会(1974)，前掲，53-54頁。日本国有鉄道監査委員会，前掲，54頁。

表2-7　負傷者の医療機関数と入院患者数

	医療機関数（カ所）		
	敦賀武生	その他地域	合計
翌　日　　　　（11/ 7 ）	21	3	24
1 週間後　　　（11/13）	19	24	43
2 週間後　　　（11/20）	17	41	58
3 週間後　　　（11/27）	17	45	62
約 1 カ月後　　（12/ 5 ）	13	42	55
約 1 カ月半後　（12/ 5 ）	11	31	42
約 2 カ月後　　（1/ 5 ）	9	26	35
1973年 1 月25日	6	20	26

1973年 1 月25日現在の「その他地域」20カ所の内訳

地　　域	医療機関数（カ所）
石川県	4
富山県	4
愛知県	2
新潟県	2
秋田県	2
愛媛県	2
福井県（敦賀・武生以外）	1
滋賀県	1
京都府	1
大阪府	1
合　　計	20

	入院患者数（人）		
	敦賀武生	その他地域	合　計
翌　日　　　　（11/ 7 ）	413	9	422
1 週間後　　　（11/13）	286	31	317
2 週間後　　　（11/20）	186	55	241
3 週間後　　　（11/27）	118	61	179
約 1 カ月後　　（12/ 5 ）	67	60	127
約 1 カ月半後　（12/ 5 ）	28	46	74
約 2 カ月後　　（1/ 5 ）	14	35	49
1973年 1 月25日	9	25	34

〈1973年 1 月25日現在の入院患者(34名の傷病名内訳)〉
　・北陸トンネル災害症……15名
　・ガス中毒……8 名
　・気管支炎, 咽頭炎等……6 名
　・骨折・打撲……4 名
　・その他……1 名

1973年 1 月25日現在の「その他地域」25名の内訳

地　　域	入院患者数（人）
石川県	9
富山県	4
愛知県	2
新潟県	2
秋田県	2
愛媛県	2
福井県（敦賀・武生以外）	1
滋賀県	1
京都府	1
大阪府	1
合　　計	25

出所：鉄道火災対策技術委員会（1974）前掲, 55-59頁。日本国有鉄道監査委員会, 前掲, 55-59頁。

第**2**章　山岳トンネルにおける火災事故

（4）火災の原因

国鉄監査委員会の報告書によると，火災の原因は警察等の関係機関において調査中とされている。ただし，出火した場所はほぼ特定されている。それは，図2-2のとおり食堂車の喫煙室腰掛付近とみられており，当初報道された厨房からの失火ではなかった。[34]

この事故では刑事訴追が行われたが，その刑事裁判の判決では，3通提出された鑑定書[35]のうち，電気火災の専門家である自治省消防研究所室長の糸谷成章による鑑定書（1974年7月10日付け）が最も合理的に説明できるものと評価されている。[36]それによれば，椅子下床面にある電気暖房器のリード線と車内配線との接触不良による漏電が失火の原因であると結論づけられている。その根拠として，糸谷は事故後に押収された本暖房機の被熱痕跡を挙げ，暖房機の床面側が短時間のうちに異常な高温で燃焼したのは，床面で漏電火災が発生した以外には考えられないと指摘している。[37]

警察による鑑定のほか，消防でも消防法第7章に基づき，火災調査が行われた。消防は，警察による暖房機の押収により，十分な現場見分ができなかったものの，同種の暖房機を用いた再現実験などから原因は不明火であるとの警察とは異なる結論を出した。過失の責任追及を主眼におく警察捜査に対し，幅広い観点から事故原因を究明しようとする消防調査との違いが如実に表れた結果といえよう。[38]

（5）被害を拡大させた要因

国鉄監査委員会の報告書では，被害を拡大させた要因として，**表2-8**の6要因が挙げられている。なお，各要因の詳細は以下のとおりである。

（要因1）車両の燃焼した壁・天井の一部から大量の煙や有毒ガスが発生

火災が発生した車両は，1930年に寝台車として製造され，1960年に食堂車へと改造された。その際，壁や天井の一部に，難燃性であるが燃えた場合に有毒ガスが発生する新建材が用いられた。この新建材はあくまで難燃性であり，不燃性ではなかった。ところが，第4節で詳述する石勝線トンネル火災事故では，

85

表2-8　被害を拡大させた要因

要因1	車両の燃焼した壁・天井の一部から大量の煙や有毒ガスが発生
要因2	トンネル内の大量の煙および有毒ガスが他の列車により移動・攪拌
要因3	長大トンネルにおける火災時の処置方法が不明確，かつ訓練が不十分
要因4	停電によりトンネル内から列車が脱出不可能
要因5	トンネル内の照明が一部を除き消灯
要因6	トンネル外との連絡に乗務員用無線機が使用できず連絡が困難

出所：日本国有鉄道監査委員会，前掲，5-6頁。

脱線により燃料タンクが破損したため，客室内に使用された材料は，省令に適合した難燃材および不燃材であったにもかかわらず，6両すべての車両が全焼した。このことは，車両の難燃化対策だけでは火災対策として不十分であることを示唆している[39]。

（要因2）トンネル内の大量の煙および有毒ガスが他の列車により移動・攪拌

　大量に発生した煙は，トンネル内における乗客の避難や救助隊の進入の障壁となったため，救助活動は10時間以上にも及ぶこととなった。第3節で詳述するが，職員や乗客らの証言および救援列車のダイヤなどから，煙の動きと救援列車の動きに関連性が見受けられた。

（要因3）長大トンネルにおける火災時の処置方法が不明確かつ訓練が不十分

　火災事故前に制定された「列車火災時における処置手順について」（金転保第41号，1972年）によると，火災が発生した場合の取り扱いとしては「火災列車を直ちに停止させる」「トンネル内，橋梁上はなるべく避ける」などと定められていた。刑事裁判の第33回公判における国鉄幹部の証言などによれば，当時の国鉄では前者の「火災が発生したら列車を直ちに停止させる」という指導が行き届いていた。そのため，北陸トンネル火災事故発生時にも列車を停止させた。また前述「処置手順」の「トンネル内，橋梁上はなるべく避ける」は，あくまで短いトンネルあるいはトンネルの出口付近で発生した火災を想定しており，本事故のような長大トンネルの中央部で発生した火災を想定して制定されたものではなかった[40]。

（要因4）停電によりトンネル内から列車が脱出不可能

第**2**章　山岳トンネルにおける火災事故

　停電の原因は，トンネルの天井に設置されていた漏水用のビニール製樋が火災の熱により垂下し，架線に接触したため放電短絡を起こし，敦賀変電所の遮断器が動作したためとされている。機関士は電力指令に，き電の再開を要請したが，感電事故など二次災害発生のおそれがあると判断されたため，き電は再開されなかった。そのため，電気機関車により牽引されていた501列車は，トンネル内より自力で脱出することができなくなった。[41]

　き電が再開されなかった背景には，1951年4月24日に京浜線桜木町駅で発生した列車火災事故があったと考えられる。同列車事故では，火災を発生させた63形式電車の車体構造に問題があったほか，変電所の高速度遮断器が作動せず約5分間給電が続けられたことも被害を拡大させた一因となった。そのため，地上側のハード対策として，変電所ごとに事故電流による選択高速度遮断器が設置され，同時に関連変電所には送電を停止する連動装置が設置された。[42]

　以上のとおり，過去の苦い経験を踏まえて策定された対策が裏目に出たことから，本事故はこれまで採られてきた安全対策の盲点を突く事故であったといえよう。

（要因5）トンネル内の照明が一部を除き消灯

　トンネル内の照明は，乗務員の信号確認を妨げることを理由に，一部の箇所を除き常時消灯されていた。また照明は，保守作業用として使用されていたため，乗務員には原則として点滅スイッチの存在が知らされておらず，本火災事故発生時も駆け付けた保線係員により点灯が行われた。こうした事情から，事故発生時，トンネル内の照明はほとんどが消灯しており，乗客の避難に支障をきたした。[43]

（要因6）トンネル外との連絡に乗務員用無線機が使用できず連絡が困難

　トンネル内では，乗務員用無線機を使用してトンネル内相互間の通話はできたが，トンネル外との通話手段としては，300メートルおきに配置されている沿線電話しかなかった。しかし，当時の沿線電話は単なる接続端子箱（差込口）に過ぎず，車内に搭載された電話機を携帯し，差込口に接続する必要があった。このため，トンネル内からの第一報が火災発生から15分後になったも

87

のと考えられる。[44]

（6）事故時におけるヒューマンエラー的側面

初期消火不良

　火災現場では，マニュアルに従って消火器による初期消火を行ったが，消火方法を誤ったため水蒸気や大量の煙が発生し，かえって消火を困難にさせた。そのため，初期消火活動は10分ほどで断念され，そのことが被害の拡大に繋がったと考えられる。国鉄が定めた処置手順などに初期消火の限界についての明確な判断基準がなかったことや，事前の訓練・教育も限定的かつ形式的なものに終わっていたことが，初期消火のまずさに繋がったものと思われる。[45]

連携不足

　501列車の乗務員13名は**表2-9**のとおり，機関士，車掌（旅客扱），車掌（荷物扱），鉄道公安職員の4グループで構成されており，グループごとに管理局や職場が異なっていたため，お互い面識がない者もいた。また，それぞれのグループには，指導や専務，班長と呼ばれる責任者がおり，同じグループ内であれば指揮命令が行き届くようになっていたが，列車長のような列車全体を統括する者はいなかった。こうしたことで，職員間での連携や意思疎通が図りにくく，機関士と車掌との打合せでは機関士が一方的に列車切り離しの判断を行うなど，双方で解釈が食い違うこともあった。[46]

表2-9　乗務員の所属

職　種	人数（人）	所　属
動力車乗務員（機関士）	3	金沢鉄道管理局金沢運転所
列車乗務員（車掌）乗客扱	5	新潟鉄道管理局新潟車掌区
列車乗務員（車掌）荷物扱	3	金沢鉄道管理局金沢車掌区
鉄道公安職員	2	新潟鉄道管理局新潟第二公安室
合　計	13	

　　出所：福井地方裁判所「北陸トンネル列車火災刑事事件判決」（1974年（わ）220
　　　　号），『判例時報』1003号，40頁。樽矢清一（1993）『北陸トンネル列車火災
　　　　事故』アサヒヤ印刷，91-95頁。

第**2**章　山岳トンネルにおける火災事故

表2-10　乗務員の配置と乗客数

	前部側 （1両目〜11両目）	後部側 （12両目〜15両目）
乗客数 （人）【A】	662	98
乗務員数 （人）【B】	4 （機3名）（車1名）	9 （車4名）（公2名） （荷3名）
乗務員1人当たり の乗客数 【A／B】	165.5	10.9

機……動力車乗務員（機関士）3名
車……列車乗務員（車掌）乗客扱　5名
荷……列車乗務員（車掌）荷物扱　3名
公……鉄道公安職員　2名

出所：日本国有鉄道監査委員会，前掲，11-12頁。神阪雄・白子典雄・清水健吉（1975）「トンネル内火災時の避難と誘導（1）」『鉄道技術研究所速報』No.75-148，25頁。

職員の配置がアンバランス

　列車切り離し後，猛煙の中を今庄方へ走行しはじめた前部側車両を見てトンネルを抜けるものと誤認した国鉄職員9名（車掌7名，鉄道公安職員2名）は，残された後部側の避難誘導にあたることとなった。[47] その結果，表2-10のとおり乗務員13名のうち乗客数の多い前部側にはわずか4名，乗客数の少ない後部側には9名とアンバランスな配置となった。表2-10より前部側乗務員一人当たりの乗客数は後部側の約15倍となり，前部側では乗務員による十分な避難誘導がなされなかったものと推測される。

乗客1名が1週間後に発見

　前述したように，乗客の一人は1週間後にトンネル内の下水暗渠の水中から遺体で発見されている。発見が遅れたのは，遺留品が3つ（列車内，敦賀側のトンネル内，今庄側のトンネル内）に区分して管理されたほか，金鉄局内でも問い合わせ窓口（厚生課）と遺留品窓口（公安課）が異なるなどが重なったためと考えられる。[48]

情報の錯綜

　金鉄局は，本局および現地（敦賀，今庄）にそれぞれ事故対策本部を設置した。そのため，敦賀の対策本部では今庄側の状況が把握できず，後部側の乗客

89

らが敦賀側へ救助された時点ですべての救助活動が終了したと思い込んでしまった。こうしたことが救助活動に不十分さを招いてしまった。[49]

また，15時に全線開通という誤報が流れ，駅では乗客が混乱し，警察でも死者数をダブルカウントするというエラーが発生した。そのため，事故当日の午前中には死者数はいったん40名以上と発表され，その後何度も修正された。[50]

（7）事故後の対策

事故防止緊急対策および恒久対策

北陸トンネル火災事故が発生する以前の列車火災対策といえば，そのほとんどが車両側のハード対策にあった。それまで国鉄により取り組まれてきた主な列車火災事故対策を電車，気動車，客車別に，**表2-11**に示す。

ここで，同表の中の事例の一つをみておく。1967年11月15日に東海道本線・三河大塚駅～三河三谷駅間で発生した急行安芸号の列車火災事故である。この事故は，北陸トンネル火災事故と同様，深夜帯の食堂車（客車）で発生し，食堂車従業員の2名が焼死した。事故後の主な対策として導入されたのが，列車火災など不測の事態が発生した場合の列車の緊急停止手配である。これに伴い，「火災が発生したら列車を直ちに停車させる」という指導が行き届いていたために，北陸トンネル火災事故において機関士がトンネル内に列車を停車させたものと思われる。[51]

ところで，北陸トンネル火災事故は，多くの要因が複雑に絡み合って被害が拡大したため，事故後，車両側，トンネル側のハード対策をはじめ，ソフト対策や組織に関わる対策まで幅広く検討され実施に移された。それらの多くは，トンネル内火災対策として国鉄からJRに継承され今日に至っている。

国鉄の「北陸トンネル列車火災事故対策本部」は，1972年11月9日に列車火災事故防止緊急対策として以下の5項目を挙げ，1972年の年末輸送までに全長5キロ以上の長大トンネルへ完備することを決定した。[52]

【緊急対策5項目】

　㋐ 列車無線でトンネル外との通話を可能とするため，漏えい同軸ケーブ

表 2-11　主な列車火災対策（1972年以前）

その1　電車

発生年月日	時刻	死者(人)	負傷者(人)	線名	区間	車両(出火場所)	原因	事故後の主な対策
1951 (昭和26)・4・24	13:45	106	92	京浜	桜木町 構内	電車(パンタグラフ)	架線工事中の線路(架線垂下)に誤って進入	・屋根および屋根上機器の絶縁化 ・貫通していない車両の妻を貫通式に改良 ・ドアコックの増設 ・三段窓の改良 ・電車の天井板を金属板張りに変更 ・き電回路に故障選択装置の設置
1966 (昭和41)・1・1	9:04	0	1	横浜	新横浜 構内	電車(床下機器)	ATS-Bびブレーキ取扱いが不適切	・ATS装置の構造作用と取扱い方の再徹底 ・ブレーキ装置故障のため応急処置後のブレーキ試験は必ず実行
1970 (昭和45)・12・1	8:32	0	2	東海道	関ヶ原 構内	電車(パンタグラフ)	降雪によりトロリー線との接触状態が悪く、トロリー線が溶断	通風器の改造および絶縁強化
1972 (昭和47)・2・3	7:51	0	0	大糸	北大町 構内	電車(室内)	電気暖房回路のニクロム線が断線接地した際に過熱、発火	電気暖房器発熱体のニクロム線をシーズ線に取替えの促進

その2　気動車

発生年月日	時刻	死者(人)	負傷者(人)	線名	区間		車両(出火場所)	原因	事故後の主な対策
1961 (昭和36)・1・12	13:02	0	0	常磐	我孫子	取手	気動車(床下)	排気管の熱により引火	いずれも、昭和35年に新製の特急型気動車(DC81形式)によるもので、故障が多発した。 ・可燃材の改良 ・排気ガスもれ防止 ・変速機油の配管の変更
1961 (昭和36)・4・27	7:40	0	0	東北	御堂	構内	気動車(床下)	冷却管の破損により排気管で発火	
1961 (昭和36)・7・15	14:10	0	0	常磐	土浦	構内	気動車(床下)	床下の燃料タンクからの漏油	・機関付近に消火器の取付け ・機関、変速機に火災警報装置の取付け ・燃料飛散防止(しゃへい板、採油弁取付け) ・暖房方式を温気から温水に変更
1961 (昭和36)・4・15	14:17	0	0	常磐	友部	構内	気動車(機関部)	変速機補給ポンプ導出管折損	機関関係や変速機関係といった重要箇所の加修を禁止し、加修した配管は早急に取替え
1969 (昭和44)・3・10	10:02	0	1	房総西	大海	安房鴨川	気動車(床下)	制輪子火花が汚損した床下断熱材に着火	・床下断熱材の撤去 ・アンダーシール等の断熱塗料を塗布
1971 (昭和46)・6・20	20:16	0	0	福知山	藍本	構内	気動車(食堂車)	電子レンジから漏れた油が床下で引火	・消火器増設 ・食堂車電子レンジの漏油防止対策

第2章　山岳トンネルにおける火災事故

その3　客車

発生年月日	時刻	死者(人)	負傷者(人)	線名	区	間	車両(出火場所)	原因	事故後の主な対策
1967 (昭和42)・11・15	1:32	2	0	東海道	三河大塚	三河三谷	客車(食堂車)	石炭レンジ過熱	・食堂車の厨房設備の改良 ・寝台カーテンの防火処理 ・列車の緊急停止手配、車内巡回の強化
1969 (昭和44)・6・24	19:53	0	0	山陽	防府		客車(床下)	たばこの火がダクト内に侵入して発火	・ユニットクーラーダクト内の一部断熱材の撤去 ・絶縁塗布の塗布換気ダクト取入口の一部に覆いを取り付け ・外気取入口オイルバス油の変更
1969 (昭和44)・12・6	6:19	0	0	北陸	南今庄	敦賀	客車(電源車)	エンジン室内の漏油が床下で引火	・電源車に火災警報装置の設置 ・電源車の歩み板の金属化、内張板の撤去 ・ホロの難燃化 ・客車の暖房保温帯の難燃化
1971 (昭和46)・1・13	6:21	0	0	東北	三戸	諏訪ノ平	客車(室内)回送運転中	寝台カーテンが電気暖房により過熱発火	・整備作業の指導強化 ・回送車両の電気暖房機の取扱いの適正化 ・車内巡回の強化 ・B寝台車の電気暖房設備の推進 ・消火器の操作訓練の徹底
1971 (昭和46)・10・6	1:58	1	4	山陽	笠岡	大門	客車(洗面所)	たばこの不始末	・くず物入れをアルミ製とする ・気動車、客車の客室出入口、便所、洗面所等の一部難燃化 ・夜間における車内巡回の強化

出所：鉄道火災対策技術委員会 (1974) 前掲、72-83頁。日本国有鉄道運転局保安課「運転事故通報」25号〜275号。以上をもとに筆者作成。

表 2-12　北陸トンネル火災事故後の対策

項　目	内　容		
組織関係	「鉄道火災対策技術委員会」の設置 　→列車火災に対する抜本的な対策を樹立 鉄道技術研究所に「火災研究室」を設置 　→火災に関する総合的な研究開発を実施 運転事故防止対策委員会に「列車火災事故防止対策専門委員会」を設置 　→諸対策を実施推進		
ハード対策	車両の難燃化	◎同形式車両の使用停止，車両の改造	
	消火器類	◎トンネル用消火器，車両搭載用消火器，消火栓，化学消防車両	
	照明設備類	◎一斉点灯用スイッチ，◎車内非常灯（強力懐中電灯）	
	通信連絡設備	車内放送設備，無線機搭載，沿線電話機，携帯メガホン ◎漏えい同軸ケーブル（無線難聴対策），トンネル内支障報知装置	
	救援用機具類	救援用モーターカー，救出用担架，梯子，渡り板，脚立 ロープコンベアー	
	諸表示類	消火器所在表示，一斉点検スイッチ表示板，距離案内表示 沿線電話機表示灯，斜坑出口表示灯	
	その他	斜坑の舗装・手すり新設・扉改良，排水溝の修繕・新設 防毒マスク，空気呼吸器	
ソフト対策	車両の点検・清掃，客室内の失火防止（車内巡回の強化）（乗客の協力） 列車火災時における処置手順の改訂，教育・訓練の実施，スライド・映画の製作		

注：◎は，11月9日の北陸トンネル列車火災事故対策本部の対策会議で策定された緊急対策5項目であり，
　　1972年末までに完備された。
出所：日本国有鉄道総裁「列車火災事故防止対策の実施について」（運保第853号，1972年12月5日）。列車火災
　　事故防止対策専門委員会（1976）「列車火災事故防止対策の現状と今後の進め方について」。日本国有鉄道
　　金沢鉄道管理局運転部（1979）「長大トンネル火災対策設備について」。以上をもとに筆者作成。

ルを設置

(イ) 電灯を一斉に点灯できるスイッチをトンネル内に設置

(ウ) 乗客にも使用できる強力な懐中電灯を寝台車に設置

(エ) トンネル内に消火器を設置

(オ) 火災を起こした食堂車と同形式の車両を使用禁止

　この緊急対策のほか，国鉄監査委員会の報告書や鉄道火災対策技術委員会が
1975年4月に公表した「鉄道火災対策技術委員会報告書」に基づき，表2-12
に示す対策が採られた。この表によれば，トンネル内の避難誘導を伴った本事
故を契機に，これまで取り組まれてこなかった地上設備のハード対策に力を注

がれたことが認められる。ところが、これらの対策の中には化学消防車両のように保守が困難なうえ、火災発生時の出動が現実的でないものや、防毒マスクのように長時間の使用が困難なものなど、検討を要するものは少なくなかった。これまでにも、ロープコンベアーや救援用モーターカー、消火栓などは保守が困難であることを理由に廃止されたものもある。このことは、ハード対策を検討するうえで、保守性や実用性、操作性を考慮することが重要であることを示唆している。それらは、異常時にのみ使用されるのではなく、日常の作業にも兼用できるものが望ましいと考えられる[53]。

　一方、ソフト対策では、金転保第66号（1975年12月 5 日）により列車火災発生時における職員の役割が明確化され、トンネル内では列車の停車や車両の切り離しは行わず、トンネル外へ脱出することが定められた[54]。

鉄道火災対策技術委員会の設置

　国鉄は、北陸トンネル火災事故を踏まえ列車火災に対する抜本的な対策を確立するため、部外学識経験者を中心に構成された鉄道火災対策技術委員会を1972年12月 1 日に設置し、列車火災に関する諸問題の調査や研究に着手した。委員会には、「車両」「地上施設」「人命の安全」に関する 3 つの分科会が設置され、共通する問題は親委員会で、専門的な問題は各分科会で検討が行われた。また、親委員会は、世界でも例をみない営業線での火災列車走行試験を宮古線（現、三陸鉄道北リアス線）猿峠トンネルで実施したほか、**表 2 -13**のとおり列車火災に関する各種試験を実施した。これらにより多くの知見が得られた[55]。

　その一例として、それまでトンネル内の火災処置手順では、「火災車両を直ちに停止させるが、トンネル内ではなるべく避ける」という不明確な表現となっていたが、委員会で実施された火災列車走行試験の結果に基づき「トンネル内では停車させず、走り抜ける」という取り扱いが新たに定められた。これは、車端が防火構造化され、貫通扉や窓で仕切られていれば、ほぼ15分以上はトンネル内を継続して走行可能であることや、乗客は火災が発生した車両から離れた車内に避難すれば安全であるという結果に基づき制定された[56]。

　鉄道火災対策技術委員会は、 2 年以上にもわたり大規模火災試験や調査を実

表2-13 列車火災試験

試験名	実施期間	実施場所	目的	得られた知見
大船試験 (定置燃焼試験)	1972年 12月18日～19日	大船工場	非難燃化車両および難燃化車両の効果	床下部は火災の影響がなく、走行の可能性がある。
狩勝試験 (非トンネル走行試験)	1973年 8月28日 ～9月1日	北海道 狩勝実験線	火災車両走行に伴う火災の状況，前後車両および周囲への影響等を調査	・走行により火災は後方へ拡大する。 ・後方の車両は，煙の影響を受けるが通路の網入ガラスにより火炎は阻止できる。
宮古試験 (トンネル走行試験)	1974年 10月24日～26日	宮古線 宮古～一の瀬 猿峠トンネル	トンネル内における火勢拡大の状況，前後車両や地上設備への影響，トンネル内の煙・ガスの影響	トンネル内で大規模火災が発生しても列車運転を継続してトンネル外へ脱出できる可能性がある。
その他の試験 (トンネル内模擬火災試験)	1973年10月 ～1974年8月	足尾線 草木トンネル	斜坑の排煙効果	技術的可能性は確認できたが，斜坑口形状の改良など多くの検討すべき問題がある。

出所：服部東（1975）「鉄道火災技術委員会報告書　報告書が作成されるまでの経緯」『運転協会誌』17巻6号，14-17頁。

施し，総合的な列車火災対策を確立するために必要な事項を明らかにしてきた。ところが，列車火災は複雑なメカニズムで発生する場合が多いことから，技術的に解明していく必要のある課題も数多く残されている。例えば，委員会の報告書は火災が発生した列車がトンネル内で停止した場合でも，再度運転が可能な限りトンネル外へ脱出させるように努めることと指摘している。**表2-14**は，本委員会の報告書に記載された鉄道トンネル火災対策で残された課題をまとめたものである。[57]

現地でのその後の取り組み

　事故の一周忌法要が行われた西本願寺別院（福井市）の境内には，全国の国鉄有志から集められた基金により，「北陸トンネル列車火災事故追悼碑」が1973年11月に建立された。この追悼碑の左側には，火災事故により三十柱の尊い命が奪われたことが，右側には犠牲者の氏名と年齢が刻まれている（**写真2**[58]

第**2**章　山岳トンネルにおける火災事故

表2-14　鉄道トンネル火災対策で残された課題

	項　　目	課　　題
1	火災対策に関連する体制の見直し	・部内各系統間の連携のほか，部外の諸関係機関との協力体制を確立（諸外国の鉄道は，防災に関する総合的な対応機関が組織化） ・関係者の職責の内容を従来の考えにとらわれずに検討（人命尊重を第一とする指揮判断を誤らないこと）
2	教育訓練等の充実	・現業機関や養成機関において，防火に関する教育や訓練の充実（異常時に関係職員が適切に判断し，誤りなく行動するため）
3	列車運転継続可能時分を延長するための諸条件の整備	・列車がトンネル外へ容易に脱出できるように，車両や地上設備の諸条件を研究して整備 ・ディーゼル機関を装備する車両といった構造の異なる車両の列車火災についても早急に解明
4	基礎的研究の推進	・火災対策技術は複雑かつ多岐にわたるため，広範囲な分野での基礎的な研究を推進すること（今後検討すべき主な事柄） 　①火災挙動と列車速度との関連 　②各種車両の構造・材料ごとの燃焼状況の特性 　③トンネル内における煙やガスの挙動 　④火災検知や消火システムの質的向上 　⑤列車火災時に発生するガスの中毒学的な特性 　⑥列車火災時における乗客の心理行動
5	長大トンネルにおける火災対策設備の検討	・避難誘導，消火活動，救助などのすべての火災対策活動が円滑に行える設備を考え，人命の安全確保のための最善のシステムとすること
6	火災が発生した列車がトンネル内に停止した場合の救援体制の検討	長大トンネルごとに最善となる救援体制を検討（現実に対応した種々の条件を考慮し，すみやかに救助を行える体制）

出所：鉄道火災対策技術委員会（1975）「鉄道火災対策技術委員会報告書」124-126頁。

-1）。

　また，北陸トンネルの敦賀口左側にも，1991年8月に木製の「北陸トンネル内列車火災事故犠牲者の碑」が建立され，定期的に清掃や供花などが行われてきた。その後，慰霊碑の経年劣化が進んだため，2007年3月には国鉄金鉄局を継承した西日本旅客鉄道（以下「JR西日本」という。）金沢支社により石製の慰霊碑が改建された。慰霊碑の裏には，三十柱の尊い命を奪ったことと改建の理由が刻まれている。また，2014年8月には慰霊碑周辺の環境整備が行われ，その床面には白黒の玉石が敷き詰められた（**写真2-2，2-3**）。

写真2-1　西本願寺別院の慰霊碑
　　　　（福井市）

（筆者撮影）

写真2-2　北陸トンネル敦賀口の慰霊碑①

（筆者撮影）

写真2-3　北陸トンネル敦賀口の慰霊碑②

（筆者撮影）

一方，北陸トンネルを管轄するJR西日本・敦賀地域鉄道部では，長大トンネル内で降車した乗客の不安な心情を社員が理解したうえで効果的な避難誘導が行えるよう，北陸トンネルお客様避難・誘導訓練を毎年実施している。この訓練では，鉄道部に属する各系統の社員自らが，トンネル内で停車した列車からの降車やトンネル内の歩行を実際に経験する点で有意義なものと考える。[59]

（8）北陸トンネルで過去に発生した火災事故

　北陸トンネルでは，1972年11月6日の北陸トンネル火災事故以前にも2件の火災事故が発生している。

　一件目は，1969年12月6日の早朝に発生した火災事故である（表1-1のNo.17）。これは，トンネルの出口付近で寝台特急日本海号（青森発大阪行き，電気機関車＋けん引客車数13両）の1両目電源車のエンジン付近から出火した事故で，乗務員の判断によりトンネルを抜けた直後に列車を停車させたため，幸いにも

死傷者は出なかった。

二件目は，その翌年の1970年2月2日に起きた日本海号（青森発大阪行き）が車輪から火花を出しながらトンネル内を走行した事故である（表1-1のNo. 18）。ただし，この列車もトンネル内で停車することなく走行し，敦賀駅で点検を行ったが特に異常は認められなかった。[60]

（9）北陸トンネル火災事故でみられた組織的要因

北陸トンネル火災事故発生時，当時定められていたマニュアルに従い，消火，連絡，車両切り離し，誘導などの処置が国鉄職員により必死に行われた。ところが，それまでのハード，ソフト両面の安全対策が，長大トンネル火災という事態に十分対応していなかったために，被害が拡大してしまった。ここでは，対策の不備に繋がった背景について考察する。

北陸トンネルの建設では，新工法の採用による工期の大幅な短縮や，建設による死亡事故が皆無であったことなど技術水準の高さが証明された。また，トンネルの開業は北陸エリアの経済発展に大きく貢献したことから，北陸トンネルの建設は成功体験として国鉄に記憶されていた。加えて，戦前の1934年に完成した長大トンネルである東海道本線の丹那トンネル（全長7804メートル）において長年にわたって火災事故が発生していなかったことで，いわゆる安全神話が生まれ，長大トンネルにおける火災事故対策への構えが甘くなっていたものと思われる。[61]

その証左の一つとして，『北陸ずい道工事誌』にはトンネル防火対策の記述が一切なされていないことが挙げられる。また，当時の国鉄関係者による「極めて不運な事故」あるいは「悪魔のいたずらといわざるを得ない事故」との証言があるが，このことは北陸トンネル火災事故が国鉄関係者にとって想定されていなかった事故であったことを示している。[62]

ところで，この火災事故が発生する前に，このような大惨事の発生は本当に全く想定できなかったのであろうか。前述のとおり，1969年12月に北陸トンネルで発生した列車火災事故は，トンネルの出口付近であったため死傷者は発生

しておらず，また，1970年2月の出火事故でも大きな被害は出ていない。北陸トンネル火災事故の約4カ月前の1972年7月には，モーターの過熱によりトンネル中央部において列車が約2時間立ち往生するという事故も発生しているが，火災は起こらなかったためトンネル内の避難は行われなかった。[63]

　一方，敦賀市消防署から金鉄局に対し，事故発生5年前の1967年10月以降，3回にわたり災害時の救援体制や消火設備，消防署等との連携，車両の不燃化などの列車火災事故防止に関する要望がなされている。ところが，これらの要望書はすべて国鉄本社に上申された訳ではなく，車両の不燃化という点を除いて，国鉄本社は要望事項を十分把握していなかった。消防庁もこれらの要望に対し2年間審議中のままとし，成案を運輸省に申し入れていなかった。その背景には，トンネルは防火法で定める防火対象物に指定されていないことにより，消防庁は国鉄に対し強いて要望を申し入れることができない，という日本の縦割り行政の弊害が作用したためと考えられる。[64]

3　北陸トンネル火災事故における救助活動の概況と避難行動の分析

　トンネル内で火災事故が発生した場合，適切な避難行動が採られるか否かは，被害の軽減という点で極めて重要である。そこで本節では，今後の避難誘導のあり方の手がかりを得るために，北陸トンネル火災事故における避難行動の分析を行い，その教訓と課題を明らかにする。

（1）救助活動の概況と避難行動の分類

　ここで，北陸トンネル火災事故における「避難行動と救助活動および煙の流動に関する一覧図」を図2-4に示す。縦軸は北陸本線の米原基点からの距離（以下「キロ程」という。），横軸は火災が発生した1972年11月6日の時刻，実線は列車，破線は救援列車を意味し，カッコ内の数字は救助された乗客数である。細い一点鎖線は乗客の大まかな足取りであり，トンネル坑口（敦賀口，今庄口）まで伸びているものは自力でトンネルを脱出した乗客を意味する。また，アミ

第2章 山岳トンネルにおける火災事故

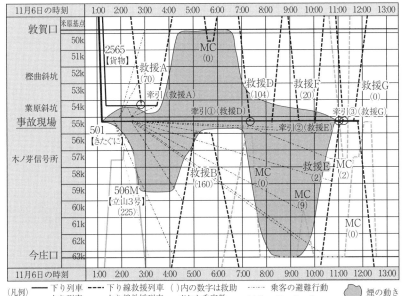

図2-4 避難行動と救助活動および煙の流動に関する一覧図

出所：日本国有鉄道監査委員会，前掲，41-42頁。神阪雄・白子典雄・清水健吉，前掲，11-72頁。鉄道火災対策技術委員会（1974）前掲，49-51頁。以上をもとに筆者作成。

かけ部分はトンネル内の煙の動きであり，救援列車等の移動により煙が移動，攪拌していることが分かる。

　停電後における現場付近の状況は前掲図2-3のとおり，501列車の敦賀方約400メートルの下り線には2565列車（貨物列車），今庄方約2キロの上り線には，506M列車（急行立山3号）がそれぞれ停止信号により停止していた。この506M列車は，501列車の乗務員による軌道短絡器装着により停止信号となった木ノ芽信号所の場内信号機手前100メートル地点で停車することができた（1時33分）。506M列車の乗務員は沿線電話で敦賀駅に連絡中，501列車の乗務員が敦賀駅へ救助を要請しているのを傍受していた。その後，2時01分に信号機が突然進行信号となり，時速5キロの最徐行で約300メートル進行したところで，前方から避難してくる乗客を数多く発見し，火災を起こした501列車の約

101

表 2-15　乗客のグループ（一覧表）

（単位：人）

グループ	乗車位置	列車降車時刻	トンネル脱出場所	誘導の有無	乗客【トンネルからの脱出方法】			乗務員	死者
グループ1	後部側	1:55～	敦賀口	有	98	自力 救援A	28 70	9	0
グループ2	前部側	1:55～	今庄口	一部	365	自力 506M	140 225	4	0
グループ3-1		2:30～	今庄口	無	171	救援B MC 救援E	160 9 2		15
グループ3-2		2:30～	敦賀口	無	126	救援D 救援F MC	104 20 2		13
合　　計					760			13	28

注：グループ1のうち，一部の被災者は樫曲斜坑より脱出（救助者の誘導により）。また，死者には職員1名および13日に発見された乗客1名は含まれていない。
出所：日本国有鉄道監査委員会，前掲，41-42頁。神阪雄・白子典雄・清水健吉，前掲，42-74頁。以上をもとに筆者作成。

図 2-5　避難行動別の分類

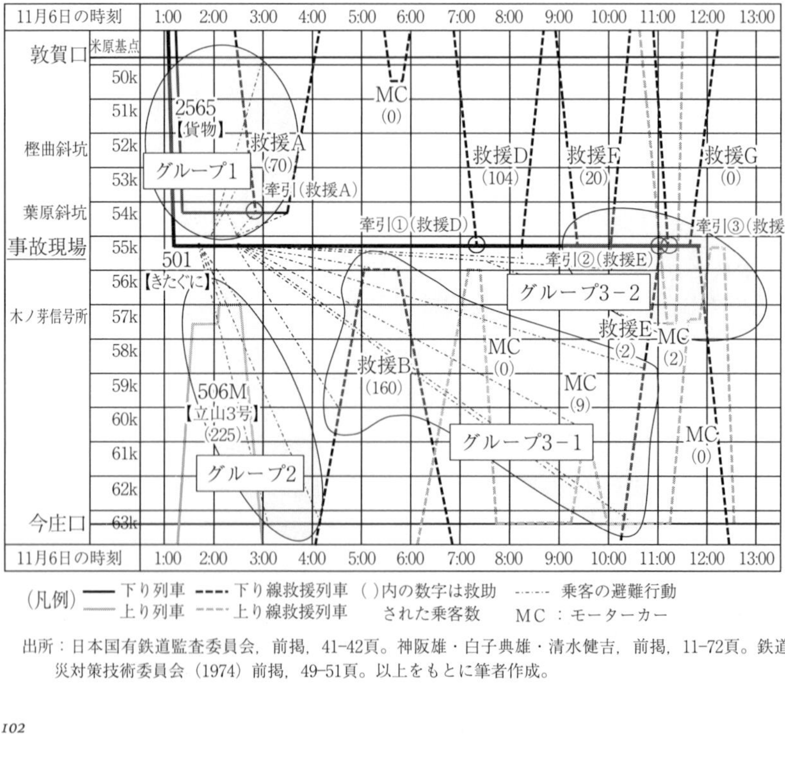

（凡例）
　—— 下り列車　　---- 下り線救援列車　（）内の数字は救助　　---- 乗客の避難行動
　—— 上り列車　　---- 上り線救援列車　　　　　　　　　　　された乗客数　MC：モーターカー

出所：日本国有鉄道監査委員会，前掲，41-42頁。神阪雄・白子典雄・清水健吉，前掲，11-72頁。鉄道火災対策技術委員会（1974）前掲，49-51頁。以上をもとに筆者作成。

1.7キロ今庄方で停車した（2時03分）。この506M列車が救助した乗客数は，501列車の全乗客760名の約3割に当たる225名であり，他の救援列車に比べても最も多かった。[65]

　本事故では，前部側と後部側とで乗務員の配置数や乗客数の相違，煙の動き，救援列車の運行状況などが影響し，被害にも大きな差がみられた。そのため，乗客を表2-15や図2-5のとおり4つのグループに分類し，グループごとの避難および救助の概況をまとめた。

後部側（敦賀側）4両【乗客数98名，職員数9名】

　後部側に乗車していた乗客98名のうち多くは，停電発生後の1時55分頃から国鉄職員9名の誘導により，14両目の郵便車を通って最後部（15両目）の荷物車から降車し敦賀方へ向かった。ここでは，後部側に乗車していたこれらの98名をグループ1とする。

　そのうち28名は，降車箇所より約2.4キロ離れた樫曲斜坑あるいは約5キロ離れた敦賀口まで，救助に駆けつけた国鉄の電力関係職員，樫曲斜坑より入った公安職員や消防署員らの誘導を受けながら自力で避難した。早期の避難であったために，煙の影響は少なかったものと推定される。

　残りの約70名の中には，避難中に救援A列車に救助された者もいれば，2565列車で待機あるいは猛煙により再び501列車に戻り籠城した者もいた。また，猛煙に伴い最初から車内で籠城を余儀なくされた乗客もいたが，最終的に救援A列車により全員救助された。救援A列車は，2時37分に敦賀駅を出発し，現地では3時10分から3時30分まで乗客70名および9名の国鉄職員，郵便局職員らを乗車させ，501列車の背後で停車していた2565貨物列車を牽引しながら退行運転を行い，4時26分には敦賀駅へ到着した。グループ1からは一人も死者は出ていない。

　後部側の職員らは，車両を切り離し前部側が移動したときから，前部側11両は今庄方へ抜けるものと思い込み，敦賀駅到着時に「現場には誰もいない」と報告した。ところが敦賀駅から今庄駅への確認により前部側が未だトンネルを抜けていないことが分かった（4時35分）。その直後，トンネル内に取り残さ

れた乗客の一人が沿線電話を用いて行った「トンネル内で大勢の乗客が倒れている」との連絡により，トンネル内に多数の乗客が残されていることが明らかとなった（4時45分）。

前掲図2-2のとおり，後部側から約300メートル敦賀方には葉原斜坑があり，数名の国鉄職員らは樫曲斜坑と同様，救助のためここから入坑した。ところが，葉原斜坑は火災現場から比較的近く大量の黒煙が吹き出していたことから，避難路として活用することはできなかった。[66]

前部側（今庄側）11両【乗客数663名，職員数4名】

前部側に乗車していた乗客663名は，停電発生後の1時55分頃より降車しはじめ，今庄方へ避難を開始した。前部側には国鉄職員4名が乗車していたが，そのうち1名は後日遺体で発見された。

車両切り離し後，前部側では放送設備が使用できなかったために，前部側に乗車した車掌3は騒然とした車内の乗客を案内しながら前方へと進み，寝台車では室内灯を半減から全照に切り替え，就寝中の乗客を起こして前方の車両へ避難するように呼びかけた。なかには火災を知らずに，煙に巻かれるまでぐっすり寝込んでいたという乗客もいた。火災が発生した11号車方向から前方車両へと乗客が押し寄せたことから，車内では相当な混乱がみられた。その現場では，車掌3らにより乗客に対する情報の提供が行われたが，声が掻き消されたために，乗客全員に行き渡ることはなかった。

停電直後に降車した乗客のうち225名は，車掌3の誘導により今庄方へ避難し，約1.7キロ先で停車中の506M列車に遭遇することができた。同列車の乗務員は，避難してきた乗客の救助を2時10分頃から開始したが，225名を救助した段階で激しく立ち込めはじめた煙を危険と判断したため，避難中の多数の乗客を取り残しつつも，2時33分に他列車に対する緊急停止信号を発しながら今庄方へ退行を開始し，3時05分に今庄駅に到着した。今庄駅周辺には多数の負傷者に対応できる医療機関がないために，506M列車は今庄駅で一部の重症者を降車させた後，他の負傷者を乗せたまま武生駅に向かった。比較的早期に降車した乗客のうち506M列車には乗車せず，火災現場から約8.6キロ離れた

第**2**章　山岳トンネルにおける火災事故

今庄口まで自力で避難した乗客は140名にのぼった。[(67)]

　ここでは，506M列車に救助された，あるいは自力で今庄口まで避難した
365名の乗客をグループ2とする。このグループ2からはグループ1と同様，
一人も死者は出ていない。その理由として，この2つのグループは比較的早い
時期に避難を開始しており，煙の影響が小さかったためと考える。そのため，
火災が発生して初期消火が不可能と判断された場合，煙が立ち込める前の状況
であれば，速やかに避難することが望ましい。

　506M列車が今庄方へ退行後，機関士1と機関士3は再び事故現場に戻り乗
客の救助にあたったが，何度も失神を繰り返したうえ最終的に救援列車に救助
されたことから，十分な救助活動を行うことができなかった。

　ところで，車内の煙は，火災発生後しばらくは比較的少なかったものの，2
時30分頃には猛煙となった。そのため，車内に残った乗客は，ガスと熱に耐え
られなくなり，そのほとんどが降車した。これらの乗客をグループ3とする。
このグループは，これまでのグループとは異なり，煙の影響を相当程度受けて
いたために，この事故による死者はすべてこのグループから出ている。ちなみ
に，食堂車従業員8名のうち女性5名はこのグループの乗客と一緒に避難し，
救援列車に救助された。残りの男性3名は，グループ2の乗客らと506M列車
に救助された。[(68)]

　グループ3のうち主に1両目から5両目に乗車していた乗客171名は，降車
後今庄方へ避難し，事故現場より1キロ以上離れた地点で，今庄駅を4時10分
に出発した救援B列車等に救助された。なかにはトンネル内を5キロ以上歩
行した後，救助された乗客もいた。救援B列車は猛煙のために現場近くまで
接近できなかったことから，主に6両目から10両目に乗車の乗客の中には，救
援B列車までたどり着けなかった者もあった。その数は126名で，これらの乗
客は現場付近でうずくまり，敦賀駅を6時35分に出発した救援D列車（7時10
分から8時15分に救助）あるいは同駅8時50分に出発した救援F列車（9時10分
から10時に救助）等に救助された。

　車内から発見された遺体は1体のみで，ほとんどの乗客は，火を避けようと

して風下となる今庄方へ逃げたために，現場から今庄方へ約１キロにわたって
遺体が見つかった。乗客が集中した３両目では，窓からの降車が行われたため
に，窓ガラスが数多く割られていた。高い位置から飛び降りたためか，手足や
背中を骨折している遺体も多く見つかっている。[69]

　本書ではグループ３をさらに２グループに分け，今庄からの救援Ｂ列車等
に救助された乗客をグループ３－１（171名），敦賀からの救援Ｄ列車あるいは
救援Ｆ列車等に救助された乗客をグループ３－２（126名）とする。

　各グループの乗客の死者数については，グループ３－１が乗客171名中15名
（約９パーセント），グループ３－２が乗客126名中13名（約10パーセント）となっ
ている。なお，１週間後に下水暗渠で発見された１名は行動が不明であるため，
２グループの死者の中には含まれていない。本事故では，506M列車を除き，
合計11本（敦賀側より救援Ａ列車含む６本および今庄側より救援Ｂ列車を含む５
本）の救援列車により乗客の救助が行われた。11本のうち上り線を利用したの
が４本あったが，これらは上り線側に多くの乗客が避難していることを想定し
たもので，何れも保守作業用のモーターカーが使用された。

　事故発生当時，トンネル内は煙が立ち込め，救援列車からの見通しが悪いう
え，線路上を多くの乗客が避難していた。そのため，救援列車は，国鉄職員が
徒歩で前方の安全を確認しつつ，かつ汽笛を鳴らしながら最徐行で運行された。
その結果，悪条件下にあったにもかかわらず，乗客との触車といった二次災害
は発生しなかった。

　ところで，煙がトンネル坑口まで立ち込めた４〜７時（敦賀口）および８〜
10時（今庄口）の時間帯は防毒マスクがないとトンネル内には進入できない状
態で，この時間帯に救助に向ったモーターカーは途中で引き返している（前掲
図２-４参照）。また，506M列車が退行して今庄駅に到着してから救援Ｂ列車
が出発するまでに１時間以上空いているが，当初救援列車として予定していた
9504M列車（臨時急行立山53号）は電車であり，架線の状況が判らずに進入さ
せてはならないと判断されたためである。そのため，救援Ｂ列車には，南福
井から回送されたディーゼル機関車が用いられた。[70]

第**2**章　山岳トンネルにおける火災事故

（2）避難行動と心理状態の分析

　避難行動の分析を行うには，生存者の証言が欠かせない。一つでも多くの証言を得るために，今回の分析では報告書などの各資料に加えて，地域に密着した地方紙（福井新聞や北国新聞），朝日新聞や毎日新聞の地方版（福井版）にも当たり，グループの属性が明らかとなった乗客の避難行動に関する証言を抽出した[71]。また，501列車の乗客や同列車に乗務していた国鉄職員等の証言に留まらず，救助に駆けつけた消防署員や国鉄職員の証言も抽出した。その結果，全部で51名分（被災者35名，救助者16名）の証言を得ることができた。グループごとに分類した証言の詳細は**参考資料**（本書巻末）のとおりである。

　証言を整理してみると，いずれのグループにも，照明が点灯していたものの猛煙により暗闇状態となったこと，降車後は避難者はまとまって動くことはなくバラバラな行動を採ってしまったこと，ガスの影響で通常より体力が消耗しやすかったことなどの共通点がある。また，車内は火災発生後20〜30分間は比較的平静に推移したが，その後は他の乗客の悲鳴やネガティブな発言，職員の動揺あるいは暗闇や猛煙などにより騒然となった。そのため，多くの乗客は恐怖や不安を感じたという。一方で，そうした恐怖感や不安感を解消するために，他の乗客と一緒に避難したり，乗客同士で励まし合ったりした集団も一部にあった。

　ところで，避難時における主なリスクには，有毒ガスによる中毒と乗客同士の接触や転倒などによる怪我の2つがある。

　有毒ガスによる中毒は，一酸化炭素などの有毒ガスを吸引することにより酸欠状態となって意識を失い，場合によっては死に至ることがある。北陸トンネル火災事故では，一部の乗客が床や座席に横たわったり，停電時にも利用することができた列車の水を含ませたタオルを口に当てたりして，有毒ガスの吸引を回避しようとした。また，呼吸を楽にするために，水分を口にする者もいた。

　乗客同士の接触や転倒などによる怪我は，主に列車降車時やトンネル内歩行時に発生しやすい。列車からの降車時には，暗闇や段差の大きさにより，また，多くの乗客が一箇所の出口に集中することから，転倒が発生するおそれがある。

107

暗闇での転倒は，怪我を負うだけでなく避難すべき方角を見失いやすい。実際，この事故では，トンネル内を退避・歩行する際に，乗客同士の接触や一定間隔でトンネル側壁に設置されたマンホールへの転倒という事象が多く発生した。また，トンネル内は有毒ガスにより体力の消耗が著しく，避難途中に手荷物を手放すといった行動を採る乗客もみられた。一方，他人の声を手がかりにトンネル側壁やレールに触りながら歩行したり，前後の乗客と手を取り合ったり，前の人の服につかまりながら歩行した乗客もいた。こうした歩行行動を採った避難者の多くは，怪我を回避できている。

次に，各グループでみられた特徴的な行動と証言を表2-16にまとめる。グループ1を中心に被害の軽減に繋がる推奨されるべき行動が含まれていることが分かる（表2-16中の◎印）。

グループ1【証言者8名／内訳：被災者4名（うち国鉄職員1名），救助者4名】

後部側に乗車していたグループ1では，前部側に比べ乗客に対する国鉄職員の割合が高く，乗客への情報伝達や指示，誘導が適切になされたことから，終始平静であった。

車内へ煙が流入することを防止するために通気口を閉め切ったこと，国鉄職員が暗闇の中を発炎筒の点火や声掛けにより誘導したこと，荷物車の中から新聞の包みを取り出し，降車時のステップに活用したこと，郵便局職員の協力により14両目の車内を避難経路とし，列車最後尾から降車したことなど，退避・避難誘導も適切であった。また，降車の際には，国鉄職員が乗客より先に降り，乗客の転倒防止に努めている。さらに国鉄職員は，煙の状況や救援列車の情報をその都度乗客に伝達し，不安を取り除くことに努めている。これらはいずれも推奨されるべき行動といえる。

グループ2【証言者13名／内訳：被災者13名（うち国鉄職員2名），救助者0名】

火災が発生した当初は，就寝中の乗客が多く，かつ車内放送がなかったことから，多くの乗客は危機的な状況になっているものと思わず平静であった。そのため，停車した場所がトンネル内であることすら知らない乗客もいた。その後，多くの乗客の移動やざわめき，車内の消灯，煙の流入等により車内が一時

第**2**章　山岳トンネルにおける火災事故

表2-16　各グループでみられた特徴的な行動と証言

	証言者数(人)	状　況	特徴的な行動と証言
グループ1	8	・他のグループに比べ，乗客に対する乗務員の割合が高く，乗客への情報伝達や指示，誘導が適切になされたため終始平静であった。	◎車内へ煙が流入するため通気口を閉めきった。 ◎乗務員が暗闇の中を発炎筒の点火や声掛けにより誘導した。 ◎荷物車の中から新聞の包みを取り出し，降車のステップに活用した。 ◎郵便局職員の協力により14両目の車内通路を避難路に確保し，最後尾から降車させた。 ◎乗客より乗務員が先に降り，乗客の転倒防止に努めた。 ◎その都度，乗客に情報を伝達し，乗客の不安を取り除くことに努めた。
グループ2	13	・火災のあった食堂室付近から押し寄せてきた乗客で混み合った。 ・多くの乗客は情報を与えられないまま，恐怖や不安を感じながらトンネル内を歩行した。	・乗務員による呼びかけは，悲鳴と罵声で掻き消された。 ◎誰かの「大丈夫だ」という一言は，乗客に安心感をもたらした。 ・誘導は具体性に欠け，分かりにくい内容であったため，戸惑った。 ・乗客の判断で自ら窓から脱出する者が多かった。 ◎手荷物をクッション代わりに降車した。
グループ3-1	9	・乗務員からの指示がない中で，車内は長時間すし詰め状態が続いた。(ガスと熱が充満) ・煙の影響で意識が薄れたり，転倒によって傷を負う乗客が多い。	・火災発生当初は，乗客同士で情報交換や助け合いが行われた。ところがその後，猛煙により避難することが精一杯となり，ほとんどの乗客は他人を助ける余裕などない状態となった。 ・避難途中で倒れた者も多く，暗闇のトンネル内を歩行中に何度か踏んだという乗客もいた。
グループ3-2	21	・避難途中に気を失い，現場付近で倒れた者がほとんどであった。(高齢者と女性が多い) ・数多くの靴，荷物，車内から持ち出された毛布が散乱し，地獄絵そのものであった。	・トンネル内は寒さが酷く，車内から大量の毛布やマットが持ち出された。 ・猛煙を避けるため，溝に身を伏せる乗客もいた。 ・煙により方角を見失ったり，けいれんを起こしたり，通常より体が重く感じた。 ・国鉄と交通公社共催の団体客(30名)は，添乗員がリーダーとなって乗客が体力を消耗しないように車内で待機させ，煙が薄くなってから降車させた。
合　計	51		

注：「特徴的な行動と証言」欄中，「◎」印の項目は推奨行動を示す。

パニックになった。

前側車両は，火元の食堂車側（後方車両）から押し寄せてきた乗客で混み合った。また車内では，放送設備が利用できなかったことから，国鉄職員による呼び掛けが行われたものの，悲鳴と罵声で掻き消された。そのため，「指示や連絡がなく不満だった」という証言が多くみられた。

前部側は職員が少なく，出された指示や誘導は具体性に欠け分かりにくい内容であり，多くの乗客は十分な情報が与えられないまま，恐怖や不安の中戸惑いながらトンネル内を歩行した。そのため，誰かの「大丈夫だ」という一言や照明の明るさは，乗客に安心感や落ち着きをもたらした。

前部側では，至るところで窓を打ち破る音が聞こえ，自らの判断で窓から脱出する乗客が多かった。なかには，手荷物をクッション代わりに降車した者もいた。

グループ3-1【証言者9名／内訳：被災者7名（うち国鉄職員0名），救助者2名】

グループ2が降車した後の車内は，誘導を担う国鉄職員がいない中で，長時間すし詰め状態が続いた。車内はガスと熱が充満し，ほとんどの乗客が耐えられず降車している。火災発生当初は，近くの乗客同士でグループを作って情報交換や助け合いなどが行われていた。このように車内では自然発生的に避難群が形成されていったが，時間の経過とともに煙の影響で意識が薄れ倒れたり，足元が見えない暗闇の中，転倒によって傷を負ったり何度か人を踏みつけたりする乗客が少なくなかった。そのため，当初は助け合っていた乗客のほとんどが，避難をすることに精一杯となり，他人を助ける余裕などない状態となった。

グループ3-2【証言者21名／内訳：被災者11名（うち国鉄職員2名），救助者10名】

このグループの乗客は，降車時までグループ3-1の行動と一緒であるが，避難途中に気を失い，現場付近で倒れた者がほとんどである。現場近くでは，数多くの靴，荷物，車内から持ち出された毛布等が散乱し，地獄絵そのものであった。

若者や男性は早期に避難したことから，現場付近に取り残されたグループ3-2の乗客は高齢者や女性が多かった。車内は高温と酸欠状態であったのに対

第**2**章 山岳トンネルにおける火災事故

し，トンネル内は寒さが酷く，車内から大量の毛布やマットが持ち出された。
そのため，グループ3-2の乗客の多くは，毛布等の下から発見された。また，
猛煙を避けるために，溝に身を伏せる乗客もいた。

トンネル内では救助隊の者でさえ，煙の影響で方角を見失ったり，けいれん
を起こしたり，通常より体が重たく感じたなど，火災現場の凄まじさをうかが
わせる証言が数多く寄せられた。

このグループには国鉄と交通公社共催の団体旅客（30名）も含まれており，
4時過ぎまで全員が煙と熱気とたたかいながら車内で籠城し，全員が救援D
列車に救助された。この団体では，添乗員がリーダーとなって乗客が体力を消
耗しないように車内で籠城させ，煙が薄くなってから降車させている。非常時
において適切なリーダーシップが発揮された好例である。

4　他の山岳トンネル火災事故

本節では，北陸トンネル火災事故後に発生したトンネル火災のうち，北陸ト
ンネル火災事故と同様，列車がトンネル内で走行不能となり乗客の避難誘導が
行われた2件の事故について述べる。加えて，乗客と作業員との違いはあるが，
避難形態のうえでは北陸トンネル火災事故に類似すると考えられる建設工事中
の大清水トンネル内で発生した火災事故時にみられた作業員の避難行動につい
て述べる。

（1）生駒トンネル火災事故

生駒トンネル建設の経緯

近畿日本鉄道（以下「近鉄」という。）の前身である大阪電気軌道は，大阪・
奈良間を最短距離で結ぶ奈良線の建設を目的に，「社運を賭けて」生駒山を東
西に貫く生駒トンネルの建設に着工した。3年の苦難の末，1914年に当時日本
一であった笹子トンネルに次ぐ全長3388メートルの生駒トンネルが完成した。
それまで国内で建設された長大トンネルは，笹子トンネルと同様に単線狭軌式

III

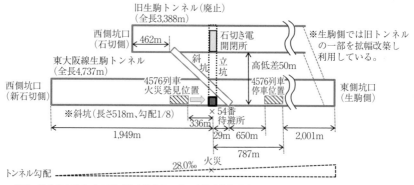

図2-6 生駒トンネル火災事故概況図

出所：近畿日本鉄道（1988）「東大阪線トンネル火災事故報告書 添付資料」2-3，14頁。大阪地方裁判所「近鉄生駒トンネル火災事故第一審判決」（1990年（わ）947号），『判例タイムズ』893号，90頁。以上をもとに筆者作成。

が中心であり，複線標準軌式のトンネル建設は生駒トンネルが初めてのケースとなった。しかしながら戦後，近鉄奈良線の輸送需要が増大する中，断面が狭小な生駒トンネルでは大量輸送が可能な大型車両を運行させることが困難であったため，近鉄は奈良線用の新しいトンネルとして断面の大きな新生駒トンネル（全長3494メートル）の建設に着手した（1964年完成）。新トンネルの完成により生駒トンネルは廃止され，後述の東大阪線（現，けいはんな線）の生駒トンネルと区別するために旧生駒トンネルと呼ばれるようになった[72]。

その後，奈良県北部の急速な開発に伴い激増する輸送需要に対処するため，奈良線のバイパス機能を持つ新線が計画され，1986年に大阪市営地下鉄中央線と相互直通運転を行う東大阪線が開業した。東大阪線として建設された生駒トンネル（全長4737メートル）では，図2-6のとおり東側（生駒側）坑口より395メートルは旧生駒トンネルを拡幅改築し利用している。また，旧生駒トンネルとは1本の作業坑（斜坑）で結ばれている[73]。

事故の概況

1987年9月21日16時20分頃，近鉄東大阪線（現，けいはんな線）の下り4576列車（大阪港発生駒行き，6両編成，乗客約70〜80名，乗務員2名）が新石切駅〜

生駒駅間の生駒トンネル内を走行中，西側（新石切側）坑口より約2キロ地点で特別高圧線接続箇所から煙の発生を認めた。運転士は，トンネル内での停車を避けるため運転を継続したが，特別高圧線遮断器の飛断による停電が発生したことから，列車は火災現場を787メートル過ぎた地点に停止した（16時22分）。同時に列車内の照明も消え，車内に煙が流入しはじめた[74]。

　火災が発生した場所は，54番待避所と呼ばれる生駒トンネルにある128カ所の待避所の一つであった。この待避所の上方53メートルには石切き電開閉所があり，それは立坑（高さ53メートルの鋼管）を通じて待避所と繋がっている。（図2-6）。この54番待避所には，新石切変電所から新生駒変電所に至る2本の特別高圧電力ケーブル（2万2000ボルト，上下線の線路脇に敷設）と石切き電開閉所を結ぶY分岐接続部があり，ここに本来取り付けるべき接続銅板が取り付けられていなかったために，発熱や炭化が繰り返され発火に至ったとされている。そして，ケーブルの燃焼による地絡を変電所で検知したことから，停電が発生した。現場手前を走行していた上り列車もこの停電により一時停車したが，下り勾配を利用して現場を通過したため，難をのがれた。この区間は1986年10月に開業して間もない新線区間であり，それまでにも数回停電が発生していた[75]。

　近鉄は，16時50分に事故対策本部を本社内に，現地対策本部を石切駅付近にそれぞれ設置した。避難は列車が停止してから約30分後の16時51分に開始され，乗客の全員が乗務員により斜坑を経由してトンネル外へ誘導された（17時28分）。負傷したすべての旅客は18時20分頃までに病院へ収容されたが，斜坑付近で倒れた重症の乗客1名は，多量の煙および有毒ガスの吸引に伴う急性呼吸不全により，18時45分，死亡が確認された。

　この火災では，前述の1名の死者に加え，乗客55名乗務員2名の計57名が負傷した。トンネル中央部で発生した事故であったが，避難用の斜坑入口までの距離が650メートルと比較的短かったことが幸いし，多数の死者の発生には至らなかったものと思われる。なお，火災は翌日の3時05分に完全鎮火した[76]。第1章の第1節で既述のとおり，本火災事故発生の40年前の1947年にも生駒トン

ネル（旧生駒トンネル）で火災が発生しており，当時の火災事故を思い出す乗客も少なくなかった。[77]

事故後に策定された対策

火災事故を受け，東大阪市と生駒市の消防局は連名で「生駒トンネル内火災事故の消防対策について（要望）」（東大阪消局第704号・生消本第189号，1987年11月16日）を近鉄に提出した。要望内容は主に，通報連絡体制の整備（消防への直通専用電話，無線通信補助設備，電話機），トンネル内避難設備の設置（常時閉鎖式潜り戸付防煙シャッター，非常電源付照明設備，距離標識），救助および消防活動上必要な施設の整備（救急兼救助工作車の配備，連結送水管用たて管），消防用設備の設置，防災計画の策定の5項目で構成されていた。[78]

この要望書を受けて近鉄は，1988年4月26日に両消防局に対し「奈良線および東大阪線生駒トンネル内消防対策の改善について（回答）」を提出した。回答の内容は，表2-17に示すトンネル内火災事故防火対策のほか，防火計画の整備や耐火構造区画における不燃材の使用あるいは空気呼吸器のほか，照明器具，破壊器具（カッターなど），連絡機器，担架，携帯拡声器等を緊急用工作車に積載するという内容も含まれていた。[79]

ところで，消防からの要望書は生駒トンネル建設時の1985年5月にも東大阪市消防局から提出されており，近鉄はそのうちいくつかの項目を回答している。ところが，換気設備のついた避難場所の整備，非常放送設備（車内，トンネル内）の設置，防災計画の策定，救急救助工作車の配置，スプリンクラーの設置，補助通信設備の設置の6項目は，難燃性車両の使用により不必要であるとの判断のもと，未回答のままであった。[80]

救助活動の概況と避難行動の分析

この事故が発生した翌日の9月22日，運輸省から運転士と運転指令員の交信内容などが公表された。これによれば，列車停車から避難開始までの状況は以下のとおりである。

停電により停車した4576列車の運転士は，同乗していた線路係員が現場確認へ向かったことから，車内で列車監視を行っていた（16時24分）。電力指令は

第**2**章　山岳トンネルにおける火災事故

表 2-17　トンネル内火災事故防火対策

区　分		項　目	内　容
1	トンネル内設備の整備	通報・連絡設備の整備	・延長500m 以上のトンネルにダイヤル式社用電話機を設置，取り替え （トンネル坑口，連絡坑口，斜坑口に設置）
		消火器の整備	・延長90m 以上のトンネル内待避所のすべてに消火器を設置
		避難用距離表示板の整備	・延長500m 以上のトンネル内に100m 間隔で反射材使用の標識を設置
		防火戸の設備	・奈良線新生駒 T と旧生駒 T の連絡坑（7 箇所）→自閉式鉄製扉（2 重扉式） ・東大阪線生駒 T と旧生駒 T の斜坑→常時閉鎖式潜り戸付防煙防火シャッター（上下動式）
		照明設備の増設	・奈良線新生駒 T と旧生駒 T の連絡坑（7 箇所）および旧生駒 T →　非常電源付照明装置
2	救急応援用機材の整備	緊急用工作車の設備	・トンネル両端に配備　※軌道・道路兼用走行車
		空気呼吸器の配備	・トンネル両端の最寄り駅に配備 ・緊急用工作車に搭載
3	連絡通報体制の整備	通報表示装置の設置	・関係先（警察，消防）へ確実に通報を行う目的で，延長500m 以上のトンネル両端駅に設置
		列車無線傍受装置の整備	・延長500m 以上のトンネル両端駅信号所に，指令・列車間の交信内容を傍受できる装置を設置 ・運転指令室で東大阪線の列車無線をモニターできる設備を設置
		消防・警察との連絡専用電話機（ホットライン）の設置	・NTT 専用回線を使用したホットラインを設置
4	消防設備	送水用たて管の設置	・トンネル内への送水を容易にするため，送水口を付設した送水用たて管を設置
		消防隊専用携帯電話機の設置	・消防隊活動の連絡を容易にするため，トンネル内で使用する専用の携帯電話機を救急工作車に搭載（既設の電話回線の接続端子に接続して使用可能な機構）

出所：近畿日本鉄道，前掲，18-19頁。

停電の原因を調査後，列車をトンネル外へ脱出させるために予備の特別高圧線による送電手配を試みたが，送電不能であった。その間，運転指令は乗客らを

115

車内に待機させるよう指示していたが，次第に煙が充満してきたとの乗務員から連絡を受け，16時51分に上り線を利用して風上の新石切方向へ斜坑を経由し乗客とともに避難するよう指示を変更した。トンネル内に停車中，乗客へは救援列車に関する情報が伝えられたが，事実とは異っていたために，逆に乗客に不信感を与えたものと思われる。[81]

　列車から降車後，乗務員は当時定められていた「異常時対策処置マニュアル」に従い，乗客を避難用斜坑へ誘導後，旧生駒トンネルを経由して石切側の西側坑口まで誘導した。ところが，先を急いだ乗客11名は斜坑を経由せず，そのまま東大阪線の生駒トンネルを新石切駅まで歩行した。また，このマニュアルには，「下り勾配の場合は勾配を利用して車両ごと脱出する」と定められていたために，同時刻に現場手前を走行していた上り1675列車の運転士は，運転指令との打合せにより現場を最徐行で通過し，新石切駅まで運転を継続させた。しかし，本マニュアルで想定されていたのは車両火災が中心であり，本火災事故のようなトンネル内における送電施設などの火災を想定した対応策は規定化されていなかった。[82]

　トンネル内での歩行は，北陸トンネル火災事故と同様，猛煙により暗闇であったことから，乗客らはトンネル側壁に沿って声を掛け合い，互いに励まし合いながら必死で歩き，なかには，避難中に倒れた乗客を救助する姿や，子連れの母親に代わり子供を抱いて避難する姿もみられた。なお，トンネル内は非常灯が点いていたものの，猛煙により薄暗がりになったとされている。また，斜坑入口から約30メートル先の出火場所から時折，風圧を感じる爆発音が鳴り響いていたことから，猛煙による不安をさらに増大させたものと推測される。[83]

　なお，消防への通報は最終的に行われないままであった。地元消防は，報道によって火災の発生を知ったとされている。[84]

（2）石勝線トンネル火災事故

事故の概況

　2011年5月27日21時56分頃，4014D列車（釧路発札幌行き特急スーパーおおぞ

第**2**章　山岳トンネルにおける火災事故

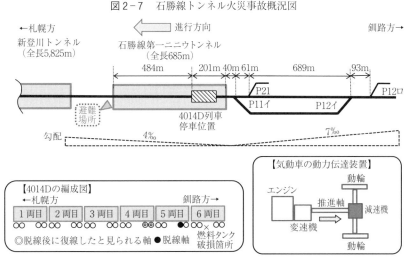

図2-7　石勝線トンネル火災事故概況図

出所：運輸安全委員会（2013）「鉄道事故調査報告書 北海道旅客鉄道株式会社石勝線清風山信号場構内列車脱線事故」RA2013-4，10，66，69-72頁をもとに筆者作成。

ら14号，6両編成，乗客248名，乗務員等4名）が石勝線・清風山信号場構内（占冠駅〜新夕張駅間にある4信号場の一つ）を走行中，車掌は異音を聞くとともに振動を感じた。車掌は運転士にその旨を伝え，運転士は直ちに停止手配を採り，列車は第一ニニウトンネル（全長685メートル）内に停車した（図2-7）。停車後，4〜6両目には大量の煙が流入してきたために，車掌は乗客を1〜3両目に移動させた。そして，運転士は列車をトンネル外へ脱出させるため再起動を試みたが，脱線に伴い起動できなかった（22時05分頃）。本列車には，乗務員等4名（運転士，車掌，客室乗務員2名）のほか，乗客として北海道旅客鉄道（以下「JR北海道」という。）社員や医療関係者が数名乗車していた。また，当日が金曜日の夜であったために，車内は週末に一時帰省する単身赴任客でほぼ満席であった。なお，停車した場所は，占冠村中心地から10キロ以上離れており，携帯電話が使用困難なエリアであった[85]。

　事故の原因は，本列車が停車した第一ニニウトンネルの約2.2キロ手前で，4両目後側台車の減速機を支える吊りピンが振動の繰り返しによって脱落した

ため，減速機および推進軸が垂下し両者が分離した。その後，吊りピンや推進軸の一部が地上に脱落したうえ，減速機の一部分が12ロ分岐器（図2-7中）のリードレールに接触し，4両目後側台車の2軸が脱線した。これは11イ分岐器で復線したものの，新たに5両目の後側台車の1軸がトンネル入口付近で地上に脱落した減速機かさ歯車に接触し脱線した。その後の調査により本列車は，脱線状態で約900メートルを走行していたことが分かった。さらに，減速機かさ歯車は6両目前部の燃料タンクにも接触し破損させたため，漏出した軽油が付近の木まくらぎ周辺に飛散した。そして，発電機もしくはエンジン後端部上面付近で出火した火が，漏れ出た軽油に延焼したと推定されている。これまで述べてきた推進軸，減速機は変速機とともに動力伝達装置とも呼ばれ，図2-7に示すとおりエンジンの動力は動力伝達装置を介して動輪に伝達される気動車特有の機構となっている。⁽⁸⁶⁾

乗客らによると，6両目では列車が停車する前に床下からの炎が目撃されていた。車内には煙が流入していたにもかかわらず，運転士および車掌（4両目）は，脱線および火災の発生を認知していなかったものと推定される。この火災事故により，乗客78名と車掌1名が咽頭炎や喉頭炎，気管支炎などの呼吸器系で負傷したが，いずれも軽症であった。本事故はトンネル全長が685メートルと短かったために，幸いにも死者や重症者を伴う事故には至らなかった。ところで，このトンネルに近接して道内最長の新登川トンネル（全長5825メートル）があり，走行不能となった場所が同トンネル内であったならば犠牲者が出た可能性があったと思われる。富良野消防署占冠支署の消防隊は，28日の0時07分頃に現場に到着し，トンネルの札幌側坑口付近や線路内などの広範囲に避難していた乗客等のうち，39名を近隣の医療機関へ，残りの乗客を一時避難場所である占冠村の公民館に搬送した。なお，火災は28日の7時36分に完全鎮火した。⁽⁸⁷⁾

事故後に策定された対策

国土交通省北海道運輸局は，2011年5月28日付けでJR北海道に対し，事故の原因を究明し再発防止を講じるように警告した。また国土交通省は，同年6

第**2**章　山岳トンネルにおける火災事故

表 2-18　事業改善命令に対する主な取り組み

	項　目	内　容
1	トンネル内における列車火災時の処置手順の見直しと充実	・初期消火の限界をマニュアルに明記 ・トンネル関係設備の写真，データ等の資料を整備 ・正確な通告が行えるように，携行版報告シートを作成 ・乗客から必要な情報を聞き取り，乗務員が適切に判断できるシートを作成
2	避難誘導に関わるマニュアルの策定，教育・訓練の実施	・新たにマニュアルを策定し，教育や現車訓練を実施 ・現車を使い全社的に継続実施 ・同乗の社員が協力支援できるように救援ワッペンを作成，配布
3	異常時の対応マニュアルの齟齬や不適切な点の見直し	・統一的な管理体制を構築 ・系統間で齟齬が生じないよう見直し
4	避難行動に関する設備等の充実	・照明関係設備改善が必要なトンネル（126カ所）に対し，以下の改善を実施 　　→照明の自動 SW 化，トンネル出入口の外灯設置，照明 SW 位置標設置 ・青函 T 以外の500m 以上のトンネル（80カ所）に対し，以下の改善を実施 　　→トンネル距離標や電話位置標の設置・明瞭化，沿線電話機の改修・新設 ・警察・消防との情報の共有化（一般道からトンネルまでの経路図を提供）
5	教育・訓練の実施	・現車を使用した訓練 ・列車事故総合訓練

出所：北海道旅客鉄道株式会社「安全輸送の確保に関する事業改善命令に対する改善措置について」安全第39号，2011年9月16日。北海道旅客鉄道株式会社「トンネル諸元表（抜粋）」2011年9月16日。以上をもとに筆者作成。

月18日付けで迅速かつ適切な避難誘導ができるよう事業改善命令および特別保安監査に基づく文書による改善指示を行った。これに対し JR 北海道は，「安全輸送の確保に関する事業改善命令に対する改善措置について」（安全第39号，2011年9月16日）を国土交通省に提出した。主な改善内容は**表 2-18**のとおりである。すなわち，実際に暗闇のトンネル内を避難した乗客の意見を踏まえ，トンネル内照明設備の強化，非常灯を1車両当たり4個増備，全先頭車に避難はしごを搭載，客室乗務員連絡用無線機の配備などを行うとした。また，避難誘導に関する教育訓練体系の見直しや焼損した車両の保存展示などにより全社員

119

に対し安全意識の高揚を図っていくことが計画されている。なお，同乗していた医療関係者からは，一酸化炭素中毒患者のための気管支拡張剤や低体温患者のための体温保護シートといった医療器具の搭載が提言されている。[88]

救助活動の概況と避難行動の分析

2011年5月27日21時56分頃，4014D列車の乗務員は走行中に異音を聞くとともに振動を感じたために，直ちに停止手配を採り，列車は第一ニニウトンネル内に停車した（図2-7参照）。列車停止後，車掌は指令にトンネル内に緊急停止させた後，4〜6両目の車内に煙が流入してきたことを連絡した。そのため，指令は直ちに運転再開し，トンネル外まで移動することを指示した（22時01分頃）。また，4〜6両目の乗客を前方の1〜3号車へ移動させる指示を行った（22時06分頃）。停車後，運転台のモニター画面には5，6両目に関する様々な異常情報が表示されており，運転士は運転再開を試みたが列車を起動させることができなかった。

このため車掌は指令に対し，1両目から降車してトンネル内を列車の進行方向へ避難した方がよい旨を進言したが，トンネル内にさらに煙が立ち込めるおそれがあるとの指令の判断により，ドアの開扉を待つようにとの指示を受けた（22時07分頃）。これは，現場での判断が優先されなかった一例として挙げることができる。

その後車内には煙が立ち込めはじめたために，指令はすべてのエンジンを停止させる機関全停止ボタンを扱う指示を行った（22時10分頃）。これにより，室内灯はすべて消え，運転室の照明のみが点いている状態となった。本来，エンジンが停止した場合，客室照明の一部が予備灯として点灯するはずであるが，配線が激しく焼損したことにより点灯しなくなったと推定される。この頃，乗客として同乗し異常に気付いたJR北海道の社員数名が運転室に集まった。[89]

指令はその後，乗客全員を先頭車の方へ移動させること（22時11分）や1両目のエンジンを車外から始動させること（22時13分）を指示した。指令からの指示を受けた運転士と社員は，車外からエンジンを始動させるため，懐中電灯と無線機などを持って運転室から降車したが，猛煙に阻まれエンジン始動はで

第**2**章　山岳トンネルにおける火災事故

きなかった。続いて，火災の発生状況を確認するため6両目へと向かったが，ここでもトンネル内に充満した煙に阻まれ，火災の状況を確認できないまま運転室へと引き返した。

　その後，指令との交信が途絶えたため，乗務員らは打合せを行い，車掌が避難誘導に先立ち札幌方トンネル出口まで確認に行くことを決定した。この打合せに基づき車掌が降車した頃（22時20分），エンジンの停止により停電した車内では，次第に煙が濃くなってきたことから，もう逃げるしかないという雰囲気となった。そのため，2〜3両目では乗務員等による避難誘導が開始される前に，一部の乗客が自らの判断で降車し避難をはじめた（22時20分〜30分）。

　その後，22時30分に札幌方のトンネル出口に到着した車掌から連絡を受けた運転士は，同乗の社員と協力して1両目前方側の扉から乗客を降車させ，トンネルの側壁伝いに札幌方のトンネル外への誘導を開始した（22時34分）。そして火災が発生してから1時間30分後の23時25分頃までには，全員がトンネル外へ避難した。

　ところで，指令が関係社員の現地への出動手配と警察・消防への通報を行ったのは22時42分頃であったが，このとき，火災であることが正確に伝わらなかったために，富良野消防署占冠支署長が判断する23時20分頃まで，消防隊は出動しなかった。

　乗客らが避難を開始した頃のトンネル内は，すでに手の届く範囲や足元も見えないほど視界が悪く，どこに出口があるのか分からない状況であった。しかしながら，車内は比較的冷静であった。乗客の中から自然発生的にリーダーが生まれ，避難誘導に協力できる乗客の召集や他の乗客への情報伝達が行われた。また，降車時の手助けや声掛けを行う乗客も存在し，車外では洋服をつなぎ合わせた即製の担架で運ばれた乗客もいた。トンネル内では，携帯電話のライトで足元を照らし，乗客同士で声を掛けあったり手をつないだり励まし合いながら歩行したが，避難途中に荷物を手放す乗客もみられ，これにつまずく乗客も少なくなかった。一方，客室乗務員は，乗客の中で必要な人に水とハンカチを配布した。列車からの降車時には，同乗の社員も協力し，トンネルの側壁伝い

に歩くように誘導した。またトンネル出口から列車へ引き返す途中で乗客らと遭遇した車掌は，「あと数分ですから頑張って下さい」と声掛けした。[93]

　乗務員は猛煙により，後方車両の状態を確認することができなかったために，列車火災や列車脱線を早期に認知することができなかった。運転士らは，車内に充満した煙は気動車の煙突から排出した煙と勘違いしたことから，指令には車内の急迫した状況が伝わらず，列車の起動操作に時間を費やしたものと考えられる。さらに指令は列車が起動しないことが分かった後も煙はエンジンから排出されたものと思い続け，煙を抑えるためにエンジンの停止を指示した。これにより，通常トンネル区間では閉じられている排気口が自動的に開き，トンネル内の煙が車内に逆流したと推定される。また，6両目から1両目まで延焼した理由は，列車の停車場所が1両目に向かって上り勾配であったことや乗客の移動時にすべての貫通扉が開放されたままであり炎が全車両を通り抜けたためと考えられる。[94]

　ところで，運転士らに火災を気付かせる機会はなかったのであろうか。既述のとおり，6両目に乗車していた乗客数名は火災を目撃していたが，車掌に通報しなかった。また，客室乗務員や同乗の社員の中には，炎を確認した者がいたものの，「車掌らも炎に気付いていると思い，報告が不要である」と思い込んだとされている。今後は，乗客からの速やかな通報が可能となるよう，車内に設置されている非常通報装置の使用方法について乗客に周知する必要があろう。[95]

（3）大清水トンネル火災事故（建設工事中に発生）

上越新幹線と大清水トンネル

　国土の均衡ある開発と国民経済の発展を目的に全国新幹線鉄道網の構想が打ち出され，1970年5月には全国新幹線鉄道整備法が公布された。この法律に基づき，上越新幹線（東京都・新潟市）建設の基本計画が1971年1月に，整備計画が同年4月に決定され，運輸大臣より日本鉄道建設公団に建設の指示がなされた。なお，東京駅～大宮駅間は東北新幹線の線路を走行するため，上越新幹

第2章　山岳トンネルにおける火災事故

図2-8　大清水トンネルにおける火災発生箇所

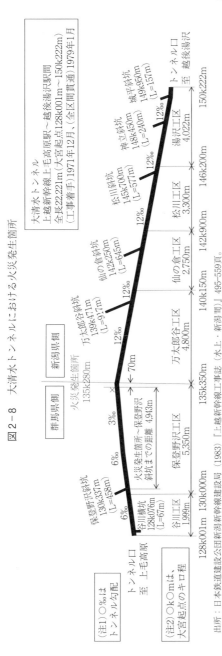

出所：日本鉄道建設公団新潟新幹線建設局（1983）「上越新幹線工事誌（水上・新潟間）」495-559頁。

線の建設は大宮駅～新潟駅間の延長約270キロとなった。上越新幹線は1976年度中の開業を目指し，1971年11月に起工式，同年12月には線区内で最長のトンネルとなる大清水トンネル（延長2万2221メートル）の工事が着手された。ところが，1973年以降に起こった二度のオイルショックによる建設費の抑制，埼玉県伊奈地区をはじめとする用地買収の遅れ，中山トンネル（延長1万4857メートル）における数回の大出水および本項で述べる大清水トンネルの火災事故などにより工期が延伸されたため，上越新幹線の全線開業は当初計画から5年遅れの1982年11月となった。[96]

大清水トンネルは，群馬・新潟県境の標高2000メートル級の谷川連峰を貫く山岳トンネルであり，当時としては世界一長いトンネルとして開業した。トンネルの施工は図2-8のとおり，群馬県側は谷川・保登野沢の2工区，新潟県側は万太郎谷・仙の倉・松川・湯沢の4工区の合計6工区に分割され，火災が発生した保登野沢工区が5350メートルと最長の工区となっている。トンネルは，火災事故発生の約2カ月前の1979年1月に最後の工区である保登野沢・万太郎谷工区が貫通した。保登野沢工区は，谷川岳直下の堅硬な地盤であったため，本火災事故の火元となったドリルジャンボ（削岩機架台）による全断面掘削工法が採用された。なお，火災発生時にはすでに掘削作業は終えていたが，火災発生現場付近の約250メートル区間は未覆工区間であり木製の矢板等が仮設されていた。[97]

事故の概況

1979年3月20日21時30分頃，大清水トンネルの保登野沢・万太郎谷工区境から約70メートル群馬県側において，ドリルジャンボから出火し，現場付近の矢板約250メートルおよびケーブル約800メートルが焼損，16名の作業員が死亡した。死者のうち2名は，救助のため保登野沢斜坑から入坑した作業員であった。火災発生時，保登野沢工区では54名の作業員が8カ所に分かれて作業を行っていた（図2-9）。そのうち，火災が発生した箇所（図2-9の作業箇所H）では，当日の20時30分頃から全断面掘削終了に伴うドリルジャンボの解体作業が行われていた。解体作業では，酸素切断機が用いられたため，火花あるいは溶断破

第**2**章　山岳トンネルにおける火災事故

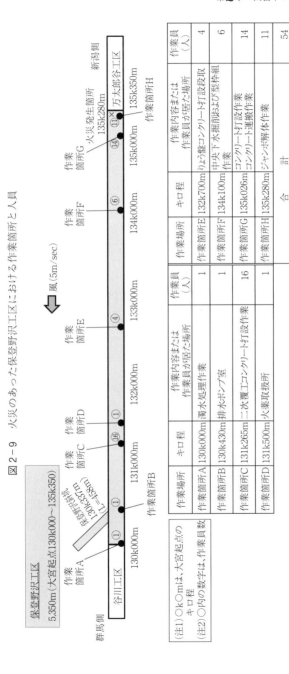

図2-9　火災のあった保登野沢工区における作業箇所と人員

片がドリルジャンボの中段デッキに落下し，デッキ上に堆積付着していた油圧オイルがしみ込んだオガ屑等に着火したものと推定される。このオガ屑は，矢板を切断するときに出たものである。火災発生時，坑内では新潟側から群馬側へと毎秒5メートル近い風が吹いており，周辺のケーブルや矢板に延焼したものと推定される。ドリルジャンボには加圧式粉末消火器が配備されていたが，作業員が初期消火を試みるも，消火剤は噴射されなかった。その理由として，トンネル内の湿気により，消火剤が固化していたことが推測される。21時40分頃には，坑内の作業員から事務所へ火災が発生し消火活動を行っているとの一報が入ったが，消防への通報は火災発生から約2時間30分後の21日0時01分であり，消防が保登野沢斜坑入口に到着したのが0時21分であった。その後の救助活動は難航し，最後の作業員が遺体で発見されたのは火災発生から4日後の24日19時50分であった。[98]

ドリルジャンボを解体していた火災発生箇所では，事故が発生する前にも数回，飛び散った火花で付近の可燃物が燃え出したが，その都度作業員が足などで消し止めていたとされている。

救助活動の状況

火災発生から約1時間後に，煙から逃れてきた作業員が保登野沢斜坑から地上に脱出したが，数名の作業員が坑内に取り残されていること以外の状況は把握できなかった。23時30分頃，地上にいた作業員2名が坑内の様子を確認するため，空気呼吸器を付けて保登野沢斜坑から入坑し，斜坑底から「周辺を見てくる」との連絡を最期に連絡を絶った。このうち一人は，斜坑口から15メートル入った斜坑内で倒れているのを発見され病院へ搬送されたが21日1時30分に死亡し，もう一人の作業員は同日10時20分に斜坑内で死亡しているのが発見された。[99]

風上となる新潟側からは，現場近くの保登野沢・万太郎谷工区境付近まで進入することができた。そのため，21日0時50分には，救助および坑内の偵察を目的に建設所員や警察署員を乗せたモーターカーが出発し，新潟側へ避難中であった作業員を救助した。**表2-19**は，新潟側へ避難した作業員7名が救助さ

第**2**章　山岳トンネルにおける火災事故

表2-19　新潟側へ避難した作業員が救助された場所と日時

救助場所	火災発生箇所 からの距離（m）	作業員 （人）	救助された日時
万太郎谷斜坑底付近	4,191	5	21日　1時40分頃
神立斜坑底付近	13,170	1	21日　0時50分～1時40分
トンネル出口（自力脱出）	14,942	1	21日　0時50分以前に脱出
合　計		7	

出所：日本鉄道建設公団新潟新幹線建設局，前掲書，1140頁。

れた場所と日時であり，全員が21日1時40分までにモーターカーにより救助あるいは自力でトンネルを脱出していることが分かる。[100]

　新潟側からモーターカーで進入した建設所員らは，ドリルジャンボと矢板が燃えている状況を確認したが，万太郎谷工区と保登野沢工区との工区境から群馬側の未覆工区間では落石が発生していたため，これ以上の進入は不可能と判断し21日2時20分頃に引き返した。その後，新潟側から坑内への進入は21日6時40分，12時10分，22日4時15分と複数回行われたが，同区間における落石の発生により工区境より群馬側へは進めなかった。なお，21日の7時30分にはドリルジャンボ付近の火は消えていた。[101]

　一方，風下となる群馬側では猛煙により坑内への進入が不可能であり，本格的な救助活動が行われた22日午後までは斜坑内の捜索にとどまった。表2-20は，火災発生時に坑内で作業を行っていた作業員54名のうち遺体として発見された14名の発見場所と発見日時である。表2-20のとおり，14名中12名は22日23時から23日4時にかけて発見された。残る2名の捜索が行われた区間のうち，ドリルジャンボから作業箇所Gまでの約250メートル区間は未覆工区間であり，矢板が焼損し落石が発生していたことから難航した。加えて，この区

表2-20　遺体が発見された場所と日時

（単位：人）

発見場所	発見日時	人数
133k000m付近	22日23:40～23日3:30	1
134k000m～135k000m		11
135k100m付近	24日19:15～19:50	2
合　計		14

注：救助に向かい斜坑内で死亡した2名を除く。
出所：日本鉄道建設公団新潟新幹線建設局，前掲書，1139頁。

間は火災発生箇所からも近く，高温による焼損が激しかった残り２名の遺体の発見は，24日の19時過ぎになった。[102]

　避難行動の分析

　ここでは，作業員54名を４つのグループに分類し，グループごとに異なる避難行動や生存状態を分析した。

①　グループ１【作業箇所Ａ～Ｆの作業員（29名）】

　作業箇所Ａ～Ｆの全作業員29名は，風下となる群馬側へ避難し，火災発生から１時間程度で保登野沢斜坑から自力で脱出することができた。作業員がトンネル内を熟知していたほか，異変に気付き迅速に避難したこと，工事用トロッコを利用して避難したことにより全員生還できたものと考える。表2-21は，各作業場所から火災発生箇所および避難経路となった保登野沢斜坑出口までの距離である。[103]

②　グループ２【作業箇所Ｇの作業員（14名）】

　作業箇所Ｇの作業員14名は，全員風下となる群馬側へ避難したが，14名中11名が死亡し，３名が保登野沢斜坑から自力で脱出することができた。生還した作業員によると，「ジャンボが火事になった」という声が聞こえると同時に，真っ黒の煙が迫ってきたとされている。火災発生当時，新潟側から吹いていた秒速５メートルの強い風が，火の回りの早さと火勢の激しさに繋がり，避難するのに十分な時間がなかったものと推定される。また，グループ１に比べ，避難先である斜坑口までの距離は5147メートルと長いことが約８割の死亡率に繋がったものと考える。[104]

③　グループ３【群馬側へ避難した作業箇所Ｈの作業員（４名）】

　作業Ｈの作業員11名のうち４名は，群馬側へ避難した。避難先である保登野沢斜坑までの距離は5401メートルと長く，４名中３名が死亡し，死亡率ではグループ２とほぼ同じであった。現場では強風に伴い火の回りが早く，ドリルジャンボの上で作業を行っていた作業員は逃げ場を失い，トンネルの内壁に組んである支保工を伝ってやっとの思いで降りたとされている。また，火災発生当初は火勢が弱く，作業員は初期消火ができるものと思い消火活動に専念した

第**2**章　山岳トンネルにおける火災事故

表 2-21　各作業箇所から火災発生箇所および避難先の保登野沢斜坑
　　　　出口までの距離

作業箇所	キロ程	作業箇所から火災発生箇所までの距離（m）	作業箇所から保登野沢斜坑出口までの距離（m）
作業箇所 A	130k000m	5,280	795
作業箇所 B	130k430m	4,850	551
作業箇所 C	131k265m	4,015	1,386
作業箇所 D	131k500m	3,780	1,621
作業箇所 E	132k700m	2,580	2,821
作業箇所 F	134k100m	1,180	4,221

出所：日本鉄道建設公団新潟新幹線建設局，前掲書，1139頁。

ため，風上である新潟側へ避難できなかったとも推定される[105]。

　グループ 2・3 の死者14名は，そのほとんどが作業箇所から 1 キロ以内で発見されているが，なかには約 2 キロ離れた場所で発見された作業員もいた[106]。

④　グループ 4【新潟側へ避難した作業箇所 H の作業員（ 7 名）】

　作業箇所 H（11名）のうち 7 名は，新潟側へ避難し全員生還できた。作業員の証言によると，火災発生直後の群馬側は煙が充満し真っ暗で，反対の新潟側では下半分はまだ煙が立ち込めていない状況であった。そのため，作業員らは普段から風上となりがちな新潟側へ逃げた方がよいと考え，燃えさかるドリルジャンボの下をくぐって逃げたとされている。なかには，「新潟側へ逃げろ」という別の作業員の声を聞いて，群馬側から新潟側へ回った作業員もいた[107]。

　表 2-19のとおり， 7 名のうち 1 名は火災現場から約15キロ離れたトンネル出口まで自力で避難した。残りの 6 名は，風上となるトンネル出口から救助や偵察のために運転されたモーターカーにより神立斜坑底や万太郎谷斜坑底付近で救助された[108]。

　同種事故

　大清水トンネル火災事故が発生する約 2 年前の1977年 7 月15日，越後湯沢駅をはさんだ反対側の湯沢トンネル（延長4480メートル）内の工事現場で火災が発生した。新潟側のトンネル口より約 2 キロの場所において，鉄製の型枠であ

129

るセントルの補強のためガス溶接を行った際に，溶接の火花が付近のビニール製の通風管に燃え移ったことが原因とされている。作業員37名のうち4名は自力でトンネルから脱出したが，残り33名は逃げ場を失い，火災発生箇所から約500メートルトンネル奥の掘削現場へと避難した。なお，掘削現場に避難した33名は，削岩機用のエアーコンプレッサーから送り込まれた空気により，有毒ガスによる影響を受けることもなく，火災発生から6時間半後の16時15分までに全員が無事救助された。[109]

5　山岳トンネル火災事故の特徴と課題

（1）避難誘導の検討の重要性

　本章では，日本における山岳トンネル火災事故について述べてきた。1972年11月6日の北陸トンネル火災事故は，第1章の表1-1のとおり国内の鉄道トンネル火災事故全体の中でも死傷者数が最も多く，被害の大きな火災である。また，表1-4のとおりこの事故は，世界の鉄道トンネル火災事故の中でも甚大な被害をもたらした事故の一つに数えられる。

　北陸トンネル火災事故を受け，国鉄内では鉄道火災対策技術委員会が設置され，大規模なトンネル内火災列車走行試験をはじめ様々な試験が行われ，ハード・ソフト両面に亘る各種対策が講じられてきた。ここで得られた知見は，今日におけるトンネルのハード対策やトンネル火災発生時のマニュアル等に生かされている。その一つは，トンネル内で火災が発生しても列車を停車させず，トンネル外まで走り抜けることとの原則が確立されたことである。ところがその後，停電や脱線によりトンネル内で再起動が不可能となった火災事故が生駒トンネル（1987年）や石勝線のトンネル（2011年）で発生した。このことから，発生確率は低いもののトンネル内での避難誘導を伴う火災事故は今後も発生することを念頭に置き，列車がトンネル内で立ち往生した場合の避難誘導やハード設備を再検討する必要があるものと考えられる。

第**2**章　山岳トンネルにおける火災事故

（2）同種事故で共通してみられた事柄

　ここでは，既述した北陸トンネル火災事故を含む４件の事故の共通性などについて考察する。表２-22の５項目は，４件の事故のうち営業列車で発生した３件の火災事故に共通した事柄であり，発生時期に約40年の隔たりがあるにもかかわらず多くの共通点が見受けられる。

　このうち，「消防への通報が遅れがち」「トンネル内は猛煙により暗闇」の２点は，大清水トンネル火災事故でも確認された事柄である。

（3）避難誘導における重要なポイントと課題

避難誘導における重要なポイント

　営業列車で発生した北陸トンネル火災事故，生駒トンネル火災事故，石勝線トンネル火災事故の３事故における避難行動分析から，主にリーダーシップの重要性が示唆された。そのほかトンネル内の避難を行ううえで，表２-23の５点が重要であることが分かった。詳細は以下のとおりである。

　第一に，トンネル内の照明が点灯していても，猛煙により暗闇になる可能性があることから，車内に強力な懐中電灯を搭載することが必要である。照明は，乗客に安心感や落ち着きを与えるものとされるが，通常，トンネル内の照明は，壁面の比較的高い位置に設置されているために，煙が立ち込めてきた場合には照明の効果がなくなってしまう。そこで，足元を照らす照明を整備すれば，この点は改善されると思われる。携帯電話の明かりも有効と考えられるが，より強力な懐中電灯を数多く車内に搭載しておけば，こうした問題に対応できよう。

　第二に，乗務員は適時適切な指示や情報を，乗客に与えるという点である。今後の見通しを伝えることは，乗客に安心感を与える。ただし，乗客を安心させようと根拠のない情報を提供することは，かえって混乱を招くおそれがあり，避けなくてはならない。また，降車後はバラバラな行動になりやすいことから，降車前の車内で極力分かりやすい表現による指示や情報提供を行っておく必要がある。

　第三に，乗務員は極力乗客から離れないという点である。異常事態に遭遇す

表 2-22　同種事故で共通してみられた事柄

		北陸トンネル火災事故 (1972年11月6日 発生)	生駒トンネル火災事故 (1987年9月21日 発生)	石勝線トンネル火災事故 (2011年5月27日 発生)
1	乗客の避難開始時期が遅い	車両の切り離し作業によるため。(火災発生より約50分後)	別電源で運転再開を試みたため。(火災発生より約30分後) 乗務員による指令への申告で避難を開始した。	火災が確認されなかったため。(火災発生より約30分後) 一時的に乗務員が不在であったため乗客自らの判断で避難を開始した。
2	消防への通報が遅れがち	火災発生より約25～40分後に通報した。	通報は行われず地元消防は報道により火災の発生を知った。	火災発生より約40分後に通報した。
3	トンネル内は猛煙により暗闇	・避難中に乗客が手荷物で転倒した。・他人の掛け声や泣き声を頼りに歩いた。	トンネル内歩行中はまくらぎなどにより転倒し、顔や手は擦り傷だらけの乗客が多かった。	携帯電話の明かりが利用されたが光が弱く、足元を照らすのが精一杯であった。
4	乗客への情報提供	主に乗務員の多い後部側(敦賀側)で見られた。	救援列車に係る誤情報の提供が不信感に繋がった。事実とは異なる情報提供により、不信感を与えた。	運転再開に係る誤情報の提供が不信感に繋がった。
5	乗客同士の共助	主に乗務員の少ない前部側(今庄側)で見られた。	・避難中に倒れた乗客の救助に加わった。・子連れの母親にかわり子供を抱いて避難した。	・乗客の中から自然にリーダーが発生。・リーダーの呼び掛けに呼応した若者らが乗客らを降車させた。

出所：筆者作成。

第**2**章　山岳トンネルにおける火災事故

表2-23　トンネル内の避難時における重要なポイント

1	強力な懐中電灯を数多く車内に搭載すること
2	乗務員は適時適切な指示や情報を，乗客に与えること
3	乗務員は極力乗客から離れないこと
4	前後の乗客同士で声掛けを行ったり，乗客同士で行動すること
5	低い姿勢で待機または移動すること

出所：筆者作成。

ると，乗務員は状況の確認，関係箇所との連絡あるいは消火活動などにより一箇所に留まるのは難しいと考えられる。ところが，石勝線トンネル火災事故のように車掌が一時降車し，乗客だけを車内に取り残すことは不安感を与えることに繋がるため，極力避けるべきである。北陸トンネル火災事故のグループ3－2の一部でも，約3時間にわたる籠城に成功しているが，その根底には乗務員に準ずる添乗員が常に乗客のそばに付いて，適切なリーダーシップを発揮したことがあったと考えられる。

　第四に，列車降車時とトンネル歩行時は，転倒などによる怪我のリスクが高いことから，前後の乗客で声掛けを行うことや，乗客同士で行動することが望ましい。これらは，転倒の防止だけでなく，乗客同士の励まし合いにも繋がり，恐怖や不安を減少させる効果も期待される。火災発生時においては，煙による影響で体力が低下しやすいため，メガホンや拡声器の使用が有効と考えられる。

　列車降車時には，乗務員あるいはリーダーが先に降車して，乗客の降車をサポートするのがよい。また，避難途中に手荷物を手放すと乗客の転倒に繋がるために，手荷物は必ず車内に置いて避難すべきである。避難時に怪我をすることは，逃げ遅れに繋がることから，乗客の安全面に配慮した避難誘導を心がけるべきである。

　第五に，有毒ガスの影響を少しでも受けないために，低い姿勢で待機または移動するという点である。また，乗客の避難状況から，タオルや飲料水等の必要性も示唆された。避難する方向は，火元との位置関係もあるが，風上側（勾配区間であれば，標高の低い側）に避難するのが望ましい。建設工事中に発生した大清水トンネル火災事故では，火災発生箇所の風上となる新潟側へ避難した

133

作業員は全員生還したことから，風上への避難が有効であることが示された。火災が発生した車両および乗客が避難した車両では，貫通扉，窓，通風器，側扉などを締め切り，密閉化することにより煙やガスの流出を防ぐことが期待される(110)。加えて，季節によってはトンネル内は冷え込むことから，列車から退避する際は，防寒対策も考慮しておく必要があると考える。

避難誘導における課題

　営業列車で発生した3つのトンネル火災事例における避難行動の分析を通じ，今後は表2-24の6点について検討を行う必要があると考える。詳細は以下のとおりである。

　第一に，乗客への協力要請がある。災害のような緊迫した場面において合理的な意思決定を行うためには強力なリーダーシップが必要とされている(111)。ところが，これまでリーダーシップは主に乗務員中心と考えられてきたが，異常時においては乗務員の対応に限界がある。北陸トンネル火災事故や石勝線トンネル火災事故の際には，乗務員に代わって，乗客の中からリーダーが自然発生的に登場した事例もあるが，乗客の一部にリーダー役や避難誘導の手助けを要請することが必要である。

　第二に，列車からの降車条件とその時期がある。生駒トンネル火災事故と石勝線トンネル火災事故では全員が降車しているが，北陸トンネル火災事故の際には，一部の乗客が車内に留まっていた。火災に遭遇した乗務員は，状況の確認や初期消火，列車の起動操作，そして関係箇所との連絡で乗客の避難誘導が後回しになりがちである。3件の火災事例はいずれも，安全に避難できるタイミングを逸したあとに避難を開始した可能性が高い。今後は，乗客の安全を配慮しながら，事前に降車条件とそのタイミングを明確にしていく必要がある。

　第三に，消防への通報の迅速化がある。運転再開や規程等で定められた処置などが優先され，指令や駅といった社内の関係箇所への通報は行われるが，消防への通報が後回しとなりやすい。消防は，消火活動だけでなく救助活動においても知識や経験が豊富である。被害が拡大する前にできる限り迅速に消防へ通報できる体制の確立が必要である。特に長大トンネルでは，複数の行政機関

にまたがることも多いため，普
段から関係消防機関との関係強
化に努めておく必要がある。

第四に，斜坑の活用がある。
生駒トンネル火災事故では，避
難時に連絡坑（斜坑）が用いら
れたが，北陸トンネル火災事故

表 2-24　避難誘導における課題

1	乗客への協力要請
2	列車からの降車条件とその時期
3	消防への通報の迅速化
4	斜坑の活用
5	異常時における判断主体の見直し
6	ワンマン運転時におけるサポートシステムの充実

出所：筆者作成。

では猛煙により火災現場に近い葉原斜坑を使用することができなかった。今後
は，避難路の一つとして斜坑を活用することや，そのための斜坑の構造改良を
検討していく必要がある。

第五に，異常時における判断主体の見直しがある。生駒トンネル火災事故と
石勝線トンネル火災事故では，現場の実態を正確に把握しきれていない指令員
の判断により，避難の開始が遅れ被害が拡大したものと考えられる。そのため，
異常事態に直面している現場の乗務員が臨機応変に対応できるよう，現場に判
断を委ねる体制の見直しが望まれる。

第六に，ワンマン運転時におけるサポートシステムの充実がある。2015年の
北陸新幹線開業に伴い，北陸本線や信越本線の一部が第三セクター化された。
そのうち旧北陸本線糸魚川駅～直江津駅間には，全長約11キロの頸城トンネル
をはじめ，1キロを超えるトンネルが10カ所以上も存在する。この区間を走行
するワンマン列車が，不幸にしてトンネル内で火災事故を発生させた場合，果
たして運転士一人だけで対応可能であろうか。ワンマン列車が異常時に遭遇し
た場合でも，運転士一人で状況判断や乗客誘導がスムーズに行えるようなサ
ポートシステムの充実が必要であろう。なお，「鉄道に関する技術基準」によ
ると，地下区間で運転不能となった場合，列車停止させる装置が作動したこと
を自動的に駅あるいは指令所へ通報する機能，および指令等から直接車内放送
ができる機能の整備が定められている。[112]

これまで述べてきた課題以外にも，建設工事中に発生した大清水トンネル火
災事故では，消火器等が完備されていたにもかかわらず有効に機能しなかった。

ハードを整備するだけでなくメンテナンスについても検討をする必要があると考える。また，火災が発生したドリルジャンボから約250メートル離れた場所で作業していた作業員14名のうち11名が死亡した。今後は，火災現場から離れた箇所における危険性や避難誘導方法についても検討していかなくてはならないと考える。

注

(1) 上浦正樹・須永誠・小野田滋（2000）『鉄道工学』森北出版，104頁。

(2) 日本国有鉄道（1958）『鉄道技術発達史』第2編（施設），1473-1477頁。朝倉俊弘（1997）「鉄道トンネル技術の変遷と展望」『鉄道総研報告』Vol.1No.7，1-2頁。日本で最初に建設された鉄道用トンネルは，東海道本線の石屋川トンネル（全長61メートル，1871年竣工）である。このトンネルは，山岳トンネルではなく英国人技師により河底を開削方法で建設された，いわゆる天井川トンネルである。

(3) 日本国有鉄道，同上書，1474，1484-1489，1498-1505頁。国鉄NATM研究会（1982）「NATMの設計・施工の合理化に関する研究」『鉄道技術研究報告』No.1211（施設編第529号），7頁。

(4) 日本国有鉄道，同上書，1474-1484頁。朝倉俊弘，前掲，2-3頁。鉄道総合技術研究所（2007）『鉄道構造物等維持管理標準・同解説』構造物編トンネル，174頁。頂設導坑式とは，上半断面を先に掘り，その後下半断面を掘削する工法である。大正時代に入り底設導坑式（底設導坑を先進させ，適当な位置で上部へ切り上がる）が採用され，長大トンネル掘削に大きな影響を与えた。

(5) 原田勝正（2001）『日本鉄道史　技術と人間』刀水書房，289頁。

(6) 日本国有鉄道，前掲書，1505-1511頁。朝倉俊弘，前掲，2-3頁。関門トンネルでは，日本最初の本格的な大断面（内径7メートル）シールドマシンが採用された。

(7) 日本国有鉄道，同上書，1512-1518頁。日本鉄道施設協会（1994）『鉄道施設技術発達史』358頁。

(8) 日本鉄道施設協会，同上書，357-358，390頁。日本国有鉄道，前掲書，1492頁。粕谷逸男（1960）「半断面掘削工法と峯トンネルの実績について」『土木学会誌』No.45-5，9-14頁。関門トンネルでは，太平洋戦争が激化する中，支保工用木材が不足したため，繰り返し使用可能な長さ調整機能付きの鉄製支保工が試用された。

(9) 日本鉄道施設協会，同上書，358-359頁。粕谷逸男，同上，14頁。日本国有鉄道岐阜工事局（1962a）「北陸本線敦賀・今庄間北陸ずい道工事概要」3-4頁。

(10) 日本鉄道施設協会，同上書，357-359頁。小島芳之（2013）「鉄道山岳トンネルの建設」『RRR』Vol.70No.10，30-31頁。NATMとは，1960年代にオーストリアのトンネル技術者L・V・Rabcewiczが提唱した工法で，掘削直後に支保を施工することにより地

第**2**章　山岳トンネルにおける火災事故

山が持つ強度を積極的に生かしながらトンネルの安定を図るものである。ところで，NATMが標準工法となった後，従来の鋼アーチ支保工は特殊工法となった。また，NATM導入の発端は，青函トンネル先進導坑の吹付けコンクリートであるとされている。

⑾　日本鉄道施設協会，同上書，393-395頁。日本国有鉄道，前掲書，1505-1511頁。中澤昭（2004）『なぜ，人のために命を賭けるのか──消防士の決断』近代消防社，226-287頁。

⑿　日本トンネル技術協会ホームページ「長大トンネルリスト」http://www.japan-tunnel.org/Gallery_best10（2015年1月27日アクセス）。北海道総合政策部交通政策局新幹線推進室ホームページ「北海道新幹線のページ」http://www.pref.hokkaido.lg.jp/ss/skt/（2015年1月27日アクセス）。

⒀　高田隆雄・大久保邦彦（1985）『全国鉄道と時刻表5　近畿北陸山陰』新人物往来社，39頁。日本国有鉄道岐阜工事局（1962b）『北陸本線敦賀・今庄間北陸ずい道工事誌』1頁。日本鉄道建設業協会（1990）『日本鉄道請負業史』昭和（後期）編，463頁。

⒁　日本国有鉄道岐阜工事局（1962b）同上書，1頁。新線への切替により，従来線（旧線）は柳々瀬線として分離され，1964年に廃止となった。

⒂　同上書，1-12頁。日本鉄道建設業協会，前掲書，463-464頁。なお，6つの案には，現行の13キロ複線トンネル案のほか，13キロ単線トンネル案（在来線併用複線扱い），海岸線複線案，海岸線単線案（在来線併用複線扱い），在来線腹付線増案，18キロ複線トンネル案などがあった。

⒃　日本国有鉄道岐阜工事局，同上書，序頁，65頁。上原要三郎（1962）「日本一のトンネルによせて」『鉄道土木』第4巻第7号，6頁。『朝日新聞』東京本社版（夕刊），1958年12月19日，5面。『読売新聞』東京本社版（夕刊），1959年1月17日，3面。

⒄　上原要三郎，同上，6頁。日本国有鉄道岐阜工事局，同上書，序頁，65頁。トンネルの敦賀口付近に建立された「北陸隧道碑」では，北陸トンネル建設工事を大崩落に伴うトンネル内浸水や複雑な地質の変化といった幾多の困難に遭遇しながらも最高の技術や職員の創意，考案，決断，即行，忍耐などにより大きな困難を克服し，短期間に最大の成果をもたらした関係者の血のにじむような努力は高く評価されるであろうと褒め称えられている。ちなみに，落盤や大出水といったトンネル工事による死亡事故は皆無であったが，ベルトコンベアや蓄電車といった機械類で20名以上が殉職し，殉職者慰霊碑に名前が刻まれている。

⒅　日本国有鉄道岐阜工事局，同上書，2頁。『交通新聞』1962年6月12日，2面。

⒆　『読売新聞』東京本社版，1960年1月24日，14面。

⒇　『交通新聞』1962年6月10日，3面。

㉑　高田隆雄・大久保邦彦，前掲書，245頁。日本国有鉄道岐阜工事局（1962b），前掲書，897-902頁。北陸トンネル開業と同時に，旧線（杉津線）が廃止となった。

㉒　『交通新聞』1962年6月10日，3面。『朝日新聞』東京本社版，1962年3月8日，5面。

㉓　日本国有鉄道監査委員会（1973）「北陸本線北陸トンネル列車火災事故に関する特別

監査報告書」1-16頁。日本国有鉄道運転局保安課「運転事故通報」第284号（1972年11月分），2-9頁。福井地方裁判所「北陸トンネル列車火災刑事事件判決」(1974年（わ）220号)『判例時報』1003号，35-80頁。

⑷ 鉄道火災対策技術委員会（1974)「鉄道火災対策技術委員会報告付属資料Ⅰ 委員会資料編（1972年12月～1973年10月)」6-9頁。

⑸ 同上，6-9，44-47頁。福井地方裁判所，前掲，37-49頁。

⑹ 樽矢清一（1993)『北陸トンネル列車火災事故』アサヒヤ印刷，15，36，57-60頁。福井地方裁判所，前掲，37-49頁。

⑺ 福井地方裁判所，同上，50頁。

⑻ 鉄道火災対策技術委員会（1974）前掲，53-59頁。三井大相・若松利昭・土屋勇夫（1976)「旅客と群集心理（5）――北陸トンネル事故に見る避難行動」『鉄道労働科学研究資料』No.76-3，27-28頁。乗客の割合は男女比で概ね2：1であった。また，乗客の半数以上が20～30歳代であった。

⑼ 福井地方裁判所，前掲，50頁。『朝日新聞』1972年11月14日，1，23面。

⑽ 福井地方裁判所，同上，50頁。

⑾ 宇野松雄（1980)『敦賀市医師会史 敦賀の医療百年のあゆみ』敦賀市医師会，385-401頁。鉄道火災対策技術委員会（1974）前掲，25-26頁。「北陸トンネル列車火災事故医療対策委員会」には，神経内科が専門の黒岩義五郎（九州大教授）をはじめ，負傷者の治療に当たった敦賀，武生，鯖江などの医師会ら合計13名が参加した。

⑿ 敦賀市医師会，同上書，385-401頁。日本国有鉄道金沢鉄道管理局長（1972)「北陸トンネル列車火災事故医療対策委員会規程」金局達第74号。

⒀ 鉄道火災対策技術委員会（1974）前掲，53-59頁。

⒁ 日本国有鉄道監査委員会，前掲，5頁。

⒂ 福井地方裁判所，前掲，50-51頁。糸谷成章のほか，科学警察研究所・警察庁技官の小松原盛行ほか1名作成の鑑定書と福井県警察本部刑事部鑑識課の技術吏員である布施田廣義作成の鑑定書（1973年12月5日付）がある。3名の鑑定結果は異なり，小松原の鑑定書では出火原因を不明，布施田の鑑定書では椅子下床面にある電気暖房器の鉄製端子カバーと電極端子との接触により極間短絡を起こして暖房器本体が異常発熱し，その上にあったと推定される紙，布などの媒体物が燃焼し床面に移火したと結論づけられている。

⒃ 村上力（1999)『北陸トンネル列車火災事故』若越印刷，8頁。

⒄ 福井地方裁判所，前掲，50-51頁。

⒅ 村上力，前掲書，147-166頁。

⒆ 樽矢清一，前掲書，88頁。第七十回国会衆議院「運輸委員会議録」第一号，1972年11月7日，14頁。運輸安全委員会（2013)「北海道旅客鉄道株式会社石勝線清風山信号場構内列車脱線事故」『鉄道事故調査報告書』RA2013-4，10頁。

⒇ 金沢鉄道管理局「金沢鉄道管理局報（乙)」1972年8月5日号外。第七十回国会参議院「運輸委員会議録」第二号，1972年11月9日，15頁。国鉄動力車労働組合北陸地方本

第**2**章　山岳トンネルにおける火災事故

部（1982）『記録史　黒い炎との闘い』能登出版，123，366頁。第33回の公判（1978年
9月13日）では，事故当時金沢鉄道管理局運転部長八木正夫氏が証言を行った。

⑷　日本国有鉄道監査委員会，前掲，10頁。

⑷　日本国有鉄道運転局（1972）「桜木町駅における列車火災事故について」。日本国有鉄
道監査委員会，同上，10頁。

⑷　第七十回国会参議院，前掲会議録，1972年11月9日，5頁。

⑷　同上会議録，5頁。

⑷　福井地方裁判所，前掲，52-56，72-73頁。

⑷　日本国有鉄道監査委員会，前掲，1-2，21頁。樽矢清一，前掲書，91-95頁。福井地
方裁判所，同上，38頁。

⑷　樽矢清一，同上書，137頁。

⑷　『朝日新聞』大阪本社福井版，1972年11月16日，16面。

⑷　樽矢清一，前掲書，15，36，57-61，148頁。

⑸　『北国新聞』1972年11月7日，15面。樽矢清一，同上書，121頁。

⑸　日本国有鉄道運転局保安課，前掲，224号（1967年11月分），37-46頁。鉄道火災対策
技術委員会（1974）前掲，72-73頁。

⑸　『交通新聞』1972年11月11日，1面。本対策本部は，本部長を国鉄副総裁とした国鉄
の委員会であり，11月9日夕方の対策会議で5項目にわたる緊急対策が決議された。ま
た，同10日より食堂車は普通客車に置き換えられ，代わりに車内販売が強化された。

⑸　日本国有鉄道金沢鉄道管理局運輸部（1979）「長大トンネル火災対策の問題点につい
て」。

⑸　日本国有鉄道監査委員会，前掲，17-26頁。鉄道火災対策技術委員会（1975）「鉄道火
災対策技術委員会報告書」20-39頁。列車火災事故防止対策専門委員会（1975）「長大ト
ンネルにおける列車火災発生時のマニュアルの概要」。

⑸　鉄道火災対策技術委員会（1975）前掲，127-153頁。本委員会は，列車の火災防止対
策および長大トンネル等の火災対策について総合的に調査や審議を行う目的で国鉄本社
内に設置された。本委員長は，第10回の委員会までは浜田稔東京理科大教授，11回は浜
田委員長の死去に伴い星野昌一東京理科大教授が務めた。

⑸　同上，6-8，29，89-90頁。実車試験より，火災が発生した車両より前側の車両は安
全と認められた。また，火災が発生した車両の後側であっても貫通扉や窓，通風口が閉
められかつ2両目以降であれば，一過性の症状はあっても15分程度であれば重大な健康
障害を引き起こすことはないと認められた。

⑸　同上，11，30，35，124-126頁。

⑸　樽矢清一，前掲書，102頁。

⑸　西日本旅客鉄道株式会社敦賀地域鉄道部（2013，2014）「北陸トンネルお客様避難・
誘導訓練（資料）」。

⑹　日本国有鉄道運転局保安課，前掲，第249号（1969年12月分），21-23頁。『福井新聞』
1969年12月7日，13面，1970年2月3日，13面。

139

(61) 第七十回国会参議院「交通安全対策特別委員会議録」第二号，1972年11月10日，6頁。

(62) 日本国有鉄道岐阜工事局，前掲書。久保田博（2000）『鉄道重大事故の歴史』グランプリ出版，135頁。山之内秀一郎（2005）『なぜ起こる鉄道事故』朝日文庫，250頁。

(63) 『毎日新聞』東京本社版，1972年7月7日，19面。日本国有鉄道運転局保安課，前掲，第280号（1972年7月分），34-35頁。

(64) 第七十回国会参議院，前掲会議録，1972年11月9日，2-4頁。日本国有鉄道監査委員会，前掲，55頁。要望書は，1967年10月と1968年（鈴鹿峠火災事故を受けて）と1970年2月（1969年12月の列車火災事故を受けて）の3回出された。

(65) 鉄道火災対策技術委員会（1974）前掲，（1A-4），6-9頁，同（2A-2），44-48頁。日本国有鉄道運転局保安課，前掲，第284号（1972年11月分），6頁。福井地方裁判所，前掲，35-80頁。

(66) 日本国有鉄道監査委員会（1973），前掲，12頁，14-15，41-42頁。神阪雄・白子典雄・清水健吉（1975）「トンネル内火災時の避難と誘導（1）」『鉄道技術研究所速報』No.75-148，42-48頁。第七十回国会参議院，前掲会議録，1972年11月10日，7頁。樽矢清一，前掲書，112-113，137，179頁。村上力，前掲書，117頁。

(67) 日本国有鉄道監査委員会，同上，11-12，41-42頁。神阪雄・白子典雄・清水健吉，同上，65，78，88頁。鉄道火災対策技術委員会（1974），前掲，6-9，44-48頁。村上力，同上書，100-102頁。日本国有鉄道運転局保安課，前掲，第284号（1972年11月分），6頁。樽矢清一，同上書，36-37頁。三井大相・若松利昭・土屋勇夫，前掲，18-19頁。『福井新聞』（夕刊），1972年11月6日，3面。『北国新聞』1972年11月8日，3面。

(68) 日本国有鉄道監査委員会，同上，12-13，41-42頁。神阪雄・白子典雄・清水健吉，同上，51-68頁。村上力，同上書，110-113頁。『福井新聞』（夕刊），1972年11月6日，3面。

(69) 日本国有鉄道監査委員会，同上，41-42頁。神阪雄・白子典雄・清水健吉，同上，51-68頁。『北国新聞』1972年11月8日，13面。『日本経済新聞』東京本社版（夕刊），1972年11月6日，11面。『福井新聞』1972年11月7日，4面。

(70) 樽矢清一，前掲書，37-38，150，182-183頁。第七十回国会参議院，前掲会議録，1972年11月10日，7頁。神阪雄・白子典雄・清水健吉，同上，19，114-137頁。日本国有鉄道監査委員会，前掲，14，41-42頁。鉄道火災対策技術委員会（1974），同上，（2A-2）44-47頁，（2A-3）49-51頁。

(71) 抽出を行った文献等は以下のとおりである。新聞はいずれも，1972年11月6日から11月8日の3日分。村上力（1999）『北陸トンネル列車火災事故』若越印刷。中澤明（2004）『なぜ，人のために命を賭けるのか——消防士の決断』近代消防社。樽矢清一（1993）『北陸トンネル列車火災事故』アサヒヤ印刷。国鉄動力車労働組合北陸地方本部（1982）『記録史　黒い炎との闘い』能登出版。三井大相・若松利昭・土屋勇夫（1976）「旅客と群集心理（5）——北陸トンネル事故に見る避難行動」『鉄道労働科学研究資料』No.76-3。『朝日新聞』東京本社版，大阪本社福井版。『毎日新聞』東京本社版，大阪本社福井版。『福井新聞』。『北国新聞』。

第**2**章　山岳トンネルにおける火災事故

⑺　近畿日本鉄道（1980）『最近20年のあゆみ』4-7頁。近畿日本鉄道（1960）『近畿日本鉄道50年のあゆみ』5-7頁。

⒀　近畿日本鉄道（1990）『近畿日本鉄道80年のあゆみ』14-16頁。

⒁　近畿日本鉄道（1988a）「東大阪線トンネル火災事故報告書」1-5頁。近畿日本鉄道（1988b）「東大阪線トンネル火災事故報告書　添付資料」1頁。『読売新聞』大阪本社版，1987年9月22日，23面。

⒂　大阪地方裁判所「近鉄生駒トンネル火災事故第一審判決」（1990年（わ）947号）『判例タイムズ』893号，90頁。近畿日本鉄道（1988a），同上，3，11-15頁。『読売新聞』大阪本社版，1987年9月22日，23面。『毎日新聞』東京本社版，1987年9月22日，23面。

⒃　近畿日本鉄道（1988a），同上，1-5頁。近畿日本鉄道（1988b），前掲，1頁。

⒄　『読売新聞』大阪本社版，1987年9月22日，23面。『奈良新聞』1987年9月22日，13面。

⒅　近畿日本鉄道（1988b），前掲，26頁。

⒆　近畿日本鉄道（1988b），同上，18-19，27-29頁。

⒇　『奈良新聞』1987年9月23日，13面，1987年9月25日，13面。

(81)　『奈良新聞』1987年9月22日，1面，1987年9月23日，12面。『読売新聞』大阪本社版（夕刊），1987年9月22日，14面。

(82)　近畿日本鉄道（1988b），前掲，4頁。『奈良新聞』1987年9月23日，1面。『読売新聞』大阪本社版，1987年9月22日，23面。

(83)　『奈良新聞』1987年9月22日，13面。『読売新聞』大阪本社版，1987年9月22日，23面。『朝日新聞』大阪本社版，1987年9月22日，22，23面。

(84)　近畿日本鉄道（1988a），前掲，6，8頁。『奈良新聞』1987年9月22日，1面。『奈良新聞』1987年9月25日，1面。『奈良新聞』1987年10月1日，1面。

(85)　運輸安全委員会，前掲，1-3，7頁。『毎日新聞』北海道本社版，2011年5月29日，23面，2011年6月14日，27面。

(86)　運輸安全委員会，同上，42-44，59-60，65-66，72頁。

(87)　同上，7，30-31，54頁。『朝日新聞』北海道本社版，2011年5月31日，23面，2011年6月28日，30面。『読売新聞』北海道本社版，2011年5月29日，35面。『朝日新聞』東京本社版，2011年6月2日，33面。

(88)　運輸安全委員会，同上，63頁。『朝日新聞』北海道本社版，2011年6月28日，30面。

(89)　運輸安全委員会，同上，3，12，24，55頁。

(90)　同上，2-6，24，30頁。

(91)　同上，2-6，24，53頁。

(92)　同上，6，36頁。『朝日新聞』北海道本社版，2011年5月31日，23面。北海道旅客鉄道株式会社「安全輸送の確保に関する事業改善命令に対する改善措置について」安全第39号，2011年9月16日。

(93)　運輸安全委員会，同上，5，29-30頁。『日本経済新聞』東京本社版（夕刊），2011年5月28日，9面。『毎日新聞』北海道本社版，2011年5月29日，23面。『読売新聞』北海道本社版（夕刊），2011年5月28日，13面。

(94) 運輸安全委員会，同上，6，12，48-51，54-56頁。『朝日新聞』東京本社版，2011年
　　5月30日，39面。

(95) 運輸安全委員会，同上，5，54-56頁。『毎日新聞』北海道本社版，2011年6月9日，
　　29面。『毎日新聞』北海道本社版，2011年6月14日，27面。

(96) 日本鉄道建設業協会，前掲書，791，815-817頁。日本鉄道建設公団（1995）『日本鉄
　　道建設公団三十年史』30-31頁。

(97) 日本鉄道建設公団新潟新幹線建設局（1983）『上越新幹線工事誌（水上・新潟間）』
　　495-518頁。日本鉄道建設業協会，同上書，815-817頁。日本鉄道建設公団（1984）『上
　　越新幹線工事誌（大宮・新潟間）』314頁。

(98) 日本鉄道建設公団新潟新幹線建設局，同上書，1139-1143頁。中澤昭，前掲書，232-
　　246頁。第八十七回国会衆議院「運輸委員会議録」第七号，1979年4月10日，7頁。

(99) 中澤昭，前掲書，239頁。日本鉄道建設公団新潟新幹線建設局，前掲書，1140-1141頁。

(100) 日本鉄道建設公団新潟新幹線建設局，同上書，1140頁。

(101) 同上書，1140-1141頁。

(102) 同上書，1141-1143頁。

(103) 同上書，1139頁。中澤昭，前掲書，239頁。

(104) 日本鉄道建設公団新潟新幹線建設局，同上書，1139-1140頁。『朝日新聞』東京本社版
　　（夕刊），1979年3月22日，1，15面。

(105) 日本鉄道建設公団新潟新幹線建設局，同上書，1139-1140頁。『朝日新聞』東京本社版
　　（夕刊），1979年3月22日，15面。中澤昭，前掲書，232-236頁。

(106) 日本鉄道建設公団新潟新幹線建設局，同上書，1139頁。

(107) 同上書，1140頁。『毎日新聞』東京本社版（夕刊），1979年3月22日，11面。『読売新
　　聞』東京本社版（夕刊），1979年3月22日，15面。

(108) 日本鉄道建設公団新潟新幹線建設局，同上書，1140頁。

(109) 第八十七回国会衆議院，前掲会議録，3頁。『毎日新聞』東京本社版，1977年7月16
　　日，23面。『朝日新聞』東京本社版（夕刊），1977年7月15日，11面。『朝日新聞』東京
　　本社版，1977年7月16日，23面。

(110) 鉄道火災対策技術委員会（1975）前掲，27-28頁。

(111) 広瀬弘忠・中嶋励子（2011）『災害そのとき人は何を思うか』KKベストセラーズ，
　　107-108頁。

(112) えちごトキめき鉄道株式会社（2013）「えちごトキめき鉄道経営基本計画」6，11頁。
　　斉藤実俊・山本昌和・村上直樹ほか（2014）「トンネル内火災時の煙流動と避難時間の
　　予測」『研究開発テーマ報告』鉄道総合技術研究所，No. N512121R，15-21頁。鉄道に
　　関する技術上の基準を定める省令（2005年12月25日国土交通省令第151号）第8章車両
　　第六節「動力車を操縦する係員が単独で乗務する列車等の車両設備」。

第**3**章

都市トンネル（地下鉄）における火災事故

1 都市トンネル（地下鉄）の建設

（1）世界における地下鉄建設の歴史

　表3-1は，第二次世界大戦が終戦を迎えた1945年以前に地下鉄が開業した都市と開業年である。ロンドンや東京，大阪のように当初から地下区間が建設された都市もあれば，ニューヨークやシカゴのように当初は高架鉄道として開業した後に地下区間が建設された都市もある。そのため，開業年は地下区間が開業した年とした。[1]

　世界最初の地下鉄であるロンドンの「メトロポリタン鉄道」は，1863年に開業した。これは，世界最初の公共鉄道「ストックトン＆ダーリントン鉄道」が英国で開業した38年後のことであった。アメリカの都市部などでは，地下の埋設管に支障をきたすという理由から19世紀後半まで地下鉄は建設されず高架鉄道が建設されていた。一方，ロンドン中心街の街路は甚だ不規則であり，地上に鉄道を建設するのは困難であったため，地下鉄の建設が考案された。このように，都市部における鉄道の建設方式は，それぞれの都市の事情により高架鉄道方式あるいは地下鉄方式とで二分された。[2]

　開業当初のメトロポリタン鉄道は，全長6キロ（6駅）を蒸気機関車の牽引により日中15分間隔で運転されていた。そのため，トンネル内の排煙処理が問題となり，開削工法で掘削されたトンネルの一部を埋め戻さず排煙口が設けられた。ロンドンでは，1890年には電気機関車の牽引による運行がノーザン線に

143

表3-1　第二次世界大戦の終戦（1945年）以前に地下鉄が開業した都市

開業 （年）	都市名	国名	備考
1863	ロンドン	イギリス	メトロポリタン線（6駅6km），蒸気機関車（1890年に電気機関車，1898年に電車）
1896	ブダペスト	ハンガリー	建国1000年祭に合わせて1号線が開業，低床式の小型車両，世界初の電気方式
1896	グラスゴー	イギリス	環状線15駅10.4キロ，蒸気機関を動力とした循環式ケーブル機構
1897	ボストン	アメリカ	トレモント・ストリート地下鉄（LRTグリーンラインの前身），電気運転の地下路面電車
1900	パ　リ	フランス	パリ万博の開催に合わせて1号線が開業
1902	ベルリン	ドイツ	U1号線　当初，高架の予定であったが，一部地下区間で開業
1903	リバプール	イギリス	1886年に蒸気機関を動力として開業（1903年に第三軌条方式で全線電化開業）
1904	ニューヨーク	アメリカ	市内高架蒸気鉄道を電化（IRT線）
1904	アテネ	ギリシャ	1号線　蒸気機関車によって牽引されていた列車を電化
1907	フィラデルフィア	アメリカ	Market-Frankford線
1908	ニューアーク	アメリカ	ハドソン川の川底を通じてマンハッタンとニュージャージーを結ぶ
1912	ハンブルク	ドイツ	環状線（現，U3号線）17.5キロのうち地下区間は7キロ
1913	ブエノスアイレス	アルゼンチン	A線　14駅7キロ
1919	マドリード	スペイン	1号線　3.5キロ
1924	バルセロナ	スペイン	Gran Metro線（現，3号線）3.0キロ
1927	東　京	日　本	東京地下鉄道（現，東京メトロ銀座線）・上野駅〜浅草駅間2.2キロ
1933	大　阪	日　本	大阪市営地下鉄御堂筋線・梅田駅〜心斎橋駅間3.1キロ
1935	モスクワ	ロシア	1935年に1号線9.5キロ，3号線2.1キロの合計11.6キロが開業
1943	シカゴ	アメリカ	1892年に蒸気運転による高架鉄道が開業。地下区間は1943年にレッドラインの一部

注：トルコ・イスタンブールの地下ケーブルカー（0.573キロ）は1875年に蒸気動力式で開業（1905年に電気動力化）。
出所：日本地下鉄協会（2010）『世界の地下鉄』ぎょうせいより筆者作成。

て，1898年には電車による運行がウオータールー＆シティー線にて行われるようになった。[3]

　ロンドンの次に地下鉄が建設された都市はハンガリーのブタペストであり，1896年に世界初の電気方式の地下鉄として1号線が開業した。この地下鉄は，トンネル断面を小さくするために低床式の小型車両が使用された。1900年前後には，アメリカのボストンやニューヨーク，フランスのパリなどで地下鉄が相次いで開業した。アメリカで最初に地下鉄が開業したのはボストン（1897年）であり，地上区間を走る路面電車が地下区間に乗り入れた。ボストンでは当初，トンネル内の空気汚染が懸念され強い反対があったものの，同時期に開業した高架鉄道で騒音や景観上の問題などが顕在化したことから，次第に地下鉄の方が喜ばれるようになった。パリでも市内の美観を維持するため地下鉄方式で建設されることとなり，パリ万博の開催に合わせて1号線が開業した。また，空襲などの非常事態時における防空機能を兼ね備えた地下鉄も建設された。モスクワなどがその代表例である。[4]

　ニューヨークやパリの地層は岩石部が多く地下鉄工事は比較的容易であったが，地質が悪く大量の出水が見込まれるベルリン等では，地下鉄工事は困難とされてきた。ところが，交通量の増加とともに地下鉄の必要性が高まったため，ポンプで地下水を汲み上げ地下水面を下げた状態で土掘りするなどの新たな工法が考案された。軟弱地盤における代表的な工法であるシールド工法は，船食い虫の穿孔技術をヒントにイギリス人技術者マルク・イサンバール・ブルネルによりに考案されたものであり，円筒形のシールド機でトンネルを掘削した直後にセグメントを組み立て，それをトンネルの壁とする工法である。当初は，圧縮空気によりトンネル内の気圧を高めて湧水や地山の崩壊を防止しながら掘削する圧気シールド工法が考案されたが，現在では泥水や掘削土により加圧しながら掘削する密閉型シールド工法へと発展している。[5]

　表3-2は，2010年時点で営業キロが100キロ以上の地下鉄を有する都市である。国内では東京と大阪の2都市が該当する。最も長い営業キロの地下鉄を有する都市はロンドンであり，次に長い都市はニューヨークである。[6]

表3-2　地下鉄の営業キロが100キロ以上の都市（2010年時点）

都　市	国	開業 （年）	営業キロ （km）	路線数 （路線）	駅数 （駅）
ロンドン	イギリス	1863	408.0	12	270
ニューヨーク	アメリカ	1904	374.0	27	468
上　海	中　国	1993	330.0	10	221
東　京	日　本	1927	316.3	14	293
ソウル	韓　国	1974	313.9	9	290
モスクワ	ロシア	1935	292.2	12	177
マドリード	スペイン	1919	274.5	14	239
パリ	フランス	1900	201.8	16	300
メキシコシティー	メキシコ	1969	201.7	11	175
北　京	中　国	1969	198.9	8	123
ケルン	ドイツ	1968	196.0	15	221
ハノーファー	ドイツ	1975	183.0	14	195
シカゴ	アメリカ	1943^(注)	174.0	8	144
ワシントン	アメリカ	1976	171.6	5	86
香　港	中　国	1979	171.3	11	81
サンフランシスコ	アメリカ	1972	167.4	5	43
ベルリン	ドイツ	1902	152.7	9	170
広　州	中　国	1997	148.5	5	88
バレンシア	スペイン	1988	146.8	3	133
大　阪	日　本	1933	129.9	8	123
シュツットガルト	ドイツ	1966	123.0	16	177
リバプール	イギリス	1886	121.0	2	66
オスロ	ノルウェー	1966	118.7	6	102
サンクトペテルブルク	ロシア	1955	110.2	5	63
ストックホルム	スウェーデン	1950	106.1	3	100
テヘラン	イラン	2000	102.6	4	61
ハンブルク	ドイツ	1912	100.7	3	89

注：地下区間が開業した年度。
出所：日本地下鉄協会，前掲書より筆者作成。

（2）日本における地下鉄建設の歴史

　日本で最初の地下鉄計画は1906年，実業家の福沢桃介らを発起人とする免許出願に始まる。しかしながらその当時，東京の交通は路面電車でまかなえる程度であったため，この出願は立ち消えた。大正時代に入り，東京都市圏の人口が増大したことにより市電の混雑解消が急務であると判断され，1917年から1919年にかけて地下鉄の免許出願を行った4社（7路線）が免許を取得するこ

第**3**章　都市トンネル（地下鉄）における火災事故

とができた。このうち，元南満州鉄道職員で欧州の鉄道事情を視察した早川徳次が出願した東京地下鉄道（出願当時は，東京軽便地下鉄道）のみ着工され，1927年に日本で最初となる地下鉄が上野駅～浅草駅間（４駅2.2キロ）で開業した。東京地下鉄道はその後新橋まで延伸され，1939年には東京高速鉄道（渋谷駅～新橋駅間）と相互直通運転が開始されるようになった。この路線は，帝都高速度交通営団を経て，東京メトロ銀座線（渋谷駅～浅草駅間）となった。東京の通勤鉄道路線網計画は，1925年の内務省告示第56号により東京市における地下高速鉄道網計画５路線82.4キロが示され，この計画は1946年の戦災復興院告示第252号により５路線101.6キロと改訂され戦後における地下鉄計画の原形となった。[(7)]

戦前に地下鉄が開業したもう一つの都市大阪では，1933年に大阪市営地下鉄御堂筋線・梅田駅～心斎橋駅間（４駅3.1キロ）が開業し，1938年には天王寺まで延伸された。また，1942年には大阪市営地下鉄四つ橋線・大国町駅～花園町駅間（２駅1.3キロ）が開業した。しかし，その後の戦局の悪化に伴い，東京・大阪の地下鉄建設は1950年頃まで中断された。[(8)]

戦後は復興とともに首都圏への人口集中が続き，東京の交通需要は戦前に比べ約３倍に膨れ上がっていたが，輸送力は２倍程度に留まっていた。運輸省は1955年，輸送力の増強を目的に都市交通審議会を設置し，以降は運輸大臣の諮問に対する審議会の答申を受けて通勤鉄道路線網計画を策定することとなった。1956年に提出された都市交通審議会答申第１号により，東京都心の地下鉄と郊外の民鉄との相互直通乗入計画が本格化した。

都市交通審議会は，答申第１号（東京）のほか，1958年には答申第３号（大阪），1961年には答申第５号（名古屋）を提出した。都市交通審議会の機能は，1972年から運輸政策審議会へと引き継がれた。[(9)]

表３-３は2016年末時点において，日本国内で地下鉄が運行されている都市を，地下鉄の開業年の早いものから並べたものである。ここでいう地下鉄とは，日本地下鉄協会のホームページに記載された公営，民営，準公営（第３セクター）15事業者を指す。[(10)]

表3-3　日本国内で地下鉄が運行されている都市（2016年末時点）

都市名	地下鉄開業年 （年）	事業者	路線数 （路線）	営業キロ （km）	2014年乗車人員 （千人／日）
東　京	1927	東京メトロ	9	195.1	6,835
		東京都	4	109.0	2,505
		東京臨海高速	1	12.2	240
		小　計	14	316.3	9,580
大　阪	1933	大阪市	8	129.9	2,302
名古屋	1957	名古屋市	6	93.3	1,237
札　幌	1971	札幌市	3	48.0	595
横　浜	1972	横浜市	2	53.4	619
		横浜高速鉄道	1	4.1	194
		小　計	3	57.5	813
神　戸	1977	神戸市	2	30.6	303
京　都	1981	京都市	2	31.2	359
福　岡	1981	福岡市	3	29.8	406
仙　台	1986	仙台市	2	28.7	166
広　島	1994	広島高速交通	1	18.4	55
八千代	1996	東葉高速鉄道	1	16.1	140
さいたま	2001	埼玉高速鉄道	1	14.6	95
合　計			46	814.4	16,051

出所：日本地下鉄協会ホームページ「日本の地下鉄」http://www.jametro.or.jp/japan/
（2017年3月10日アクセス）。

2　大邱（テグ）地下鉄火災事故

（1）大邱地下鉄の建設

大邱廣域市と大邱地下鉄建設の歴史

　2003年2月18日に大規模な地下鉄火災事故が発生した大邱廣域市（以下「大邱」という。）は，ソウル，釜山，仁川に次ぐ人口約250万人（2014年12月現在）の韓国有数の大都市である。大邱は韓国南東部の慶尚北道に属し，ソウルから南東に約300キロ，釜山から北西に約120キロ離れたところに位置する。大邱は，

148

第**3**章　都市トンネル（地下鉄）における火災事故

表3-4　大邱地下鉄建設の沿革

1号線				2号線			
開業年月日	区　　間		駅数 （駅）	距離 （km）	開業年月日	区　　間		駅数 （駅）	距離 （km）
1997・11・26	辰泉	中央路	14	10.3	2005・10・18	汶陽	沙月	26	28.0
1998・5・2	中央路	安心	15	14.6	2012・9・19	沙月	嶺南大	3	3.3
2002・5・10	辰泉	大谷	1	1.0	小　　計			29	31.3
2016・9・8	大谷	舌化椧谷	2	2.5	1号線＋2号線 （合　計）			61	59.7
小　　計			32	28.4					

出所：大邱都市鉄道公社ホームページ，http://www.dtro.or.kr/open_content_new/jpn/（2017年1月11日アクセス）。

絹，りんご，繊維の生産が盛んで，1970年代から繊維産業が大きく発達し，現在ではファッション都市として，多くのデザイナーが活動している。また，2002年のサッカーワールドカップをはじめ，2003年には夏季ユニバーシアード大会，2011年には世界陸上選手権大会が開催されるなど，国際都市として成長を続けている。[11]

　大邱の中枢機能は都心に集中しており，その周囲に高速道をはじめ幹線道路が形成されている。しかしながら，都心と幹線道路とを結ぶ道路は非常に劣悪なうえ，急激な自動車の増加に伴い交通渋滞が酷い状態であった。このような交通問題を解決するため，1985年4月の「大邱市交通改善方策に関する研究」の報告書において地下鉄建設の必要性が提起され，1989年2月には大統領指示事項で推進することとなった。[12]

　地下鉄の建設は1991年から始まり，1995年には地方公共企業体として大邱廣域市地下鉄公社（2009年から大邱都市鉄道公社）が設立され，ソウル（1994年），釜山（1985年）に次ぐ韓国3番目の地下鉄が1997年11月26日に開業した。開業当初は，1号線・辰泉（チンチョン）駅～中央路（チュアンノ）駅間の延長10.3キロ（14駅）であったが，**表3-4**のとおり1号線の延伸および2号線の開業により，2017年1月の時点では総延長が59.7キロ（全61駅）となっている。

　これらとは別に，高架上を走行する跨座式モノレールの3号線が2015年に開

149

業している。[13]

大邱地下鉄1号線

大邱地下鉄1号線は2016年末現在，舌化椧谷（ソルァミョンゴク）駅〜安心（アンシム）駅間の全長28.4キロ，32駅を約50分で結んでいる。列車の運転間隔は通常8分（ラッシュ時は5分）であり，2014年の1日平均輸送人員は約18万7000人となっている。列車は，標準軌，直流1500ボルトの架線による集電方式であり，1編成6両でワンマン運転が行われている。車両は1両当たり4扉（両側で8扉）を有し，車体は長さ18メートルのステンレス製である。また，ATC（自動列車制御方式）・ATO（自動列車運転装置）という保安度の高い保安装置が整備されている。[14]

大邱地下鉄2号線

大邱地下鉄2号線は2016年末現在，汶陽（ムンヤン）駅〜嶺南大（ヨンナムデ）駅間の全長31.4キロ，29駅を約55分で結んでいる。列車の運転間隔は通常8分（ラッシュ時は5分）であり，2014年の1日平均輸送人員は約18万人となっている。列車の仕様は，1号線と同様である。[15]

地下鉄中央路駅

① 駅の構造

大邱廣域市中区南一洞に位置する中央路駅は，地下3階建ての鉄筋コンクリート造りで1991年11月に着工し1996年10月に竣工した。開業は，火災事故発生の約5年前となる1997年11月である。中央路駅のホームは，地下17.9メートルと大邱地下鉄1号線の32駅中9番目に深い地下駅となっている。1号線には，中央路駅のようにホーム階が地下3階にある駅が10駅あるほか，ホーム階が地下4階にある駅が3駅ある。中央路駅周辺は，繁華街の中心で，若者に人気のある店が数多く存在する。階層ごとの構内図は図3-1のとおりであり，各階層間の高さは4.0〜4.5メートル，総面積は1万399平方メートルとなっている。地下1階は待合室，地下2階は改札と事務室，待合室，地下3階はホーム（相対式，幅4.5メートル，長さ169メートル），地下1階は半階層上がった地下商店街の中央広場と接続しているが，通路が多少複雑な構造となっている。火災が

第3章 都市トンネル（地下鉄）における火災事故

図3-1 中央路駅の構内図

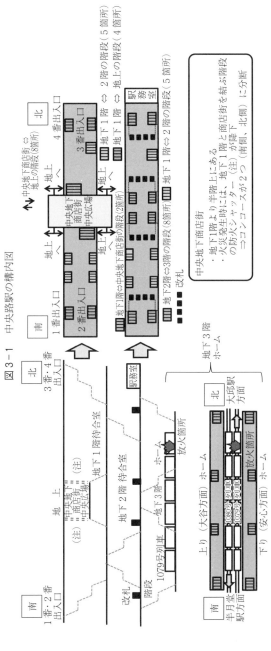

出所：大邱廣域市（2005）『大邱地下鉄中央路駅 火災事故白書』79頁。大邱地下鉄中央路駅火災の概要」『近代消防』41巻5号、20頁。辻本誠（2003）「韓国地下鉄火災が投げかけた課題」『建築防災』307号、54頁。山田常圭・鄭柄表（2003a）「大邱地下鉄中央路駅案内図。以上により筆者作成。

写真3-1 放火のあった下りホーム　　写真3-2 中央地下商店街の中央広場

（筆者撮影）　　　　　　　　　　　　　　　　（筆者撮影）

注：火災発生時には，ホームドアは設置されていなかった。

　発生した地下3階のホームには地下2階のコンコースに至る8つの階段（ホーム端4カ所，中央4カ所）があり，地下2階から地下1階へは5カ所，地下1階から地上へは4カ所の階段がある。地下1階から地下商店街へは2つの階段があったが，火災発生時にはいずれも防火シャッターが降下したため，地下1階から地上へ至る階段はコンコース端部にある2カ所に限定された。[16]

　写真3-1は放火のあった下り（安心方面）ホーム，**写真3-2**は中央地下商店街の中央広場である。

② 監視設備

　中央路駅事務室では，ホームをはじめ駅構内の各箇所に設置されたCCTVカメラにより監視を行うことができる。また，事務室にはホームなどの火災報知装置が動作したときに鳴動する火災報知装置，中央路駅と隣接駅（大邱駅，半月堂駅）間を運行中の列車の列車番号や運行状況が把握できるLCP，運転指令との直通電話などが整備されていた。[17]

③ 換気設備

　地下1，2階の換気室3カ所に整備された給・排気送風機27台は，待合室やホームなどの換気や冷暖房を担っている。また，駅構内端の本線換気室にある送風機4台は駅構内周辺の汚染された空気を排出し，本線トンネル内にある送風機4台は外部の新鮮な空気を供給している。火災発生時には，駅構内および

152

第**3**章　都市トンネル（地下鉄）における火災事故

表3-5　中央路駅の消火設備等（火災発生時）

消火設備等	単　位	地下1階 （待合室）	地下2階 （待合室）	地下3階 （ホーム）	合　計
粉末消火器	本	17	15	8	40
屋内消火栓	本	4	3	8	15
連結送水管	本	4	4	4	12
上水道消火用水	カ所	1	0	0	1
スプリンクラー（ヘッド数／防火区画）	個／区画	383／2	536／2	0	919／2
CO_2消火設備	基	12	10	0	22
除熱設備（吸気／排気）	基	96／87	135／107	99／0	330／194
自動検知設備（感知器／発信機）	基	89／8	105／7	18／8	212／23
非常放送設備	基	43	50	68	161
非常警報設備	基	8	7	8	23
誘導灯	個	25	26	16	67
非常照明灯	個	89	119	43	251
非常コンセント	個	8	7	8	23

出所：大邱廣域市，前掲書，80-81頁。

本線トンネルにある換気設備は自動で煙を排出するように切り替わる。[18]

④　消火設備等

　火災発生時における階層ごとの消火設備等は**表3-5**のとおりであり，スプリンクラーやCO_2消火設備および上水道消火設備以外は，各階層に設置されていたことが分かる。[19]

（2）火災事故の概況

発生直後の状況

　2003年2月18日9時53分，大邱廣域市地下鉄公社（以下「地下鉄公社」という。）1号線下り安心行き1079号列車（6両ワンマン運転）が中央路駅に到着後すぐに，放火犯がガソリンの入ったプラスチック容器に火を点け，火は車内に燃え広がった。1079号列車の運転士は中央路駅到着後，「火事だ」という声を聞き運転室前のTV画面を見たところ，急いで車外へ脱出する乗客の姿が映し出されていたため，現場に急行し消火を試みた。1079号運転士は，可燃性素材の多い車内に留まるのは危険と判断し，乗客に大声で「避難するように」と指

図3-2　火災発生時の中央路駅ホーム

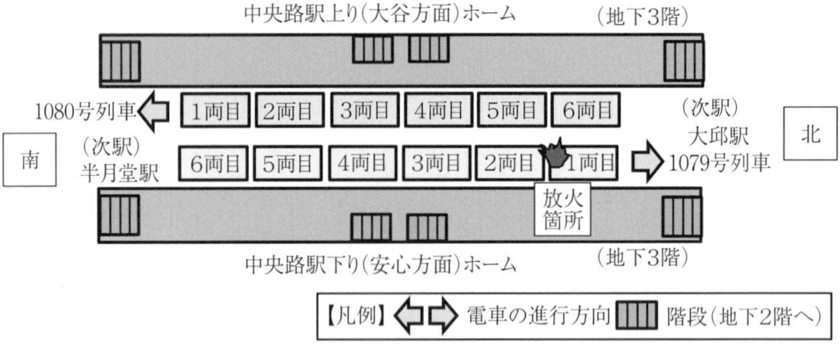

中央路駅上り(大谷方面)ホーム　　　　　　(地下3階)

1080号列車　←　|1両目|2両目|3両目|4両目|5両目|6両目|　(次駅)大邱駅

(次駅)半月堂駅　　|6両目|5両目|4両目|3両目|2両目|1両目|　→　1079号列車

放火箇所

南　　　　　　　　　　　　　　　　　　　　　　　　　　北

中央路駅下り(安心方面)ホーム　　　　　　(地下3階)

【凡例】←⇒ 電車の進行方向　▥ 階段(地下2階へ)

出所：総務省消防庁特殊災害室（2003）「韓国大邱（テグ）市における地下鉄火災現地調査」『近代消防』41巻11号，57頁。

示した。そのため，乗客の大部分は発火直後に避難することができ，1079号列車の乗客から死者は出ておらず，また負傷者も少人数に留まった。[20]

　一方，1079号列車と対向方向の上り大谷（テゴク）行き1080号列車（6両ワンマン運転）は，9時55分30秒に前駅の大邱駅を出発した。そして，火災発生から3分45秒後の9時56分45秒に中央路駅ホームに停車したため，1079号列車で発生した火が可燃性の連結部のホロを通じて1080号列車へと燃え広がった。1080号列車が中央路駅に到着した直後から車外の状況が把握できないほどの煙が立ち込めたため，1080号列車の乗客から多くの死傷者が発生することとなった。火災発生時における中央路駅ホームと1079号列車，1080号列車の停車状況を図3-2に示す。[21]

　火災発生後，中央路駅構内全体に有毒ガスの臭いが立ち込め，地下鉄の換気口や出入口などから出た真っ黒な煙は駅周辺一帯を覆い，地上においても前方をまともに識別できない状況であった。また，中央路駅のホームは地下3階（深さ18.16メートル），改札や駅事務室は地下2階にあり，駅構内そのものが煙突状態となったため，乗客の避難はもちろん，消防隊の救助活動も困難を極めた。[22]

第**3**章　都市トンネル（地下鉄）における火災事故

放火の状況

　2001年上旬，脳梗塞を患い障がい2級の認定を受けた放火犯は，人生を悲観し他の人々とともに死のうと考えていた。放火事件を起こした2月18日午前8時30分頃，自宅にあった使い捨てライター2個と自動車洗浄剤が入っていた容量4リットルのプラスチック容器を黒色のカバンに入れ自宅からタクシーに乗り込んだ。その後，松峴（ソンヒョン）駅付近で降り，近隣のガソリンスタンドで購入した可燃性物質（ガソリン）4リットル（7500ウォン）を持参したプラスチック容器に入れ，松峴駅から安心行き1079号列車の1両目に乗車した（9

表3-6　1080号運転士と総合指令室との間でなされた交信内容

時刻	内　　容
9:55	（指令員）全列車に知らせます。中央路駅へは気をつけて進入してください。 　　　　　ただいま火災が発生しました。
9:57	（運転士）はい，1080号列車です。今，停電ですか？ 　　　　　煙であたりはめちゃくちゃです。
9:58	（指令員）1079号列車で火災が発生。 （運転士）はい。 （指令員）どうしたんだ。放送をして。 （運転士）めちゃくちゃです。苦しいため，早く指示を出してください。 （指令員）はい，はい。 （運転士）中央路駅です。避難させますか，どうしますか？ （指令員）停電により今は車両が動くところではない。 （運転士）はい。 （指令員）それではひとまず放送して。 （運転士）はい。今すぐ出発させます。給電しました。 （指令員）給電したか？ （運転士）はい。
9:59	（指令員）それでは，発車。 （運転士）はい。 （指令員）気をつけていってください。 （運転士）あ，困った。給電と停電が繰り返され，めちゃくちゃです。 （指令員）冷静にしてください。あ，もしもし。 　　　　　（指令室，以降しばらく他の電車運転士らと通話）
10:02	（指令員）それでは1080号列車の車内で待機していてください。もし，車内に煙が充満するようでしたらホームへ避難させてください。 　　　　　ドアを開け，上手に放送してホームへ避難させてください。

出所：大邱廣域市，前掲書，59-60頁。

時30分）。放火犯は１両目の２両目寄り優先席付近に座り，1079号列車が中央路駅の前駅である半月堂駅を過ぎた頃，取り出したライターに火を点けた。そのとき，対角線上の座席にいた乗客から「なぜ，ここで火を点けるのか」と怒鳴られたため，放火犯は一旦ライターの火を消した。列車が中央路駅に到着するとすぐに放火犯はカバンからガソリンの入ったプラスチック容器を取り出し，その蓋を開けてライターの火を近づけたところ，爆発音とともに放火犯の服に引火した。あわてた放火犯はガソリンの入った容器を床に投げ出したため，火炎は急激に列車の壁面や天井へと燃え広がった。放火犯のそばにいた乗客らは自分が着ていた服で消火を試みたが，急速な延焼に伴い車外への避難を余儀なくされた。放火犯はその後，11時50分に病院で身柄を確保された。[23]

　また，**表３-６**は火災発生後，1080号運転士と運転指令との間でなされた交信内容であり，ここから本火災事故の凄まじさが窺える。

火災鎮火後

　火災は発生当日の13時38分に鎮火したが，中央路駅の被害が深刻であったため，復旧にはかなりの時間を要することが予想された。そのため，**図３-３**のとおり地下鉄公社は１号線の教大（キョデ）駅〜東大邱（トンテグ）駅間の運行をしばらくの間休止し，火災発生の翌日である２月19日の５時20分から大谷駅〜教大駅間，東大邱駅〜安心駅間の２区間で区間運行を開始した。また，大邱市では地下鉄利用者の不便を解消するため，３月８日から約７カ月半，運行休止区間である教大駅〜東大邱駅間に無料シャトルバス14台を導入して６分間隔で運行させた。１号線が全線復旧したのは，事故から約８カ月後の2003年10月21日であった。[24]

図３-３　地下鉄１号線路線図（火災発生時）

出所：大邱都市鉄道公社ホームページ，http://www.dtro.or.kr（2017年１月11日アクセス）。

第**3**章　都市トンネル（地下鉄）における火災事故

（3）被害の状況

人的被害

『大邱地下鉄中央路駅　火災事故白書』によると，大邱地下鉄火災事故における死傷者数は343名（死者192名，負傷者151名）であり，死者のうち身元が確認されたのは185名，未確認者は6名，認定死者は1名となっている。認定死者を含む身元が確認された死者186名および負傷者151名の内訳は**表3-7**であり，10～20歳代の死者が全体の4割以上を占めていることが分かる。その理由として，事故発生当日が春休み期間中であったこと，大学の卒業式に参加する学生が多かったことなどが挙げられる。また，死者のうち女性の割合が高い理由としては，中央路駅周辺に若い女性に人気のある店が数多く出店していたことが挙げられる。死者192名の発見場所は**表3-8**のとおり，その多くは1080号列車の中で発見された。大邱市は，事故発生当日から3月18日まで火災事故に遭遇したと思われる人を対象に失踪者申告を受け付けたところ，全部で619名分の申告を受け付けた[25]。

なお，火災発生時の乗客数は，火災が発生した1079号列車で約250人，1080号で約180人と推定されている[26]。

今回の地下鉄火災事故では，多数の乗客が折り重なり高温の熱と煙により炭化したため，身元確認が難航することが懸念された。そこで事故対策本部は，1995年6月に発生したソウルの三豊百貨店崩落事故を参考に，15名の委員で構成される失踪者認定死亡審査委員会を2003年3月10日に立ち上げた。死者192名のうち，事実確認により死亡が認定されたのはわずか60名であり，残りは委員会により死亡の審査が行われた。遺体の身元確認作業は，審査委員会の運営のもと，国立科学捜査研究所，検察庁，慶北大学校医学部が合同で，解剖検査，放射線撮影，遺伝子分析などの先端技法を用いて行われた。審査による身元確認作業はかなりの時間を要し，最後の遺体の引き渡しが行われたのは事故から約5カ月後の7月5日であった[27]。

火災事故に伴い失踪者の申告があった619名の約6割に当たる380名は，携帯電話の発信地追跡やCCTVカメラの映像，知人などへの聞き込み捜査等によ

表3-7 死者（身元確認・認定）および負傷者の内訳

（単位：人）

	男性	女性	合計
死者（身元確認・認定）	61	125	186
負傷者	80	71	151

（単位：人）

	0～9歳	10～19歳	20～29歳	30～39歳	40～49歳	50～59歳	60歳以上	合計
死者（身元確認・認定）	4	30	52	28	15	28	29	186
負傷者	3	18	38	39	30	12	11	151

出所：大邱廣域市，前掲書，61頁。

表3-8 遺体の発見場所

（単位：人）

1079電車	1080電車	地下3階【ホーム】	地下2階【改札】	合計
0	142	39	11	192

注：線路上で発見された4名を含め，死亡者合計196名という資料もある。

出所：総務省消防庁特殊災害室，前掲，56頁。山田常圭・鄭炳表（2003a）前掲，19頁。

り生存が確認された。これらの申告の中には，長期間の家出あるいは連絡が途絶えていた身内が火災事故に巻き込まれたかもしれないという漠然としたものや，補償金を狙って計画的に虚偽申告したものも含まれていた。三豊百貨店崩落事故での虚偽申告が約30～40人であったのに比べ，その数は約10倍にのぼった。[28]

　負傷者の入院者数は，事故発生約1カ月半後時点で116名（11医療機関），すでに退院した患者は30名であった。事故発生直後から入院した者のほか，事故発生の数日～数カ月後に症状が悪化して入院した者や補償金を目当てに事故とは無関係の者が追加申告する事例が発生した。そのため，申告者の携帯電話通信履歴や診断書内容から火災事故による負傷者の認定が行われた。ある患者は，

第3章 都市トンネル（地下鉄）における火災事故

火災発生時に煙を吸入したものの病院に入院するほどではないと思い一旦帰宅したが，2～3日後に頻繁に咳と痰が出るようになり，診断を受けたところ有毒ガスの吸入による負傷者と認定された。乗客の中には，2～3カ月後に呼吸困難や精神異常が生じ，会社に出社できなくなった者もいた。[29]

車両・施設の被害

車両の外壁は，ステンレス鋼板で覆われているため，火災時には車両そのものが窯のような役割を果たし，車両内部には熱がこもりやすく，内装に使用されていた可燃物の燃焼を促進させた。1079号列車，1080号列車の延焼状況を図3-4に示す。1079号列車の1両目で出火した火災は，まず2両目に延焼し，隣接線に到着した1080号列車の全車両へとほぼ均一に延焼していった。1080号列車への急速な延焼は，1079号列車の窓ガラスがゴム製の窓枠に簡単に固定されていたため，熱により窓ガラスが早期に脱落したことによるものと考えられる。また，1080号列車の全車両へと延焼した理由として，車両連結部にあるすべての貫通扉が乗客の避難により開放状態にあったためと考えられる。出火はホーム端部の1両目で発生したにもかかわらず，列車も駅構内もホーム端部にくらべ中央部の被害が著しく，地下3階から地下2階へ通じる中央階段はすべ

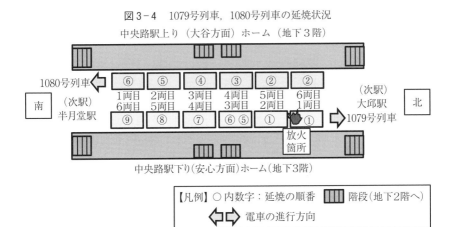

図3-4 1079号列車，1080号列車の延焼状況

出所：総務省消防庁特殊災害室，前掲，57頁。

159

て煙による厚い煤の層で覆われていた。これは，トンネルを通じて両隣から新鮮な空気が供給されたことと，中央路駅自体が煙突のように煙を吸い上げる構造であったためと考えられる。地下3階で発生した高熱と濃厚な煙は上層階に連絡する階段を経由し，地下2階の待合室や改札などへ広まった。地下1～2階のコンコースは高さ50センチのたれ壁で3つに区画されたのみの構造であったため，コンコースにおいても被害は中央部に集中した。事故後の現場調査によると，中央部付近に取り付けられていた非常灯や誘導灯などのプラスチック製品は溶解していた。地下1階と地下商店街とを結ぶ2カ所の階段は，いずれも防火シャッターが作動したために商店街側への影響は少なかった。[30]

（4）地下鉄公社職員による初期対応

　ここでは火災発生後における地下鉄公社職員の対応を，担当者ごとにみていく。

運転士

① 1079号運転士

　1079号運転士は，運転室にあった消火器を持って1両目の火災発生現場へ向かったが，消火は不可能であると判断した。運転士は，急速な火勢の強まりにより身に危険を感じたため，運転指令に火災の状況を報告しないまま急いで地上へと避難した。[31]

② 1080号運転士

　1080号運転士は大邱駅を出発する9時55分30秒頃，運転指令から列車無線により「中央路駅で火災が発生したために注意して入駅するように」との一斉通報を受信した。運転士は，中央路駅の手前で充満した煙を確認したが大丈夫だと思い，そのままホームへ進入しドアを開けた。ところが，ホーム上にはすでに有毒ガスが充満していたため，「ドアを閉めて出発する」と放送し，一旦ドアを閉めた。そして，列車の再起動を試みている最中の9時57分07秒に停電が発生した。運転士は運転指令に停電の連絡を行い，9時59分には一旦給電されたが，その後は停電と給電が繰り返されたため，再起動するには至らなかった。

第**3**章　都市トンネル（地下鉄）における火災事故

そこで，運転士は乗客に「直ぐに出発するので車内で待つように」との車内放送を2〜3回行った後，運転指令に携帯電話で乗客の避難方法について指示を仰いだところ，「煙が充満してきたらドアを開けて乗客を避難誘導するように」との指示を受けた（10時03分頃）。そして，運転士は運転室横の出入扉を開放し客室に入って乗客に「避難するように」と数回大声を上げ，乗客3〜4人を階段まで誘導を行った後，再び運転室へ戻った。10時10分には，運転指令から「列車から避難するように」との指示を受けたため，運転士はマスターキーを取り外し，一部の乗客とともに地上へ脱出した。⁽³²⁾

中央路駅員

　火災発生時，中央路駅では，組責任者1名，出納管理兼駅事務室モニター監視担当者（以下「モニター監視担当者」という。）1名，切符売場担当2名，機械管理担当1名の合計5名の公社職員が勤務していた。⁽³³⁾

① 組責任者

　火災が発生した9時53分頃，組責任者は駅事務室の乗車券倉庫において，モニター監視担当者の収入金計算業務を手伝っていた。組責任者は，駅事務室内の火災報知装置が鳴動すると同時に，ホームの火災感知器が動作するのを確認したため，駅事務室にいた機械管理担当者にホームの状況確認を，出納管理担当者には消火を指示した。9時55分頃には運転指令に火災の発生を一報したが，煙で状況が分からず詳細な報告はできなかった。9時57分頃には119番通報を行い，9時59分頃火災の詳細について尋ねてきた運転指令に対しては，猛煙によりホームに降りるのは困難と回答した。10時04分頃，運転指令から「乗客がホームから上がってくるため，案内放送をするように」との指示を受け，猛煙と有毒ガスの中を避難してきた乗客らに防毒マスクを配った。その後，猛煙で前が見えない中，壁を伝いながら地下1階の待合室経由で，3番出口から地上に脱出し病院に搬送された。⁽³⁴⁾

② モニター監視担当者

　モニター監視担当者は，火災が発生した当日，出納管理担当者の休暇により収入金の管理も兼務することとなった。火災が発生した9時53分頃，前日の収

入金を銀行に入金するため，回収した貨幣の金額を計数機で確認していた。火災発生後，組責任者から「事務室の消火器を持って消火を行うように」との指示を受けホームへ降りようとしたところ，乗客らが上がってきた。乗客から「ホームには誰もいないから避難するように」といわれたため階段を上がり，地下1階で待合室にいた人々を避難させた後，自らも地上に脱出し病院に搬送された。[35]

③　第1切符売場担当者

　第1切符売場担当者は，火災報知装置が鳴動すると同時に乗客の「火事だ」という怒鳴り声を聞いたため，非常ボタンを押し，自動改札機や非常ゲートをすべて開放とした。乗客の避難に関する案内放送を2〜3回行い，猛煙や有毒ガスの中で呼吸困難に陥りながらもゲート等の開放状況を確認し収入金を整理した。その後，売り場を離れ，4番出口まで避難したところで消防隊員に救助され病院に搬送された。[36]

④　第2切符売場担当者

　第2切符売場担当者は，乗客が避難しやすいように非常ゲートを開放し，乗客の避難に関する案内放送を実施した後，地下3階のホームへ降りようと試みた。ところが，猛煙や有毒ガスに阻まれたため，ホームに降りることを断念し避難した。壁を伝いながら意識を失う直前に地下1階の待合室付近で消防隊に救助され，病院に搬送された。[37]

⑤　機械管理担当者

　火災発生時，駅事務室にいた機械管理担当者は，組責任者から火災の状況を確認するようにとの指示を受け，ホームに降りた。ホームで，火元の1079号列車から煙がたちこめるのを確認し，直ちに駅事務室に戻って組責任者に報告した。その後，組責任者から「駅事務室の消火器を持って消火するように」と指示を受け，1079号列車1両目の消火を試みたが，火勢の強さに消火は不可能と判断した。煙や有毒ガスが急速に広がり前方が確認できない状態となったため，周囲の乗客に声を掛け地下2階の待合室まで誘導した。その後，何人かの乗客らと手を握って地下1階まで避難している途中で気を失ったが，消防に救助さ

れ病院に搬送された。[38]

指令員

　火災発生時，総合指令室には全体を統括する総合指令チーム長のほか，列車運行管理を担当する運転指令員3名，電力供給管理を担当する電力指令員3名，駅構内の防災管理を担当する機械設備指令員2名などが勤務していた。[39]

① 運転指令員3名（3名1組で3組2交代制）

　運転指令員の業務は，列車の運行監視や統制，異常時には緊急措置を行うことである。指令室内では，全区間の列車運行情報や全駅における列車の状況をカメラ等により一部始終監視することができる。火災発生当時，指令室にいた運転指令員は指令長1名と指令員2名（大谷駅〜中央路駅担当，大邱駅〜安心駅担当）の3名であった。[40]

　指令長は9時55分頃，大谷駅〜中央路駅担当の指令員からの「中央路駅で火災発生」との情報により火災の発生を知った。CCTVカメラのモニターで中央路駅ホームの状況確認を試みたが，黒煙により火災の原因やその規模などを詳しく把握することができなかった。また，9時58分に教大駅〜東区庁（クンゴケ）駅間において軌道短絡が発生したため，手動扱いの指定や遅延列車の運行統制を行っていた。[41]

　大谷駅〜中央路駅担当の指令員は，9時55分頃，中央路駅の組責任者から火災の報告を受け，指令室の全指令員にその情報を伝達した。ホーム上には黒い煙が立ちこめていたため，CCTVカメラのモニターで火災の状況を把握するのは困難であったにもかかわらず，それほど大きな火災ではないと思い込み，列車無線により大谷駅〜安心駅の全運転士に対し「中央路駅で火災が発生したため，注意して入駅するように」と一斉通報により指示した。9時57分頃，中央路駅に到着した1080号運転士から，停電発生の連絡と乗客の避難に関する対処方法に係る指示を要請してきた。9時59分頃には給電と停電が繰り返され，1080号運転士に「落ち着いて対処するように」と指示している最中に通話が切れた。そして，10時17分頃に全列車に「運行休止および車内での待機」を指示した。[42]

大邱駅〜安心駅担当の指令員は，9時55分頃に「中央路駅で火災発生」との情報を聞き，機械設備指令員にその旨を伝達した。10時03分頃には1080号運転士に「煙が立ちこめてきたらドアを開放し，乗客をホームへ避難させるための放送をすること」と指示した。10時10分頃には，1080号運転士に「列車から避難するように」と指示した。その後，10時17分頃には全列車に「運行休止および車内での待機」を指示した。また，10時28分頃には総合指令チーム長の判断により「全列車の運行休止に伴う乗客の降車」を指示した。[43]

②　電力指令員3名（3名1組で3組2交代制）

　電力指令員の業務は，列車の運行や各駅構内に必要な電力をコンピューター画面で監視や制御することであり，異常が発生した場合には応急処置や関係部署への連絡を行うことである。火災発生当時，指令室にいた電力指令員は指令長1名と指令員2名の3名であった。9時57分頃，指令長は嶺大病院駅〜新川変電所区間の停電を確認したため，指令員に遮断機の切り替えを指示したところ，数秒間の給電後に再び停電となった。[44]

③　機械設備指令員2名（2名1組で3組2交代制）

　機械設備指令員の業務は，各駅構内に設置された設備の稼動状態をコンピューター画面で監視・制御し，異常が発生した場合には応急処置や関係部署への連絡を行うことである。火災発生当時，指令室にいた機械設備指令は指令長1名と指令員1名の2名であった。[45]

　指令長は，9時頃から大谷駅〜中央路駅間における設備の異常の有無を確認し，9時30分頃から健康診断を受診するため社内の2階休憩室で待機していたところ，指令員から携帯電話で火災発生の連絡を受けたため指令室に戻った。指令長は，指令員が駅の待合室およびホームの換気ファンを稼動させていた頃，駅の機械室に職員10名余りが孤立した状態であるとの通報を受けたため指令員に吸気送風機が正常に稼動していることを確認しに行かせた。[46]

　指令員は，9時頃から大邱駅〜安心駅間の設備における異常の有無を確認し，9時30分からは一人で機械設備の状況を監視していた。9時53分頃，中央路駅の火災警報がコンピューター画面に表示され，その内容がプリンターで出力さ

第**3**章　都市トンネル（地下鉄）における火災事故

れたが，指令員はその表示内容を確認していなかった。 9 時55分頃，運転指令から火災発生の通報を受け，コンピューター画面でその事実を確認した後，排煙設備を稼動させた。[47]

（5）火災の原因と被害を拡大させた要因

　今回の火災事故の直接的な原因は，人生を悲観した一人の放火犯が1079号列車の中でガソリンに火を付けて放火したことである。ガソリンにより燃え上がった炎は，不燃材ではない車両の椅子などに燃え移り，初期消火する間もなく燃え広がった。1079号列車内で発生した強力な輻射熱は，黒煙と有毒ガスを発生させながら地下 3 階の室内温度を急激に上昇させた。輻射熱は1000度以上にも達し，反対側のホームに到着した1080号列車や駅構内の設備へと伝搬し延焼していった。[48]

　ところで，一個人による放火が200人近くもの死者を出す大規模災害へと拡大していった要因の一つに，ホームから地上までが遠距離であったことが挙げられる。また，地下鉄車両の内装材に使用されていた燃えやすい材質，駅構内の消防設備，通信・電力設備の不備などハード要因のほかに，地下鉄公社職員等の異常時対応能力の欠如などソフト要因も挙げることができる。ここからは，被害を拡大させたこれらの要因について詳述する。[49]

ホームから地上までが遠距離

　地下駅で火災が発生した場合，乗客の避難方向と煙の流れる方向とが同一となるため，避難者は視界不良や体力の消耗，呼吸困難など煙の影響を受けやすい。さらに，火災が発生した中央路駅下り（安心方面）ホームは，地下 3 階に位置しており，地上までの距離が160メートルと長いことから，地上に脱出するため乗客は何段もの階段を昇る必要がある。また，一度に多くの乗客が避難すると，階段や改札など通路幅が狭くなる場所では乗客の滞留が起きることから，地上まで避難するには相当の時間を要することになる。[50]

地下鉄車両の内装材

　火災が発生した地下鉄車両は，韓進重工業がドイツ企業から部品を輸入し組

み立てたもので，外壁はステンレス製である。車両の天井および壁には可燃性のFRP（ガラス繊維強化プラスチック），底面部分には塩化ビニル被膜，座席にはポリウレタンフォーム，断熱材にはポリエチレンが使用され，これらの素材が急激な火災拡大の原因になったと考えられる。これらが燃焼することにより木材の10倍以上となる一酸化炭素が排出され，猛毒性物質であるHNC（シアン化水素）も含まれていたことから，火災発生時には人命に重大な影響を及ぼした可能性がある[51]。

ところで，本車両が製作された当時，大邱地下鉄列車の内装材には不燃性，難燃材を使用するように定められていた。車両メーカーは，地下鉄公社へ最初に納入する車両に対してのみ難燃性試験を行い，試験成績書を公社へ提出していた。ところが，車両メーカーは成績書を提出後，発注者である地下鉄公社の承認を受けずに下請け業者に製造を依頼したため，性能試験で合格したものとは異なる材質が車両の内装材に使用された。このような車両メーカーや下請け業者のモラルの欠如により，燃焼した車両から一酸化炭素，塩化水素，亜硫酸ガスといった有毒性ガスが発生することになった。また，発注者である地下鉄公社の管理監督が十分徹底されていなかったことも，被害が拡大した要因の一つと考えられる[52]。

駅構内の消防設備

① 排煙装置

本火災事故では，排煙能力を超えた多量の煙が階段や地上に通じる待合室の通路などに充満したため，避難に手間取ったと推測される。乗客の避難や消防の消火活動を可能とするためには，火災で発生した煙を強制的に排出する排煙装置を設ける必要があると考える[53]。

② 消火器・消火栓

今回の火災では，駅構内に設置された消火器や屋内消火栓には使用された形跡はなかった。その理由として，急速な延焼により運転士や駅員が消火器による消火は不可能と判断したためと考えられる。また，屋内消火栓の配管がスプリンクラーと共用であり，スプリンクラーの散水が優先されたため，消防隊が

第**3**章　都市トンネル（地下鉄）における火災事故

地下3階で屋内消火栓の使用を試みたが水が出なかった。[54]

③　スプリンクラー

　中央路駅の地下1，2階の待合室等には，消防法に基づきスプリンクラーが約3メートル間隔で設置されていた。今回の火災で作動したスプリンクラーの数は，地下1階で103個，地下2階で64個の合計167個である。スプリンクラーはまず出火車両に近い地下2階の北側階段や北寄りの中央階段で作動し，煙の拡散に伴い地下1階や南側階段でも作動していった。同時に多くのスプリンクラーが作動したために貯水槽に近い地下1階北側付近のスプリンクラーだけがほぼ正規の圧力で，最後まで放水し続けた。[55]

　一方，ホームのある地下3階は，散水時に高圧線との接触が懸念されたため，消防法で定められた設置対象から除外され，スプリンクラーは設置されていなかった。スプリンクラーは，燃焼の拡大防止のほか，熱気の冷却や煙の拡散抑止にも効果があり，乗客の避難を容易にすることが期待されることから，高圧線との接触に対する安全措置を講じたうえで，ホーム階にも設置することが望ましい。[56]

④　非常誘導灯など

　本火災事故のような大規模火災が発生した場合，大量の煙により照明の照度は相対的に低下するだけでなく，高温の熱風により乗客の誘導に必要な照明とその配線が焼損してしまうおそれがある。

　中央路駅の地下1，2階では，火災発生後も継続して非常誘導灯などは点灯していたが，猛煙により可視距離は1メートル程度にまで下がったため，乗客にとって避難方向の識別が困難であったと推測される。なかには，日頃から故障したまま放置されるなど管理が疎かな非常誘導灯が存在していたため，火災発生時に求められる機能が十分発揮されなかった。[57]

　中央路駅のように地中深い地下鉄駅構内では，火災発生時などに地上に脱出するには避難動線が長く，相当の時間を要するにもかかわらず，今回の火災発生時において，非常誘導灯などに供給される非常電源の作動時間は20分程度と，乗客の誘導に必要な容量は備えられていなかった。

167

駅構内は多くの乗客が利用する施設であることから，火災発生時における可視距離低下を考慮すると従来の誘導設備に加え，床面あるいは壁に発光性誘導灯などを設置する必要があると考える。[58]

通信・電力設備

① 　無線通信網

　本火災事故が発生した当時，列車の運転室に設置された無線電話機は指令所との間でのみ通話が可能であり，運転士と駅員あるいは運転士同士で直接情報伝達する通信手段はなかった。火災発生直後，中央路駅員が指令所に火災発生の報告を行ったが，その内容は指令所からの一斉通報でしか他の駅や列車に伝えられなかったため，1080号運転士もその状況を詳しく把握することができなかった。また，1080号運転士は中央路駅到着後，指令室に連絡を試みたが指令員は他の運転士と通話中であったため繋がらなかった。その後，中央路駅では緊迫した状況が続いていたが，運転士と指令員との間で十分なコミュニケーションが図れなかったため，迅速な対処が採れず乗客の避難開始時期が遅れた。以上から，異常時において運転士，駅員，指令員が相互に通話可能な TRS 方式の無線通信システムの導入が必要と考える。[59]

② 　電力供給システム

　火災が発生した4分後には，半月堂駅～新川駅間の電力供給が遮断され，その頃中央路駅に到着した1080号列車が起動不能となった。1080号運転士は，その後列車の再起動に執着したため，乗客の避難開始時期を遅らせた。電力遮断時に稼動する非常用の電力供給システム（動力源）が整備されていなかったことが，多くの乗客の死亡に繋がった。[60]

異常時対応能力の欠如

① 　地下鉄公社職員

　既述のとおり，急速な火勢の強まりに動揺した1079号運転士が速やかに総合指令室に報告しなかったため，火災の状況が把握できなかった指令員は，1080号を含むすべての運転士に中央路駅に進入しない，あるいは通過するよう指示ができず，「中央路駅で火災が発生したため，気をつけて駅へ進入すること」

第**3**章　都市トンネル（地下鉄）における火災事故

という漠然とした指示を行った。そのため，事態の深刻さを認識できなかった1080号運転士は，すでに延焼が進み黒煙が充満している中央路駅へ進入した。さらに，1080号運転士は列車を出発させることに執着し避難すべき時期を逃したため，多くの乗客が死亡するに至った。[61]

　火災発生当初，1079号運転士あるいは中央路駅員が指令に詳細な報告をしていれば，1080号列車の中央路駅ホームへの進入を抑止できた可能がある。火災といった異常時には現場での状況が職員間で伝わりにくいことが窺える。情報共有の難しさは職員相互間だけでなく，地下鉄公社と消防署など外部機関との間でも同様のことがいえる。[62]

　また，総合指令室で表示されていた中央路駅の火災警報動作の原因を確認しなかったことも，現地の状況を十分把握できなかった要因の一つと考えられる。その背景には，頻繁に誤作動していた火災警報の存在が挙げられる。[63]

　1080号運転士は，指令から火災発生の通報を受け，駅の手前で一旦停止した後，注意運転を行った。その後，運転士は中央路駅の約200メートル手前で立ち込める煙に気付いたが，大きな火災ではないと思い込んだことから，そのまま中央路駅のホームへ進入した。ホーム進入時，1079号列車に燃え広がっている火を目撃した際に中央路駅を通過するなど臨機応変な措置をとっていれば被害は拡大しなかったと思われる。[64]

　また，1080号運転士は運転指令から「車外へ避難」という指示を受け，列車のマスターキーを抜いて車外へ避難した。このため，すべての乗降ドアが閉扉した状態となり，非常用ドアコックによる乗降ドアの開閉方法を知らない多くの乗客が車内に閉じ込められることになった。列車のマスターキーを抜いて運転台から離れることは，乗務員が採るべき基本動作であり，猛煙により車内の状況が十分確認されないなか，運転士は乗客がすでに避難したと思い込みマスターキーを抜くという通常の行動を採ったと考えられる。なお，車両の窓は固定式であったため，窓からの脱出も困難であった。[65]

　大邱地下鉄公社では，1999年に行政自治部による組織の見直しにより公社独自の教育院を廃止したため，異常時における教育訓練が十分行われていなかっ

169

た。また，公社内に安全管理専門担当部署が設置されていないなど，安全システムが体系的に構築されていないことも職員の異常時対応能力の欠如に繋がったと考えられる。訓練を通じて習得した異常時対応能力は，予期せぬ事態が発生したときにその効果が現れることから，継続的な教育と訓練の重要性を再認識して安全管理体系を整備していく必要がある。[66]

② 消防署職員

消防は乗客から多くの通報を受けたが，火災現場の状況を十分把握するに至らなかった。そのため，火災の鎮圧および人命救助活動を総括指揮する消防本部長は，火災発生から30分もの間，現場の指揮が十分に行えなかった。また，関連機関との無線チャンネルが異なっていたため，別機関との連携が円滑に行われなかった。無線チャンネルの統一により地下鉄公社と消防など他の機関相互間の連携が十分図られていれば，救助や乗客の避難に関する情報が共有され，人命救助を効果的に遂行できたと考える。[67]

（6）事故後の対策

都市鉄道総合安全対策

建設交通部は，2003年3月，大邱地下鉄火災事故を契機に都市鉄道の安全管理体制を抜本的に改善するため，鉄道技術研究院，大学教授，都市鉄道運営機関，建設交通部，鉄道庁，消防署など26名の専門家で構成された「地下鉄安全企画団」を設置した。ここでは，都市鉄道の安全実態調査や地下鉄運営機関の安全・防災実態調査，地下鉄車両に使用される素材のサンプリング試験，地下鉄駅構内の煙試験などが日本や英国などの火災・安全防災専門家が招へいされて実施された。[68]

「地下鉄安全企画団」は2003年6月25日の公聴会を経て，地下鉄の車両・設備・火災事故による死者ゼロを目標に掲げ，各種試験結果や地下鉄安全管理実態監査院による特別監査結果を反映させた「都市鉄道総合安全対策」を策定した。主な対策と予算は表3-9のとおりであり，車両分野で9項目，施設分野で16項目，人的・制度分野で13項目の合計38項目から構成されている。[69]

第**3**章　都市トンネル（地下鉄）における火災事故

表3-9　都市鉄道総合安全対策

分　　野		項目	所要予算（億ウォン）		推進期間（年）
			2004年予算	総予算（国／地方）	
ハード対策	車両分野	9	1,659	6,806（2,265／4,541）	2003〜2007
	施設分野	16	0	3,748（0／3,748）	2004〜2007
ソフト対策	人的・制度分野	13	0	100（10／90）	2003〜2004
合　　計		38	1,659	10,654（2,275／8,379）	2003〜2007

出所：大邱廣域市，前掲書，512頁。

① ハード対策

ⅰ）車両分野

　大邱地下鉄火災事故後，車両の安全基準は英国など先進国の水準並に強化され，内装材は難燃性で燃焼しても有毒ガスを発生させない材質へと交換された。ソウル地下鉄5号線を走行する車両には，ステンレス製の椅子が試験的に設置された。鉄道庁では2003年11月26日に，大邱地下鉄公社では2004年2月12日に実車を用いた燃焼試験が実施され，新基準の内装材の不燃性などが立証された。また，車内には消火器の増備，消火器の使用方法や乗客の脱出方法が記載された蓄光式案内板，災害別自動旅客案内放送装置，複数者間で通話可能なデジタル無線通信網（TRS），乗客用インターホンなどが整備された。[70]

　大邱地下鉄火災事故では，1079号列車で火災が発生した数分後に1080号列車が中央路駅へ進入し延焼した。列車火災に限らず，列車衝突や列車脱線発生時の現場に他の列車が進入することにより併発事故が発生するおそれがあることから，事故発生時に他の列車を自動で停止させる列車防護装置が整備された。[71]

ⅱ）施設分野

　火災事故発生後，トンネル内には非常照明灯や消火設備が，駅構内には聴覚障害者の避難に必要な点滅型誘導灯，複数者間で通話可能な乗客用非常インターホンおよび災害別自動旅客案内放送装置が整備された。加えて，地下3階を超える駅構内には，地上への避難を容易とする直通避難階段や煙の拡散を防止する除熱壁の設置が義務づけられた。また，誘導灯や非常照明の持続時間は，

171

それまでの20分から1時間へと変更された。[72]

② ソフト対策

ⅰ) 公社職員の異常時対応能力強化

　火災事故発生時における公社職員の対応が不十分であったとの反省を踏まえ，職員の資質向上を目的に，運転士の免許制，指令員の基準強化，適性・身体検査などについて定めた鉄道安全法が2005年1月1日に制定された。この法律では，鉄道安全総合計画，総合安全審査制，警察・消防・軍との合同模擬訓練のほか，乗客が爆発物などの危険物を車内へ持ち込むことを禁止する乗客禁止行為事項と，これに対する罰則条項も規定された。また，乗客の救助活動に必要な備品が不十分であり十分な避難誘導が行えなかったとの反省を踏まえ，駅事務室および列車の運転室には空気呼吸器，メガホン，懐中電灯，担架，防毒マスクなどが整備された。[73]

ⅱ) 乗客の異常時対応能力強化

　地下鉄公社では，火災・有毒ガス拡散など発生し得る事象ごとに異常時対応マニュアルを作成し，民間や政府とともに市民体験参加型の合同模擬訓練を継続的に実施している。また，市民や乗客を対象とした地下鉄公社ホームページに安全ガイドの開設，車両基地内における市民安全体験場の運営，異常時における列車の乗降方法などについて，車内や駅で放送を行う啓蒙活動も実施している。特に，早期発見が重要な火災などについては，地下鉄公社の駅構内および車内に緊急連絡先が書かれた案内標を設置し，乗客に早期通報を呼びかけている。[74]

事故の教訓化

　大邱市民安全テーマパークは，本章で既述した大邱地下鉄火災や1995年4月にソウルで発生した上仁洞のガス爆発事故などの災害を踏まえ，実質的な体験教育により市民の安全意識と災害対応への力量を高める目的で2008年12月に設立された。運営は，大邱市と大邱市消防により行われている。本テーマパークには，大邱地下鉄火災に関する「地下鉄安全展示館」のほか，地震，消火器・応急処置などが体験できる「生活安全展示館」などがある。また，本テーマ

第3章　都市トンネル（地下鉄）における火災事故

写真3-3　仮想の地下鉄火災体験①

（筆者撮影）

写真3-4　仮想の地下鉄火災体験②

（筆者撮影）

写真3-5　2.18大邱地下鉄火災惨事記憶空間

（筆者撮影）

　パークでは心肺蘇生法をはじめ，屋内消火栓，高層ビルなどに設置されている緩降機，大邱都市鉄道3号線の跨座式モノレールからの脱出などが体験できる。地下鉄安全展示館では，大邱地下鉄が放火された直後の再現VTRを視聴したのち，火災発生直後の中央路駅ホーム（復元）と放火された1079号列車の1両目（実物）を見学することができる。また，火災が発生した車両から脱出し，暗闇の階段を昇って地上の出入口まで避難するという仮想の地下鉄火災を体験することもできる（写真3-3，3-4）。

　一方，火災現場となった中央路駅には，事故の爪痕の一部を保存した「2.18大邱地下鉄火災惨事記憶空間」（写真3-5）が地下2階のコンコースに設置されている。ここでは，真っ黒に焼け焦げた壁や公衆電話，ATM機，真っ黒な壁に書かれた犠牲者へのメッセージなどを自由に見学することができる。記憶空間の一画には死者192名の名前が刻まれた「追慕壁」と呼ばれる犠牲者への

173

祈りをささげる場所が設けられている。

いずれも一般の市民向けに開放された施設あるいは空間であり，いつでも訪れることができる。

筆者は，2017年2月に大邱市民安全テーマパークと中央路駅を訪問した。火災発生から14年が経過した現在でも，かつてこの地で甚大な被害をもたらした地下鉄火災事故が発生したという事実を肌で感じとることができた。この背景には，鉄道事業者である大邱廣域市地下鉄公社（現，大邱都市鉄道公社）はもちろん，市民の安全意識や災害対応への力量を高めるために大邱市民安全テーマパークを設立した大邱市等の努力があったためと考える。

私たち日本人は，大邱地下鉄火災事故を「対岸の火事」で片付けるのではなく，同様の災害がいつでもどこでも起こり得ることを肝に銘じ，真摯な態度でこの火災事故を学び火災発生時の被害軽減策を考えていかなくてはならない。

3 大邱（テグ）地下鉄火災事故における救助活動と消火活動，乗客の避難行動

（1）救助活動と消火活動

動員規模

大邱廣域市消防本部（以下「消防本部」という。）は，9時53分の出火直後から数名の乗客および地下鉄公社から火災発生の通報を受け現場へ出動した。消防本部は，大邱地方警察庁に交通統制，市内病院に救急車出動を要請するなど，関連機関と連携を図りながら救助活動や消火活動に総力を挙げた。消防本部からの要請を受け出動した関連機関と動員人数は**表3-10**のとおりであり，総動員人数は2000人を上回る規模となった。[76]

火災発生直後には，救助活動や消火活動に関する車両や装備が火災現場に続々と集結したため，周囲は一時大混乱となった。加えて，現場状況が十分把握されない段階から報道機関や関連機関，市民からの問い合わせが殺到したことなどにより，情報が錯綜し現場指揮に支障をきたした。[77]

第**3**章　都市トンネル（地下鉄）における火災事故

表 3-10　消防本部からの要請を受け出動した関連機関と動員人数

	警察	軍	医療	電気	ガス	通信	奉仕	その他	合　計
機関団体数（団体）	1	1	2	2	4	1	3	5	19
動員人数（人）	1,020	214	94	19	14	4	435	508	2,308

出所：大邱廣域市，前掲書，100頁。

表 3-11　火災現場に配置された消防職員の役割別人数

(単位：人)

現場指揮	指揮所運営	火災鎮火	人命救助	救急搬送	装備支援	その他	合　計
11	40	154	403	131	97	70	906

注：消防隊員906名のうち半数近くの425名は非番者であり，当日非常召集された。
出所：大邱廣域市，前掲書，100頁。

　火災が発生した中央路駅には，地元の消防本部および6カ所の消防署のほか中央119番救助隊，慶尚北道や慶尚南道の消防本部などから1046名の消防隊員が動員され，158台の車両と消防関連装備品が投じられた。1046名の消防隊員のうち，906名は中央路駅の火災現場に，140名は病院など火災現場以外に配置された。火災現場における消防隊員906名の役割は**表 3-11**のとおりであり，その多くは人命救助活動であることが分かる。また車両158台の内訳は，人命救助車45台，救急車42台，火災鎮圧車38台，現場活動支援車33台となっており，人命救助に関わる車両が半数以上を占めていた。[78]

　救助活動や消火活動に使用する消防関連装備品は，10種2265点にのぼった。火災鎮火後，火災現場に動員された消防隊員906名に対し消防関連装備品に関するアンケートを実施したところ，使用頻度の高かった装備品は空気呼吸器（活用率61.3パーセント），強力ライト（54.2パーセント），担架（36.0パーセント）の順であった。このうち空気呼吸器は，火災現場での劣悪な環境や長時間の救助活動等により十分機能しなかったため，23名が酸素不足により負傷し，そのうち10名は窒息などにより入院した。また，火災発生時に負傷を申告しなかった隊員のうち68名が，その後気管系の異常などを理由に医療機関で診断を受けた。[79]

175

救助活動

　表3-11の火災現場で人命救助に携わった消防隊員403名の内訳は**表3-12の**とおりであり，うち142名は消火活動を支援している。先着の消防隊員らによると，中央路駅に到着した9時57分頃にはすでに駅周辺の排気口から煙が数十メートルの高さまで噴き上がっていた。消防隊員は，中央路駅にある4カ所の地上出入口（1～4番出入口）から地下1階へ進入したところ，視界は10センチ先が見えないほど濃い煙が充満していたものの，熱気はあまり感じられなかった。地下1階では，出口が分からなくなっている乗客を数名発見し，地上へ誘導した。消防隊員は，乗客の声や泣き声を手がかりに進んだ。地下2階に進入したところ，黒煙と熱気が充満しており，意識を失い倒れている人を多数発見したために地上へ搬送した。火災現場である地下3階は，有毒ガスや猛煙に加え熱気が激しく噴出しており，消防隊員でも容易に進入できる状態ではなかった。そのため，消防隊員は地下3階への進入を断念し，中央路駅の隣接駅である半月堂駅と大邱駅から本線トンネルを経由して中央路駅へと向かった。それぞれの消防隊員が煙に遭遇したのは中央路駅の約60メートルほど手前であり，空気呼吸器やロープ等を使ってホームへ進入した。また消防隊員は，有毒ガスによる乗客の被害を軽減するため，大型ホースにより駅構内に蔓延した煙を抜き取る作業も同時に実施した。[80]

　表3-13によると，死者が発生しなかった地下1階および地下1～2階の階段では，11時までに救助を終えている。一方，死者が発生した地下2階および

表3-12　火災現場で救助活動に携わった消防隊員の活動
　　　　場所別人数

（単位：人）

地下階での救助活動			地上で補助	その他	合　計
地下1階	地下2階	地下3階			
13	49	147	52	142	403

注：消火活動を支援とは，救助活動の指定を受けた消防隊員のうち救
　　助活動を行ないながら消火活動の支援を行った者を意味する。
出所：大邱廣域市，前掲書，100頁。

第**3**章 都市トンネル（地下鉄）における火災事故

表 3-13 消防隊員による救助場所別救助者数

（単位：人）

救助場所	救助時間	救助者数		
		負傷者	死 者	合 計
地下 1 階	09:57〜10:37	27	0	27
地下 1 〜 2 階階段	10:01〜10:58	35	0	35
地下 2 階	10:10〜15:00	28	28	56
地下 2 〜 3 階階段	10:10〜16:00	7	64	71
地下 3 階	11:40〜15:10	0	19	19
線路上（中央路駅〜半月堂駅）		1	0	1
合 計		98	111	209

出所：大邱廣城市，前掲書，109頁。

地下 3 階では，火災鎮火後の16時まで救助活動が行われた。なお，接近が困難であった地下 3 階の救助活動が開始されたのは，11時40分頃であった。[81]

本火災事故では，中央路駅の地上出入口から地下 3 階のホームまでの距離が長いうえ，両隣の駅からトンネルを通じて新鮮な空気が供給され，駅そのものが煙突のように煙を吸い上げたため，中央路駅で救助等にあたった消防隊員は急激に体力を消耗した。一方，大邱駅などの隣接駅から進入した消防隊らは，比較的容易に火災現場である地下 3 階のホームへ到着できたとされている。今後は，隣接駅などからの救助活動も考慮に入れていくことが望ましい。[82]

消防隊が到着した 9 時57分から 7 時間以上にもおよぶ救助活動の結果，消防隊員は209名の死傷者を救助した（表 3-14）。高熱や猛煙といった悪条件下において，多くの消防組織が連携した救助活動を展開するためには，非常連絡体制を整備し日頃から大型災害を想定した緊急救助総合訓練などを実施し，災害時における対応能力を養成しておかなくてはならない。[83]

死傷者の救急搬送は，131名の消防隊員（表 3-11）と45台の人命救助車により行われた。10時02分から18時までの約 8 時間の間に，消防隊員は表 3-13で救助された209名のうち117名を市内15カ所の医療機関へ搬送した（表 3-14）。火災発生直後には，救急搬送の要請が集中したが，医療機関に所属する救急隊の支援等により対処することができた。[84]

177

表3-14　搬送先になった医療機関別搬送者数

現場から医療機関までの所要時間	医療機関数（機関）	搬送者状況（人）		
		負傷者	死　者	合　計
5分以内	7	75	23	98
10分以内	2	3	1	4
20分以内	3	0	8	8
20分以上	3	0	7	7
合　計	15	78	39	117

出所：大邱廣域市，前掲書，111頁。

一度に多くの死傷者が発生した大邱地下鉄火災事故では，現場で救急医療を担当する人材が不足していたため，乗客の被害程度を分類する余裕はなかった。これにより，乗客は被害の程度に関係なく無条件に病院へ搬送され，多くの患者が集中したため適切な処置が受けられなかった。今後は，本火災事故のように大量の患者が発生した際に効果的な救急医療活動を行えるよう，救急搬送を行う消防隊員と救急医療センターとの情報共有を図るためのツールの整備が望ましい。[85]

消火活動

表3-11の火災鎮火に従事した消防隊員154名は，38台の車両を使って消火活動を行った（表3-15）。先着隊は到着後，直ちにホースを展開し火災現場に近い4番出入口から進入したが，地下1，2階で避難路を探していた要救助者や倒れている死傷者の救助，空気呼吸器の交換などに時間をとられたため，消火活動は進まなかった。その後，別の消防隊が続々と到着したが，駅構内の急激な延焼に伴う高熱により，火災現場である地下3階への進入は困難を極めた。そのため，消火担当の消防隊員は，消火活動を行う前に地下1，2階において人命救助と救助に必要な高熱除去作業（噴霧注水）を優先させ，火災現場への進入は排気口や隣接駅から本線トンネルを通じて行った。[86]

地下3階の火災現場では，様々な鎮圧方法が試みられたが，駅構内の高熱と空気呼吸器の容量の限界などにより消火活動は難航し，完全に鎮火したのは火災が発生してから約4時間後の13時38分であった。[87]

消火活動では，直径40ミリのホースが165本，直径65ミリのホースが10本使用され，全体で93トンの水が放水された。現在，地下深層部や特殊火災に効果的な3000リットル程度の消防用水とホースなどが積載された軌道用消防車両の

第**3**章　都市トンネル（地下鉄）における火災事故

表3-15　火災現場で消火活動に携わった消防隊員の活動
場所別人数

(単位：人)

地下階での消火活動				地上で補助	合　計
地下1階	地下2階	地下3階	小　計		
0	14	43	57	97	154

出所：大邱廣域市，前掲書，107頁。

開発・普及が検討されている。[88]

（2）避難行動と心理状態の分析

火災発生時における駅構内の状況

1079号運転士は，火災発生直後に乗客全員を車外へ避難させたため，その多くが無事地上まで自力で脱出できた。ところが，脱出に成功した乗客の顔は煙で煤けていたことから，間一髪で避難に成功したものと考えられる。一方，1080号運転士は，中央路駅に9時56分頃に到着後ドアを開けたが，ホームの煙が車内へ押し寄せてきたため，一旦ドアを閉め運転再開を試みた。その後，9時57分に停電が発生し，指令から乗客の避難指示を受けたため，運転室横の出入扉を開放し客室内に入って乗客に「避難するように」と数回大声を上げたが，その際に停電中でも非常用バッテリーにより扱うことができたドアの開扉を行わなかった。また，10時10分には指令から運転士自身の避難指示を受け脱出する際の規則に則りマスターキーを抜いたため，非常用バッテリーの電源も切れてしまった。ただし，ドアの開扉は車内にある非常用ドアコックを扱えば可能であったが，車内には非常用ドアコックによるドアの開扉方法の表記がなかったため，多くの乗客は車外への脱出方法が分からなかった。さらに，固定式の窓からの脱出が不可能であったため，乗客は車内に閉じ込められてしまった。[89]

煙の拡散による視界不良は，火災が発生した地下3階が著しく，地下1階でも避難に必要な視界が十分確保されなかったと推測される。地下3階のホーム

表 3-16　乗客の避難時に支障をきたした障害物

	障害物	内　容
1	ホーム中央部にある柱	乗客の進路を妨げたり，方向性を喪失させた
2	地下 2 階にある自動改札	幅員が狭く，バーを超えられない
3	地下 1 階と地下商店街を結ぶ階段の防火シャッター	いつもと違う光景となり，地下商店街へ移動できない

出所：大邱廣域市，前掲書，52頁。災害文化研究会（2005）「大邱地下鉄放火火災事件　遺された者のレクイエ
　　ム　隣国での地下鉄大惨事を顧みて」『近代消防』43巻 5 号，68頁。

では，火災によって車内から慌てて飛び出した乗客らが視界不良により滞留した。[90]

　中央路駅のホームから地上出入口までの動線は，日本の地下鉄より明確で分かりやすいが，猛煙により暗闇となった状況下において**表 3-16**の 3 点は，避難を行う乗客の障害物となった。そのうち，地下 1 階と地下商店街とを結ぶ 2 カ所の階段は，図 3-2 のとおり防火シャッターの閉鎖により地下商店街を挟んで地下 1 階のコンコースが 2 つ（南側，北側）に分断された。シャッターの閉鎖により，濃煙が商店街へ流出することは防止できたが，避難を行う乗客にとって大きな障害になったといわれている。[91]

乗客の証言

　火災が発生した1079号列車と火災発生後に中央路駅へ進入した1080号列車とで乗客の避難形態が異なることから，各種文献や新聞報道等により得られた生存者の証言を**表 3-17**のとおり 3 つ（1079・1080号列車乗客に共通，1079号列車乗客，1080号列車乗客）に分類した。[92]

　なお，いずれの列車に乗車していたか特定できなかった乗客の証言は「共通」に分類した。ここでは，場面（通報，車内，車外脱出，駅構内避難）ごとに乗客の証言をみていく。

① 通　報

　多くの乗客は，自身の携帯電話により家族への連絡のほか，消防や警察に「火災発生」の通報を行った。消防への通報は地下鉄公社職員より早かったため，消防の早期出動に繋がったと考えられる。

180

第**3**章　都市トンネル（地下鉄）における火災事故

表3-17　場面ごとにおける乗客の証言内容

分　類	場　面		乗客の証言内容
1079号 1080号 列車乗客 共通	通　報		・家族らに携帯で連絡した。 ・消防や警察にも通報（地下鉄公社職員より早く通報された）した。
	車　内		・煙が見えたので車両を次々と移動した。
	車外脱出		・本能的に危険を察知し車両を脱出した。 ・窓ガラスを割って脱出（窓は開かない構造のため）した。
	駅構内避難		・線路へ降りて隣の駅まで歩いた。 ・地下3階では床をはうようにしないと何も見えない程，濃い煙に包まれていた。 ・方向が分からず煙を避けて床の上に腹ばいとなり救助の到着まで耐えた。 ・助かったのは奇跡。構内は，悲鳴が響いていた。 ・暗闇の構内で乗客が重なり合って倒れている。下敷きになった乗客の悲鳴やすすり鳴きが聞こえた。 ・暗闇の中で転倒した人にぶつかり，つまずきながら出口を探した。 ・通常ならホームから出口まで2分程度であるが，ずいぶん長い時間構内をさまよった。
1079号 列車乗客	車　内		・プラスチック容器を抱えた放火犯の不審な挙動に気付き，大声で制止した。 ・放火犯は乗客の制止を無視して点火したために，列車が停車すると同時に炎に包まれ，火だるまとなり車内から転がり出た。 ・他の男性乗客とともに自分たちの上着で火だるまとなった男を覆って消火を試みた。 ・放火直後，すぐに息苦しくなり車内から悲鳴が上がりパニック状態となった。
	車外脱出		・後ろから真っ黒な煙が迫ってきたため争うように車両を飛び出した。 ・「すぐに逃げよ」と言われ，新聞紙で口を覆い逃げ出した。
1080号 列車乗客	車内	①到着直後の車内	・煙を見て少し怖くなったが，慌てなかった。 ・「直ぐに出発するので車内で待つように」とのアナウンスがあったため，危険とは思わなかった。
		②避難指示があった頃の車内	・車内では停電し，車内の中と外との区別がつかなくなった。 ・煙が充満して息ができない程，苦しくなった。 ・助けてと叫ぶ声が聞こえてきた。 ・「逃げて下さい」という放送が入ったときは，ホームに激しく煙が充満し，出口を探す乗客でパニックとなった。
	車外脱出		・非常用ドアコックを引き，ドアを手動で開けて脱出した。 ・移動先で扉が開いたので脱出した。 ・もう駄目かと思った瞬間，ドアが開き間一髪で脱出（後ろからの圧力で脱出）した。 ・ほとんどドアが開かなかったが，誰かがドアを開け脱出できたのは幸運であった。 ・5〜10分後，人が車外を出ていく感じがしたので片手は友人の手，もう一方の手は前の知らない人の背中をつかみながら脱出した。

出所：筆者作成。

② 車　内

1079号列車では，多くの乗客が放火犯を目撃していることから，放火の状況が詳細に述べられており，放火直後から立ちこめた煙で車内が騒然となったことが，早期の避難行動に結びついたと考えられる。

1080号列車では，中央路駅到着から乗客が車外に脱出するまでに状況が大きく変化したことから，「①到着直後の車内」と「②避難指示があった頃の車内」の2つに分けた。①の証言でみられた「慌てなかった」「危険と思わなかった」という乗客の心理状態は，「直ぐに出発するので車内で待つように」とのアナウンスにより「自分は危険な状況に置かれておらず大丈夫だ」という正常性バイアスに陥ったものと考えられる。一方，②の証言では，停電に伴う暗闇と煙の充満により息苦しい状態となったことに加え，周囲の悲鳴や「逃げてください」とのアナウンスが，乗客の心理を「避難しなくてはならない」という状態に導いたと考える。

③　車外脱出

1079号列車では，乗務員あるいは乗客による火災発生の周知が早く行われたため，多くの乗客は早期に車外に脱出できたと思われる。また，後から真っ黒な煙が迫ってきたため，乗客自らが本能的に危険を察知し，避難行動が促進されたと思われる。

一方，1080号列車では，ドアの開け方が分からず車内に閉じ込められている乗客が多く，ある乗客によって奇跡的にドアが開けられたか否かが生死を分けたと考えられる。

なお，両列車とも窓が開かない構造のため，ドアが閉扉状態となった1080号列車の乗客は逃げ場を失い，なかにはガラスを割って脱出したという乗客の証言もあった。

④　駅構内避難

火災発生時，中央路駅構内は猛煙による視界不良により，出口が分からず長時間にわたり駅構内をさまよう乗客も少なくなかった。また，通路上には避難途中に転倒した乗客やこれにつまずく乗客もみられた。駅の構内には，悲鳴や

すすり泣きが鳴り響き，避難中の乗客の不安感は計り知れないものであったと推測される。

　一方，煙の影響を避けるため，低い姿勢で避難する乗客や救助の到着まで床の上で腹ばいになった乗客がみられた。これらは推奨行動として挙げられる。

　また，地上の出入口を目指さず，線路へ降りて隣の駅まで歩いた乗客もいた。地下鉄には，集電が第三軌条方式の路線もあり感電のおそれがあることから一概にはいえないが，き電停止後であれば推奨行動ということができる。

乗客のアンケート調査

　韓国大邱市にある国立慶北大学校の教授・洪元和らは，大邱地下鉄火災事故で生存した乗客の行動特性等を研究するため，100名の負傷者を対象にアンケート調査等を実施した。ここでは，その調査結果の一部を紹介する[93]。

　100名の内訳は，乗客が96名（男性35名，女性61名），地下鉄公社の職員が4名となっている。乗客96名の乗車位置は**表3-18**のとおり，そのほとんどは1080号列車である。乗客の6割以上は大邱地下鉄を，4割以上は中央路駅を毎日利用する者であった。そのため，通常の状態であれば4割以上の乗客は標識なしで，3割以上の乗客は標識により自分が望む地上出入口へたどりつくことが可能と回答した。ところが，乗客のうち本人が期待したルートや出口へ避難できた者は全体の12パーセントに過ぎず，約5割は避難途中にルートが分からなくなり，これまで来た通路を引き返している。このような状況は，主に地下

表3-18　アンケートに回答した乗客の乗車位置

(単位：人)

	乗客	乗車位置
1079号列車	7	
1080号列車	83	1両目18，2両目13，3両目17，4両目21，5両目9，6両目1，回答なし4
記憶なし	6	
合　計	96	

出所：Gyuyeob Jeon and Wonhwa Hong, (2009), "Characteristic Features of the Behavior and Perception of Evacuees from the Daegu Subway Fire and Safety Measures in an Underground Fire", *Journal of Asian Architecture and Building Engineering*, November, 2009, p. 417.

表3-19 火災を認知したときに採られた乗客の行動と最初に避難行動を決定した要因

		男 性		女 性		合 計	
		人数 (人)	割合 (%)	人数 (人)	割合 (%)	人数 (人)	割合 (%)
火災を認知したときの乗客の行動	その場で待機	24	68.6	23	37.7	47	49.0
	外部への連絡	1	2.8	18	29.5	19	19.8
	ただちに避難	3	8.6	3	4.9	6	6.2
	他の車両へ移動	3	8.6	14	23.0	17	17.7
	その他	4	11.4	3	4.9	7	7.3
	合 計	35	100.0	61	100.0	96	100.0
避難行動を決定するに至った最初の要因	車内放送	10	28.6	22	36.1	32	33.3
	煙	13	37.1	27	44.2	40	41.7
	熱	4	11.4	1	1.6	5	5.2
	周囲の乗客により薦められた	0	0.0	4	6.6	4	4.2
	その他	8	22.9	7	11.5	15	15.6
	合 計	35	100.0	61	100.0	96	100.0

出所：Gyuyeob Jeon and Wonhwa Hong, *op. cit.*, p. 418. Won hwa, Hong, (2004), "The Progress and cotrolling Situation of daegu Subway Fire Disaster", *International Association for Fire Safety Science*, 4. 2. 以上により筆者作成。

2階の改札口や地下3階のホームでみられ，猛煙により暗闇となった地下空間における避難の困難さを表した数値であると考える。その理由としては，視界不良により方向感覚を失ったこと，出口標識といった案内設備が効果的に機能しなかったことなどが挙げられる。[94]

　乗客のアンケート結果によると，火災現場である地下3階での視界が最も悪く，上層階へ行く程その状況は軽減されていったが，地下1階においても視界がゼロメートルと回答するものが半数以上いた。視界が5メートル以上確保されたのは，早期に脱出した1079号列車の乗客のみで全体の2～4パーセントに過ぎない。[95]

　表3-19は，火災を認知したときに採られた乗客の行動と避難行動を決定するに至った最初の要因である。まず，乗客の行動では，性別に関係なく「その場で待機」が最も多く，その割合は女性より男性の方が顕著である。女性では，「その場で待機」のほか，「外部への連絡」や「他の車両への移動」の割合も高

い傾向にある。「ただちに避難」は性別に関係なく低い割合となっている。

　次に，避難行動を決定した要因として，性別に関係なく割合が最も高いのは「煙」で次に大きいのは「車内放送」である。特に1079号列車の乗客7名のうち5名は「煙」と回答している。一方，1080号列車の乗客は，乗車した位置により避難行動を決定した要因は異なる。火災現場に最も近い5両目と6両目の乗客は，「煙」や「熱」により避難を開始したのに対し，最も遠い1両目の乗客は，3回目の「車外へ避難」という車内放送を聞いた後にようやく避難を開始した。[96]

表3-20　地下3階において避難の障害となった要因

（単位：％）

要　　因	割合
視界不良	40.3
ホーム幅の狭さ	33.8
周囲の人々	6.5
売　　店	3.9
その他	15.5
合　　計	100.0

出所：Gyuyeob Jeon and Wonhwa Hong, *op. cit.*, p. 420.

　火災現場である地下3階において，乗客が避難の障害になったと感じた要因は表3-20のとおりである。猛煙や停電に伴う「視界不良」が全体の約4割，「ホーム幅の狭さ」が約3割を占めている。また，約5割の乗客が階段を障害と感じており，階段幅（3.2メートル）により避難経路の幅が狭くなることに比べ，階段の段差（28センチ）を登らなくてはならないことの方がより負担に感じたと回答している。[97]

　表3-21は，避難時における乗客の歩行方法である。男性では，「壁を伝って歩行」が全体の約5割，女性では「壁を伝って歩行」と「前方の人の服をつかんで歩行」がいずれも全体の約4割となっている。「手すりをつかんで歩行」は男女ともに低く，これは異常時での使いやすさを考慮した設計がなされていなかったためと考えられる。[98]

　日本国内においてトンネル火災事故で生存した乗客を対象とした100人規模のアンケート調査はほとんど実施されておらず，この研究で得られた知見は今後のトンネル火災対策において大変有効であると考える。

表3-21 避難時における乗客の歩行方法

乗客の歩行方法	男 性		女 性		合 計	
	人数 （人）	割合 （%）	人数 （人）	割合 （%）	人数 （人）	割合 （%）
壁を伝って歩行	18	51.4	24	39.3	42	43.7
前方の人の服をつかんで歩行	1	2.9	25	41.0	26	27.1
自分自身の判断で歩行	9	25.7	5	8.2	14	14.6
手すりをつかんで歩行	2	5.7	1	1.7	3	3.1
その他	5	14.3	6	9.8	11	11.5
合　計	35	100.0	61	100.0	96	100.0

出所：Gyuyeob Jeon and Wonhwa Hong, *op. cit.*, p. 420.

4 他の地下鉄火災事故

（1）ロンドン地下鉄キングス・クロス駅火災事故（イギリス）

1987年11月18日19時30分頃，イギリス・ロンドン地下鉄のキングス・クロス・セント・パンクラス駅（以下「キングス・クロス駅」という。）で火災が発生し，31名が死亡した。火災は，出札ホールとピカデリー線のホームとを結ぶ4番エスカレーターからの出火が原因であった（図3-5[99]）。

キングス・クロス駅

キングス・クロス駅は，世界で最初の地下鉄であるメトロポリタン鉄道とともに開業した（1863年）。本駅は，ロンドンのゲートウェイであるブリティッシュ・レールのキングス・クロス駅とセント・パンクラス駅の両駅に接続しており，火災事故が発生した1987年には5つの地下鉄路線が乗り入れていた。そのうち，メトロポリタン線とサークル線は，開削工法で建設されたために比較的浅い箇所を走行している。他の3路線（ピカデリー線，ビクトリア線，ノーザン線）は，シールド工法により比較的深い箇所に建設されており，トンネル断面の形状から通称「チューブ」と呼ばれている。当駅は地下5階建てで，各路線は通路や階段，エスカレーターで結ばれ迷路のような複雑な構造となっている。なお，チューブと呼ばれている3路線のホーム間は出札ホールとを結ぶエ

第3章 都市トンネル（地下鉄）における火災事故

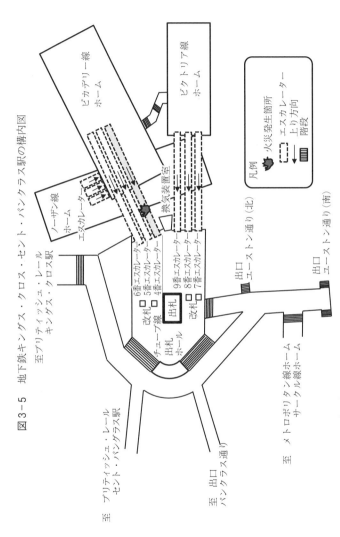

図3-5 地下鉄キングス・クロス・セント・パンクラス駅の構内図

出所：Desmond Fennell (1988) *Investigation into the Kings Cross Underground Fire*, HMSO BOOKS.

スカレーターを利用せず，階段や通路で移動することができる。本駅は，ロンドン地下鉄の中で最も乗降者数が多く，その数は平日 1 日当たり25万人以上となっている。[100]

1987年11月時点のキングス・クロス駅には58名の職員が在籍しており，火災発生当日の19時30分時点では23名が勤務していた。そのうち，メトロポリタン線・サークル線側に12名，チューブ線側には11名の職員（駅改札係員 3 名，駅出札職員 3 名，指導駅改札職員 5 名）が配置されていた。[101]

エスカレーター

火災が発生した 4 番エスカレーターは，MHタイプと呼ばれる木製エスカレーターであり，チューブ線出札ホールとピカデリー線ホームとを全長42メートル，傾斜30度，高低差17.2メートルで結んでいた。本エスカレーターは，隣接する 5 番，6 番エスカレーターとともに1939年に設置された。ロンドン地下鉄におけるエスカレーターの火災件数は，1958年から1987年の約30年間で400件以上にのぼり，そのうち乗客が病院へ搬送される深刻なものも数件あったが，本火災事故までは幸いにも死者ゼロであった。エスカレーター火災の45パーセントはMHタイプで発生しており，1944年12月24日のベーカールー線のパディントン駅で発生した火災事故以降，MHタイプは発火しやすいエスカレーターと指摘されてきた。[102]

時系列

表 3-22は，地下鉄職員や警察，乗客らの証言に基づき作成したキングス・クロス駅火災事故の時系列である。4 番エスカレーターの火災が最初に発見されたのは18日の19時29分であるが，出火は専門家により作成された報告書によると19時25分頃の可能性があるとされている。エスカレーターの火災は多くの乗客に目撃されており，乗客によって地下鉄職員への通報やエスカレーターの緊急停止が行われた。[103]

地下鉄職員や乗客らの証言によると，本火災事故は当初，小規模であり煙が立ち込めてきても誰もが深刻に受け止めておらず，炎による高熱や黒煙の発生による呼吸困難者が出るまで人々はパニックを起こさなかったとされている。

第**3**章　都市トンネル（地下鉄）における火災事故

表3-22　キングス・クロス駅火災事故の時系列

時刻	内　容
19:29	・4号エスカレーターに乗車した乗客Aは，エスカレーター右側に小さな火を確認したために出札職員に通告した。
19:30	・乗客Bは，4号エスカレーターで火を確認したために非常停止ボタンを押し，他の乗客にエスカレーターから降りるように叫んだ。
19:32	・警官の1人が，個人の無線で警察本部への連絡を試みたが，地下のため繋がらず地上に上がって電話をかけた。その後，地下に戻り，隣接する5号6号エスカレーターも停止させた。 ・乗客Cは，警報を鳴動させた。
19:33	・警察本部は緊急コールセンターを経由してロンドン消防に緊急メッセージを送信した。
19:36	・警察の指示により駅職員は，ピカデリー線の乗客をビクトリア線のエスカレーターへ迂回させた。 ・火災が発生したエスカレーターは，警察によりテープでブロックされた。 ・ロンドン消防は，ソーホーなどの消防署から消防隊を出動させた。
19:37	・駅職員は，ピカデリー線指令へ火災の情報を伝達した。
19:38	・駅職員らは，消火を試みたが，火に近づくことができなかった。
19:39	・出札ホールにいた警官は，エリア一帯の避難を決定した。 ・ピカデリー線指令は，地下鉄総合指令へ火災発生を通報した。
19:41	・警察の要請により，地下鉄総合指令はビクトリア線とピカデリー線の全列車に対しキングス・クロス駅の通過を指示した。
19:42	・ピカデリー線東行き最終列車が到着し，乗客が降車した。 ・ノーザン線北行き列車が到着し，50人程度の乗客が降車した。 ・警察は，出札職員に避難指示を出した。
19:43	<u>火は大きな段ボール箱のサイズ</u> ・消防隊が到着した。 ・ピカデリー線西行き最終列車が到着し，乗客が降車した。
19:44	・地下鉄総合指令は，キングス・クロス駅に列車が停車しないようにピカデリー線，ビクトリア線指令に指示をした。 　※19:41の指示は伝わらなかった。
19:45	<u>フラッシュオーバー発生</u> （炎のジェットが出札ホールの天井にあたり，天井に沿って拡散） ・炎による高熱と黒煙がホールを襲う。 ・警官は，大事件発生の緊急メッセージを英国交通警察本部情報室へ発信した。
19:46	・通過を指示されていた北向きビクトリア線の列車が，ホームに残された乗客を救助するために手動制御により一時的に停車し，ホームに取り残された乗客150〜200人を救助した。 　⇒　最後の乗客が救助される19:55までに同様の救助方法が後続の2列車でも実施された。
19:47	・駅職員は，ピカデリー線のホームにいた乗客をビクトリア線に誘導した。
19:59	・最初の救急車が到着した。
20:05	・猛煙によりメトロポリタン線のホームに閉じ込められた警官と地下鉄職員8人が列車で避難した。
（翌日） 1:46	・ロンドン消防により鎮火のメッセージが送信された。 ・捜索と救助活動は，消防隊員により夜通し続けられた。

出所：Desmond Fennell, *op. cit.*, pp. 49-57, 61-74.

しかし，19時43分頃からわずか2分間で火勢が急激に増し，エスカレーターから出札ホールに向けて炎が勢いよく噴出するフラッシュオーバーが発生した。[104]

フラッシュオーバーの発生時にチューブ線出札ホールにいた乗客のほとんどが，死亡あるいは重傷を負っているが，フラッシュオーバー発生の瞬間を目撃した者はほとんどいなかった。[105]

火災の原因

火災の原因は，4番エスカレーターの踏板と側板との間にできた隙間から喫煙者が投げ捨てた火の点いたマッチが落ち，エスカレーター下の走行軌道面に蓄積していたグリスやごみの堆積物に引火し，それが木製の踏板や側板へ燃え広がったためとされている。その証拠として，火災発生の約2週間前に4番エスカレーターの踏板と側板との間に隙間が発見されていたことや，事故後エスカレーター下から大量のグリス等が検出されたことが挙げられる。なお，1984年にオックスフォード・サーカス駅で発生した火災を受け，ロンドン地下鉄では1985年2月から駅構内は禁煙になったが，利用者による喫煙はなくなっておらず，1956年から1988年までに発生したエスカレーター火災のうち，32件は喫煙によるものであった。[106]

目撃者の証言によれば，火災が確認されてから19時43分頃まではエスカレーターから炎が小さく立ち上がっている程度であり，フラッシュオーバーが発生した19時45分の直前から状況が急変したとされている。急激に火災が拡大した原因を究明するため，衛生安全局はハウエル研究所に数値解析を，爆発・燃焼研究所に模型実験を委託した。その結果，「トレンチ効果」と呼ばれるエスカレーターの手摺下に存在する溝部分（トレンチ）が作用し，火災が拡大したものと結論づけられた。[107]

また，火災後の調査において，エスカレーターの天井に使用されていた塗料やピカデリー線などの列車走行に伴うトンネル内の風速変化も，フラッシュオーバーを加速させた要因の一つに挙げられた。[108]

被害を拡大させた人的要因

ここでは，火災を目撃した多くの乗客から通報を受けたにもかかわらず，地

第**3**章　都市トンネル（地下鉄）における火災事故

下鉄職員の初期対応が遅れ，死者31名を出す大惨事に至らしめた要因について
考える。

① リスク認知不足

　既述のとおり，ロンドン地下鉄では本火災事故以前にも多くのエスカレー
ター火災を経験してきたが，幸いにも死亡事故にいたる事象は１件も発生しな
かった。このことが地下鉄職員らに，エスカレーター火災が発生しても乗客を
安全に誘導するのに十分な時間があるものとの過信や安心感を与えていた。な
お，エスカレーターの火災は職員の間では「くすぶり」と呼ばれていた[109]。

　エスカレーターから発生した煙は当初，白色で薄かったために深刻な火災と
は考えられていなかった。乗客から通報を受けた出札の職員は以前の火災にく
らべ煙が少ないと判断し，出札から離れることはなかった。煙は時間の経過と
ともに濃い黒色へと変化し，呼吸困難となる深刻な状態になってようやく，出
札ホールにいた職員らは乗客の避難誘導を開始した[110]。

② 災害時における危機管理体制の不足

　警報鳴動後，マニュアルに従い火災現場の確認を行った地下鉄職員は，キン
グス・クロス駅へ助勤に来ていた他の駅係員であったが，知識が乏しかったた
め火災発生直後に駅の管理者やピカデリー線指令に通報しなかった。また，乗
客からの通報を受けた職員は消火は必要と思ったが，消火栓の位置や使用方法
を知らなかったため，初期消火を行うことができなかった。なお，駅構内に配
置された消火器等は，鎮火まで一つも使用されることはなかったことから，多
くの地下鉄職員に対し十分な消火訓練が行われていなかったことが窺える[111]。

　これ以外にもロンドン地下鉄の管理上の問題として，駅の避難計画が定めら
れていなかったことや，通信機器・スプリンクラー等の設備管理不良などが挙
げられる。また，火災が発生した19時30分頃，チューブ線側の指導駅改札職員
５名のうち３名は持ち場から離れており（２名が長時間休憩中，１名が通院），
脆弱な職員体制であったことも問題点として挙げられる[112]。

③ 指揮者の不在

　火災といった異常時では，現地指揮者となって職員に指示を行う駅長等の存

191

在は欠かせない。ところが，キングス・クロス駅長は職責への不安を理由に，駅長室には常駐しておらずメトロポリタン・サークル線ホームの端にある事務室で業務を行っていた。そのため，駅長はピカデリー線指令から問い合わせのあった19時42分まで，火災に気付いていなかった。また，駅長と同じ事務室にいた駅長代理もこの問い合わせにより火災が発生したことを知り得たが，深刻なものであるとは思わなかった。ところが，数分後にメトロポリタン・サークル線ホームに出て階段上部に立ち込める黒い煙と走って逃げる乗客の姿を目撃したため，乗客らを19時52分に到着したメトロポリタン線東行き列車で避難するよう誘導した。[113]

④　コミュニケーション不足

　本火災事故では，ロンドン地下鉄内の現場と指令間，地下鉄と消防間の情報共有が図れていなかったことが考えられる。ブロードウェイにある地下鉄総合指令は，19時39分にピカデリー線指令を通じ火災の発生を知らされたが，キングス・クロス駅からの直接連絡ではなかったことと業務の輻輳などにより，火災の深刻さを認識することはなかった。また，キングス・クロス駅長をはじめ地下鉄職員から消防に対する火災発生の通報も行われなかった。[114]

　これまで，被害を拡大させた要因について述べてきたが，火災現場に偶然居合わせた警官 2 名が，地下鉄職員に替わって消防への通報や乗客の避難誘導に係る意思決定を行ったことは幸運であった。また，19時40分頃に機械室火災の通報を受け，メトロポリタン・サークル線側からチューブ側へ駆けつけた地下鉄職員により通用口が開扉されたことは，フラッシュオーバー後の避難路を乗客へ提供することに繋がった。[115]

　フラッシュオーバー発生後，ビクトリア線エスカレーターを利用していた乗客らは，勢いを増した火炎を目撃したため，エスカレーター下部のビクトリア線ホーム側へ引き返し地下鉄に乗車して脱出した。[116]

第**3**章 都市トンネル（地下鉄）における火災事故

（2）バクー地下鉄火災事故（アゼルバイジャン）

1995年10月28日17時51分，アゼルバイジャンの首都バクーの地下鉄ウルドゥズ駅〜ナリマン・ナリマノフ駅間で列車火災が発生し，289名が死亡，265名が負傷した。火災は，列車内の電気ケーブルからの出火が原因であった。[117]

アゼルバイジャンとバクー地下鉄

アゼルバイジャン共和国は，カスピ海に面したコーカサス地方南東部に位置し，国土面積は北海道とほぼ同じで，ロシア，ジョージア（旧グルジア），アルメニア，イランと国境を接する。1991年のソビエト連邦（以下「ソ連」という。）崩壊により独立した国であり，首都は人口200万人以上のバクーである。19世紀後半から20世紀初頭にかけて，バクーは帝政ロシアの支配のもと一大油田地帯となり，人と金が集中した大都市へと急速に発展した。[118]

このように，バクーは旧ソ連の中でも産業の中心都市として栄え，1932年のバクー都市計画の中に地下鉄建設が盛り込まれた。ところが，第二次世界大戦の開戦に伴い地下鉄建設計画は一時凍結された。終戦後の1947年から政府は地下鉄建設のための調査を開始し，1954年には認可がおり建設が開始された。1967年には，イチェリシャハル駅〜ナリマン・ナリマノフ駅間の6.5キロが開業した。バクー地下鉄の開業は，旧ソ連に属する都市の中でモスクワ（1935年），レニングラード（1955年），キエフ（1960年），トビリシ（1966年）に続き5番目であった。[119]

バクー地下鉄は2016年末現在，3路線，全25駅，総延長約36キロ（表3-23），2015年の1日当たりの乗車人員は58万9000人となっている。2030年までには，グリーン・ラインの環状運転化や2つの新線建設，既設線の延伸などにより，路線網は5路線，

表3-23 バクー地下鉄各路線の内訳

線 名	区 間	駅数 （駅）	距離 （km）	開業 （年）
Red Line	Icherisheher -HaziAslanov	13	18.8	1967
Green Line	Darnagul -Khatai	10	15.5	1968
Violet Line	Avtovaghzal -MemarAlami	2	2.1	2016
合 計		25	36.4	

（2016年末時点）

出所：バクー地下鉄ホームページ，www.metro.gov.az（2017年3月29日アクセス）。

図3-6　火災現場

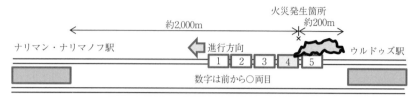

出所：Rohlén, P. & Wahlström, B. (1996), *Tunnelbaneolyckan i Baku, Azerbaijan 28 Oktober 1995,* Räddningsverket, p. 18.

表3-24　遺体が発見された場所

（単位：人）

発見場所	死者
車内（1～3両目）	220
車内（4～5両目）	25
トンネル内（ナリマン・ナリマノフ駅側）	40
不　明	4
合　計	289

出所：Rohlén, P. & Wahlström, B., *op. cit.*, p. 22.

全76駅，総延長約119キロとなる予定である。列車の集電方式は第三軌条方式であり，近年開業したバイオレット・ラインを除き，ロシアE型と呼ばれる片側4扉の車両5両編成で運行されている。この車両は，端部に貫通扉を有するが通常閉扉されているため，乗客による車両間の往来はできない。

火災の概況

1995年10月28日17時51分，バクー地下鉄のウルドゥズ駅を出発した5両編成の列車は，爆発音とともに高圧ケーブルからスパークが発生し，ウルドゥズ駅から約200メートル，次駅のナリマン・ナリマノフ駅から約2キロのトンネル内で停車した。停車後，4両目後方から出火した火は5両目へと延焼していった（図3-6）。

火災は土曜日の夕刻にバクーの中心街で発生したため，車内は約1000人以上の乗客で混み合っていた。火災が発生した4両目付近では，停車直後から車内に煙が充満し息苦しい状態であったが，ナリマン・ナリマノフ駅側の前3両では停車後10分間程度，煙の影響を受けることはなかった。停車後，運転士は降車してトンネル内の緊急電話で指令に火災の発生を通報し停電を要請した。列

車停車後もドアは閉扉したままの状態であったため，4両目では窓ガラスが数カ所割られ，そこから車外へ脱出する乗客もいた。[122]

遺体は**表3-24**のとおり，その多くは車内で発見された。車両は焼損を免れたが1〜3両目の車内に留まった乗客220名およびナリマン・ナリマノフ駅側へ避難した乗客40名は有毒ガスによる一酸化炭素中毒等で死亡した。また，生存者750名のうち265名は負傷し病院へ搬送され，うち約100名は事故から5日後も呼吸器系が深刻な状況であったため，引き続き病院で治療を受けていた。[123]

火災の原因

本火災事故が発生した前年の1994年には，バクーで20名以上が犠牲となる地下鉄連続爆破事件が2回発生した。また，事故の2週間後の1995年11月には議会選挙を控えていたため，当初はテロが本火災事故の原因と疑われた。しかしながら調査の結果，緊急に修繕が必要な旧式車両の整備不良が原因と推測され，定期的な整備を怠るというサボタージュが問題視された。アゼルバイジャンでは当時，地下鉄のほかバスやトロリーバスなど，ソ連時代に作られた旧式のシステムが幅広く使用されていた。[124]

避難行動と救助活動

火災が発生した4両目では，停車直後からドアが開かない車内に煙が立ち込めた。また，乗務員による誘導や情報提供を十分受けられなかったため，比較的早い時期から窓ガラスを割って自ら避難を試みた乗客がいた。このため，4両目車両には車外からより一層の煙が流入したものと思われる。火災発生当初は，火災現場に近いウルドゥズ駅と進行方向のナリマン・ナリマノフ駅両側へ避難することができたが，火勢が強まると1〜3両目の乗客は約2キロ先のナリマン・ナリマノフ駅側への避難を強いられた。[125]

消防隊は全員，火災現場に近いウルドゥズ駅へ出動した。そのため，ウルドゥズ駅側に避難した約70名の乗客は消防隊に救助されたが，ナリマン・ナリマノフ駅側に向かった多くの乗客は消防による救助や手当てを受けることができなかった。[126]

車外に脱出した乗客は，猛煙による暗闇や有毒ガスにより通常の歩行が困難

なことから，トンネル壁を伝い，ケーブルや他人の服などをつかみながら暗闇のトンネルを歩行した。駅に向かって脱出した乗客790名の一部（40名）は，一酸化炭素中毒によりトンネル内で死亡したが，750名はウルドゥズ駅あるいはナリマン・ナリマノフ駅へとたどりついたことから全体の約95パーセントは生還することができた。[127]

被害を拡大させた要因

① 可燃性の材質

　火災が発生したロシアE型車両には木製の床をはじめ，可燃性の材質が数多く使用されていた。そのため，本火災事故では大量に発生した煙が乗客から視界を奪い歩行を困難とさせたほか，一酸化炭素中毒を誘発させた。また，乗客が車内に置き去りにした可燃物の手荷物も，火勢を強めた要因の一つとされている。[128]

② 乗務員の対応

　乗客の証言によると，火災が発生した列車はウルドゥズ駅到着時点ですでに電気系統が損傷し激しく溶解しはじめていた。ウルドゥズ駅停車中に乗務員が電気系統の異変に気付いていれば，駅間停車を避けることができた可能性がある。[129]

　また，乗客は乗務員による誘導や情報提供を十分受けられないまま，ドアが閉まった車内に取り残された。[130]

③ 換気装置

　バクー地下鉄には換気装置が整備されており，火災発生直後の煙はウルドゥズ駅方向へ流れていた。そのため，列車がトンネル内に停車してから10分間程度，ナリマン・ナリマノフ駅側の前3両は煙の影響を受けることはなかった。ところが，停車してから約15分後には換気装置が切り替わり，煙は多くの乗客が避難あるいは車内に留まっているナリマン・ナリマノフ駅側へと流れはじめた。前3両の車内およびトンネル内で死亡した乗客の死因のほとんどが一酸化炭素中毒であるのは，このためであると考えられる。[131]

④ 消　防

第**3**章 都市トンネル（地下鉄）における火災事故

前述のとおり，通報を受けた消防隊すべてが火災現場に近いウルドゥズ駅に出動したため，ナリマン・ナリマノフ駅側へ避難した乗客らは消防による救助や手当を受けることができなかった。また，消防隊はウルドゥズ駅側に避難した乗客70名を救助したが，空気呼吸器を装着しておらず列車に近づけなかったため，車内の乗客を救助することはできなかった。[132]

（3）日本における地下鉄火災事故

第１章の表１−１のとおり，国内の都市トンネル（地下鉄）で死傷者を伴う火災事故は少なく，1968年に11名が負傷した営団地下鉄（現，東京メトロ）日比谷線・回送列車火災事故（以下「日比谷線火災事故」という。）と1983年に２名が死亡，３名が負傷した名古屋市営地下鉄東山線・栄駅変電室火災事故（以下「栄駅火災事故」という。）の２件が国内の代表的な事例となる。ここでは，この２件の火災事例を紹介する。

日比谷線火災事故

① 営団地下鉄日比谷線と火災が発生した車両

営団地下鉄日比谷線南千住駅～仲御徒町駅間は，営団地下鉄で３番目の路線として1961年に開業した。日比谷線は当初，営団地下鉄で既開業の銀座線や丸ノ内線と同様，標準軌の第三軌条方式で計画されていたが，都市交通審議会１号答申に基づき民鉄との相互直通運転の対象路線に指定されたため，狭軌の架空電車線方式に変更された。その後，数回にわたり延伸され，1964年に北千住駅～中目黒駅間で全線開業した。1962年には北千住で東武鉄道伊勢崎線，1964年には中目黒で東急電鉄東横線との相互直通運転が開始された。日比谷線の路線図は**図３−７**のとおりである。[133]

火災が発生した車両は，当時不燃化の最高基準であったA−A様式（鉄運第136号，1957年12月18日）の基準を満たす1966年製の新製車両（東武鉄道所有）であった。本車両は，当時の火災基準に基づき不燃化・難燃化が図られていたものの，絶縁材や床敷材をはじめ可燃性材料が多く使用されており，本火災事故で有毒ガスを大量に放出することが明らかとなったため，当時の最高基準で

197

図3-7　事故発生当時の日比谷線路線図

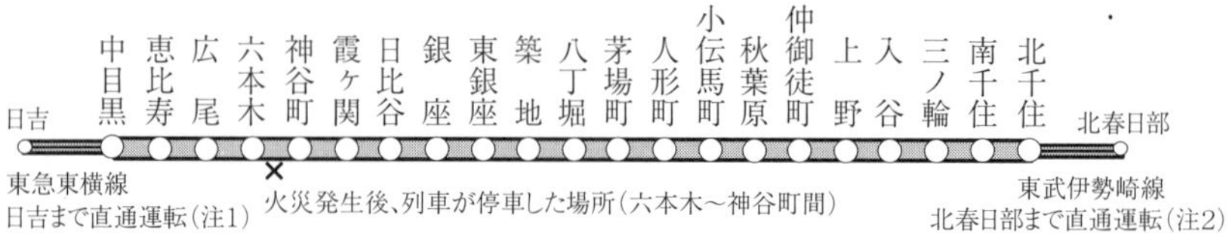

注1：東急東横線との直通運転は2013年に終了。
注2：2017年現在，東武スカイツリーライン経由日光線南栗橋まで直通運転。
出所：東京メトロホームページ「路線・駅の情報，日比谷線」http://www.tokyometro.jp/station/line_hibiya/index.html（2017年4月7日アクセス）により筆者作成。

図3-8　火災が発生した車両編成と火災発生箇所

火災当時は，6両編成（3ドア車）で運行
※2017年現在では，7両編成（4ドア車）または8両編成（3ドア車）で運行
出所：富樫三郎・猿山忠之助（1968）「地下鉄日比谷線の電車火災概要」『火災』18巻4号，195頁。

あったA-A様式はA-A基準へと見直された（鉄運第81号，1969年5月15日）。火災が発生した車両編成と火災発生箇所は，図3-8のとおりである。

② 火災の概況と避難誘導

　1968年1月27日11時20分，火災が発生した日比谷線・中目黒行き01T列車（6両編成）は南千住駅を定刻に出発した。運転士は走行中にブレーキの甘さや加速の遅さ，ショックなどを感じたため，茅場町駅で運転指令所に検査掛員の派遣を要請した。連絡を受けた検査掛員2名は，広尾駅から本列車に乗車し各種車内装置の点検を行ったが異常は認められなかった。そのため，本列車が所属する東武鉄道への連絡を検車区詰所に依頼したのち，終点の中目黒駅で降車した。

　01T列車は12時12分，折り返し北春日部行きとして中目黒駅を発車したが，加速が遅くブレーキがかかっているような状態が続いた。運転士は，4両目に

第**3**章　都市トンネル（地下鉄）における火災事故

乗車していた駅務員から「床下からの異音」の報告を受け，広尾駅で4両目の
制輪子の過熱状態を確認したところ，高温であったが発煙などの異常は認めら
れなかった（12時17分）ため，約6分遅れて広尾駅を発車した。しかしながら，
その後も同様の状態が続いたため，運転士は低速で走行し約8〜9分遅れて六
本木駅に到着した。到着後まもなくして，車掌は4両目とホームとの間から窓
の高さまで上がっている白煙を認めたため，運転士に連絡した。運転士は，赤
くなった4両目の床下主抵抗器を認め，これ以上の営業運転は難しいと判断し
た。そのため，運転士は六本木駅で乗客（約150〜200名）を降車させ，運転指
令所に霞ヶ関駅の側線まで回送する旨を要請した。[136]

01T列車は，12時35分，回送列車として六本木駅を発車したが速度が上がら
ず，車掌は車内に煙が舞い込んできたことを運転士に連絡した。列車はその後，
神谷町駅から約550メートル六本木駅寄りの上り勾配（1000分の19）で停車し，
自力走行は不可能と判断した乗務員から運転指令所に救援列車の要請がなされ
た（12時39分頃）。救援列車として指示を受けた後続の44S列車は，六本木駅で
乗客を降車させ01T列車の救援に向かった（12時48分）。44S列車は，01T列車
との併結作業を行ったのち，神谷町駅に向かって推進運転を行おうとしたとこ
ろ，01T列車の強まった火勢が高速遮断器を作動させ，き電停止となった（13
時05分）。指令員は送電を数回試みたが，時間の経過とともに乗務員らが生命
の危険を感じる状況となり，01T列車の乗務員は徒歩で神谷町へ，44S列車の
乗務員は後部側運転室へと避難した。その頃，風向きは神谷町から六本木方向
であったため，六本木駅では火災現場から徐々に煙が押し寄せ，視界がきかな
くなっていった。そのため，44S列車の後続列車（65S列車と03T列車の2列
車）は，六本木駅で乗客を降車させた。[137]

消防が本火災事故を覚知したのは，現場付近に住む消防隊員が地下鉄通風口
数カ所から煙が噴出している旨を通報した12時54分となっている。消火や救助
活動には，消防職員等201名，ポンプ車や救急車などの車両28台が投入され，
火災発生から約2時間後の14時53分に鎮火した。火災により，44S列車などに
乗車の営団地下鉄職員8名と消防署員3名の合計11名が負傷し，01T列車の3

199

両（全焼1両，半焼1両，小焼1両）が焼損した。[138]

③　被害を拡大させた要因

　本火災事故では，01T列車の乗務員の正しい判断により六本木駅で乗客を降車させたことと，後続列車の乗客を同駅で適切に避難誘導したことにより，乗客の死傷者は1名も出すことはなかった。ここからは，乗務員が異変を感じてから1時間以上を経て火災に至った経緯について考えたい。

　火災が発生した01T列車は，日比谷線へ乗入れ運転中の東武所属の車両であった。他社の車両を熟知していなかった営団の検査掛員が，同社で定められていた手順でのみ点検を行ったために火災に至ったと考えられる。また，六本木駅到着時にはすでに抵抗器は赤く焼け，白煙の発生が認められたにもかかわらず，運転士は消火を行わずに霞ケ関までの回送運転が可能と判断した。これは，車両が当時の不燃化の最高水準であったA-A様式の車両であり，車両は燃えないという固定概念によるものと思われる。[139]

　火災現場では，救援列車となった後続44S列車との併結作業に気を取られ初期消火は行われなかったため，01T列車の火勢が強まり，き電停止となった。その頃，神谷町駅員は現地の状況が全く把握できず，後続列車と併結された回送列車が間もなく入駅してくるものと思い込んだ。そのため，神谷町駅員は13時03分に到着していた消防隊にトンネルへの進入をしばらく待ってほしいと要請した。火災発生当時の神谷町駅は風上であったため，トンネルからの煙の流出はなく，火災現場への進入は容易であった。消防隊がようやくトンネル内に進入したのは，送電不能の知らせを聞いた13時30分頃であり，30分近くの貴重な時間を失う結果となった。[140]

栄駅火災事故

①　名古屋市営地下鉄東山線と栄駅変電室

　名古屋市は，日本で3番目に地下鉄が建設された都市である。名古屋市の地下鉄計画は戦前にはじまり，人口が100万人を超えた1935年頃から都市高速鉄道の必要性が議論されるようになった。1936年に策定された総延長52キロの路線計画は，復興都市計画高速度鉄道網（1950年）のたたき台となった。しかし

第3章 都市トンネル（地下鉄）における火災事故

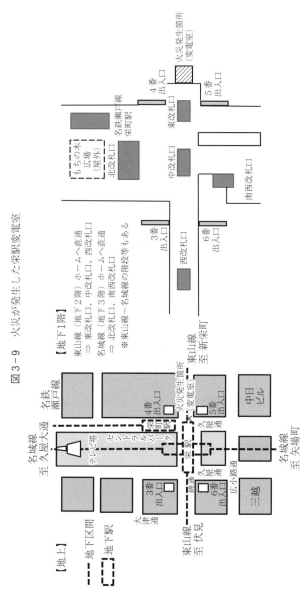

図3−9 火災が発生した栄駅変電室

出所：名古屋市消防局地下鉄栄駅変電室火災事故対策委員会（1983）「地下鉄栄駅変電室火災に関する報告書」8−9頁。名古屋市交通局ホームページ「栄駅構内図」https://www.kotsu.city.nagoya.jp/jp/pc/SUBWAY/station_campus.html（2017年4月13日アクセス）。

ながら，終戦直後の資材不足に加え1949年に実施されたドッジ・ラインにより，資金調達が困難になったため着工が遅れていた。地下鉄の建設は1954年にはじまり，1957年に１号線（現，東山線）名古屋駅〜栄町駅（現，栄駅）間の2.4キロが開業した。１号線はその後，東山線と呼ばれるようになり，1960年から名古屋の東部丘陵地帯まで順次延伸された。東山線は2017年現在，名古屋市中川区の高畑駅と名東区の藤が丘駅までの20.6キロを結ぶ名古屋市営地下鉄の主要路線となっている。[141]

　火災が発生した栄駅変電室（図３-９）は，地下鉄用電源を供給するための施設であり，通常は無人である。変電室は，東改札口付近の地下１階（間口16メートル，奥行20メートル）と地下２階（間口７メートル，奥行35メートル）の二層構造であり，いずれも耐火造となっている。地下１階と地下２階は，変電室内の階段で接続されている。火元となった整流器は地下２階にあり，路面電車用の設備を転用したもので製造後20年程度経過していた。火は整流器からダクトを通じて地下１階のケーブルへと延焼していった。[142]

② 火災の概況と避難誘導

　1983年８月16日14時46分頃，名古屋市営地下鉄栄駅の首席助役は，同駅長室にある自動火災報知装置に変電室の火災表示が出た旨の報告を受けた。首席助役は火災表示を確認後，変電室へ向かう途中で，新聞配達人の申告により，地上の換気口から排出される白煙を認めた。そのため，首席助役は駅長室に戻り消防へ通報した（14時52分）。換気口から排出される白煙については，現場付近を歩行中のラジオ局職員からも申告を受けた。首席助役は，消防への通報後，駅長と東改札口へ向かい，マスターキーで地下１階の変電室扉を少し開けたところ，黒煙が激しく噴出したため，初期消火は不可能と判断し消火器は使用しなかった。変電室の地下２階で発生した火災は，ダクトを通じて地下１階へ延焼していった。[143]

　現地に到着した消防隊員は，火災現場付近の５番出入口から進入し，通行人を西改札口方面へと避難させ，地下街の各店舗に対し火気の後始末やシャッターの閉鎖を指示した。駅員は，東改札口と地下２階の東改札口へ繋がる階段，

第**3**章　都市トンネル（地下鉄）における火災事故

　4番・5番出入口をロープで閉鎖し，ホームの乗降客を中央あるいは西改札へ誘導した。消防隊と地下街の警備員は，煙の拡散状況に応じて消防警戒区域の拡張やシャッターの閉鎖を行った。地下街を運営する会社は，火災発生やそれに伴う列車の運休情報などを放送した。

　首席助役らは14時50分頃，変電室の火災発生を認めた。しかしながら，変電室の送配電を遮断するには，変電室を所轄する箇所が中部電力など複数箇所と協議する必要があったため，遮断が完了したのは火災発生から約30分後の15時15分であった。

　一方，運転指令は全駅，全列車に対し，停電予告を行った後に電源の遮断を行ったため，ほとんどの列車は，だ行運転により最寄の駅に到着することができた。ところが，名古屋駅〜伏見駅間の上り勾配に差し掛かっていたT1501F列車（6両，乗客約800名）のみ，伏見駅から約410メートル名古屋方の駅間に停車した（15時17分）。車内は，停電により非常灯だけの暗闇となったうえ，蒸し暑い状態であった。停車から13分後の15時30分頃に，乗務員が「送電再開の目途がたたない」旨の車内放送を行ったところ，乗客から苦情が出た。そのため，乗務員は運転指令室に連絡して降車手配を要請し，伏見駅から駆けつけた駅員3名とともに乗客の避難誘導を行った（15時45分降車開始，16時35分伏見駅への避難完了）。

　本火災事故では，変電室から排出された煙が排煙装置の処理能力を上回ったことや一部の防火シャッターに欠陥があったため，煙は地下街の広範囲にわたり拡散したが，適切な避難誘導により乗客や地下街利用者から死傷者は一人も出なかった。この火災の原因は，整流器の経年劣化による破裂・燃焼とされている。消火や救助活動では，消防隊員154名，排煙高発泡車や救急車など40台が投入され，火災発生から約3時間後の18時03分に鎮火したが，消火活動に携わった消防隊員2名が熱傷窒息と急性一酸化炭素中毒により死亡，消防隊員5名が負傷した。

③　被害を拡大させた要因

　本火災事故は，小規模でありながら消防隊が2名死亡するなど消火活動は難

203

航し，多くの乗客や地下街利用者が避難を強いられるという社会的影響の大きな地下鉄火災であった。ここでは，被害を拡大させた要因について考えてみる。[148]

i）初期消火が行われなかった

　駅長らが変電室に駆けつける前，変電室の火災表示の発報を地下街防災センターの警備員が認めた。地下1階の変電室前まで駆けつけたが，扉の隙間から煙の排出は確認できなかった。そのため，警備員は一旦防火センターへ戻ったが発報が継続していたために再び変電室へ戻ったところ，駅長らが開けた変電室の扉から，激しく噴出する黒煙を確認した。防災センターには変電室の鍵が保管されていなかったため，火勢が弱い段階で変電室の中に入って火災発生の確認および初期消火を行うことができなかった。[149]

ii）変電室の情報収集に時間を要した

　消防隊は交通局関係者から変電室に関する詳細な情報の入手が遅れたため，効率的な消火活動が行えなかった。その理由として，栄駅は変電室の鍵を保管しているだけで，変電室の管理は施設車両部電気課などの電気系職場により行われていたことが挙げられる。また，災害時における初動体制が交通局内で確立されていなかったことも，対処遅れに繋がった原因の一つと考えられる。[150]

iii）極力放水を避けたかった

　変電室は水に弱い特殊施設であり，鎮火後の復旧を考慮して消火活動開始当初は放水に関するためらいがあった。そのため，放水活動が決定された15時45分まで粉末消火器による消火が3回行われたが，濃煙により火元が確認できず消火の効果は上がらなかった。[151]

iv）過酷な環境

　変電室内には，電気ケーブルとダクトカバーの燃焼に伴い大量に発生した煙や有毒ガスが充満していた。そのため，消火活動を行う消防隊員の疲労は著しく，多くの隊員は一酸化炭素中毒となった。死亡した隊員2名は，15時45分頃，消火効果の確認と火元検索のために変電室内に進入したが，火炎が増し熱気が急上昇したために退出できなくなった可能性が高いとされている。[152]

第**3**章　都市トンネル（地下鉄）における火災事故

　なお，本火災事故で東山線は，き電停止により15時15分頃には運行を停止したが，名城線は運行を継続していた。そのため，一部の乗客が誤って消防警戒区域へ立ち入り二次災害発生のおそれもあったが，幸いにも乗客の死傷者は一人も発生しなかった。⁽¹⁵³⁾

④　同種事故

　2012年2月22日9時頃，大阪市営地下鉄御堂筋線・梅田駅のエスカレーター下にある倉庫で火災が発生し，白煙や臭いが火元である梅田駅のほか駅に隣接する地下街まで拡散したため，地下街全域に亘って総避難が指示された。本火災事故は，栄駅の火災と同様に地下ターミナル駅の一画が火源となった。火災の原因は，清掃用具やホーム等で収集されたゴミが一時的に保管された倉庫内で，委託清掃員が喫煙した後の煙草の火の不始末とされている。出火20分後には火勢が弱まり，10時40分には御堂筋線の運転再開が行われたが，火災が発生した梅田駅では16時30分頃まで閉鎖が続いたため，全列車を通過させる措置が採られた。⁽¹⁵⁴⁾

　この火災により，乗務員2名が避難誘導の際に煙を吸引したため病院へ搬送されたが，配線抜けにより非常放送が流れない中，駅員の適切な指示と迅速な対応により駅構内にいた約3000人の乗客にけがはなかった。⁽¹⁵⁵⁾

　御堂筋線・梅田駅は，地上駅であるJR大阪駅や阪急電鉄梅田駅のほか，地下駅4駅（谷町線・東梅田駅，四つ橋線・西梅田駅，JR東西線・北新地駅，阪神電鉄梅田駅）と接続する全国でも有数の地下ターミナル駅である。このうち地下駅4駅は，梅田駅はホワイティうめだやディアモール大阪をはじめ管理者の異なる複数の地下街で接続している（図3-10）。本火災事故では，白煙や臭いが地下街まで拡散したため，乗客や地下街利用者の証言では，「煙や臭いにより危険や恐怖を感じた」との意見が多くみられた。大阪梅田エリアのように，いくつもの駅が複数の地下街で接続している場合には，災害の影響が複数の地下街に及ぶ可能性がある。したがって，災害発生時に鉄道事業者と地下街相互間で連携が図れる横断的な防災協定を検討することが今後の課題であると考える。⁽¹⁵⁶⁾

図3-10 地下鉄梅田駅に接続した地下街

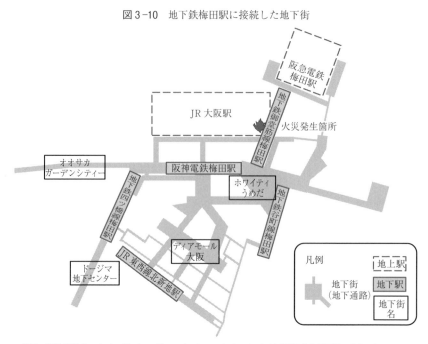

出所：阪急電鉄ホームページ，http://www.hankyu.co.jp/station/pdf（2017年6月26日アクセス）。

5 都市トンネル（地下鉄）火災事故の特徴と課題

(1) 同種事故で共通してみられた事柄

　本章で取り上げた5つの地下鉄火災事故の避難行動分析から導き出された5点の共通事項が表3-25である。詳細は以下のとおりである。

　第一に，5つの事故に共通してみられたのは，初期消火がなされなかったことである。キングス・クロス駅火災事故と日比谷線火災事故では，火災発生当初，火元を確認していながら深刻なものと思われていなかった。キングス・クロス駅火災事故では，地下鉄職員に対し十分な消火訓練が行われていなかったため，駅構内に配置された消火器等は1本も使用されることはなかった。また，

第**3**章　都市トンネル（地下鉄）における火災事故

表3-25　同種事故で共通してみられた事柄

		大邱地下鉄火災事故	キングス・クロス駅火災事故	バクー地下鉄火災事故	日比谷線火災事故	栄駅火災事故
1	初期消火がなされなかった	○	○	○	○	○
2	現場の詳細が伝わりにくい	○	○		○	
3	消防隊への情報提供不足			○	○	○
4	都合のよい思い込み		○		○	
5	ドアが閉扉状態	○		○		

出所：筆者作成。

栄駅火災事故では，変電室の火災を知らせる自動火災報知装置が動作し防災センターの警備員が早い段階で現地に駆け付けたが，防災センターには変電室の鍵が保管されていなかったことから，室内の状況を確認できず初期消火が行われなかった。なお，大邱地下鉄火災事故やバクー地下鉄火災事故では火の回りが早かったため，時間的に初期消火は不可能であったと考える。

　第二に，現場の詳細が関係箇所に伝わらなかった状況が，大邱地下鉄火災事故とキングス・クロス駅火災事故，日比谷線火災事故でみられた。このような状況は，火災といった異常時ではよくみられるが，その背景には組織内のコミュニケーション不足のほか，火災という現象がどのようなものなのかを職員が十分理解していなかったことが挙げられる。具体的には，大邱地下鉄火災事故とキングス・クロス駅火災事故では，指令員は火災現場の状況を十分把握できなかったため，運転士等に適切な指示を与えられなかった。また，日比谷線火災事故では，火災現場の風上側となる神谷町駅の駅員は，火災現場の状況を全く把握できず，送電により火災列車が回送されるものと思い込んでいた。このようなコミュニケーションエラーは，関係者や関係箇所が多いほど現れやすいと考える。

　第三に，消防隊への情報提供不足が，バクー地下鉄火災事故や日比谷線火災事故，栄駅火災事故でみられた。このため，消防隊の救助活動や消火活動に支障が出た。この背景には，鉄道事業者と消防との組織間のコミュニケーション

不足があると考える。バクー地下鉄火災事故では，消防隊は全員，火災現場に近いウルドゥズ駅へ向かったため，ナリマン・ナリマノフ駅に向かった多くの乗客は消防による救助や手当てを受けることができなかった。また，日比谷線火災事故では，既述のとおり，風上側である神谷町駅側からの進入は容易であったにもかかわらず，現地の状況が把握できなかった神谷町駅員が消防隊のトンネル内への進入を制止したため，消防活動の着手に30分以上の遅延が生じた。一方，栄駅火災事故では，変電室を管理する部署が所在箇所と異なっていたことから，消防に十分な設備情報を提供することができなかった。

　第四に，職員による都合のよい思い込みがキングス・クロス駅火災事故と日比谷線火災事故でみられた。キングス・クロス駅火災事故では，発火しやすいエスカレーターと指摘され過去にも数百件もの火災事故を発生していながら，死者ゼロであったため火災が発生しても大丈夫という思い込みがあった。一方，日比谷線火災事故では，火災のあった車両は当時の不燃化の最高水準であったA-A様式の車両であり，車両は燃えないという固定概念が消火の判断を誤らせた。

　第五に，ドアが開かず乗客が車内に閉じ込められた状況が大邱地下鉄火災事故とバクー地下鉄火災事故でみられた。大邱地下鉄火災事故では，1080号列車の乗務員は停電中でも非常用バッテリーにより乗務員はドアの開扉を行うことができたにもかかわらず，それを失念した。また，乗務員がマスターキーを抜いて非常用バッテリーが作動しなくなっても，乗客が非常用ドアコックを扱えばドアの開扉を行うことができたが，車内には非常用ドアコックによるドアの開扉方法の表記がないため，多くの乗客はその扱い方を知らなかった。さらに，大邱地下鉄の車両は窓が開かない構造であったため，窓ガラスを割って車外に脱出した乗客がいた。同様の行動が，バクー地下鉄火災事故でもみられた。

（2）避難誘導における重要なポイントと課題

避難誘導における重要なポイント

　地下区間における火災では，限られた空間の中で有毒ガスを含む煙の移動方

第**3**章 都市トンネル（地下鉄）における火災事故

向と避難方向が同じになると大惨事に
なりやすい。そのため，ハード・ソフ
トの両面から乗客が避難行動を取りや
すい対策を検討する必要がある。[157]

本章で取り上げた5つの地下鉄火災
事故の避難行動分析から，**表3-26の**
4点が重要であることが分かった。詳細は以下のとおりである。

表3-26 避難誘導における重要なポイント

1	できるだけ早い時期に避難させること
2	低い姿勢で避難させること
3	2つ以上の避難路を確保すること
4	適切な情報伝達を行うこと

出所：筆者作成。

第一に，火災による人命被害を軽減させる最大のポイントは，火災発生直後
における迅速な避難誘導にある。大邱地下鉄火災事故では，1080号列車の運転
士が指令員と打合せをしている間に延焼が拡大し，乗客を避難させる時期を
失った。一方，バクー地下鉄火災事故では，運転士が降車してトンネル内の緊
急電話で指令に通報し停電を要請している間，乗客は車内に取り残された。

第二に，火災で発生した煙の影響を最小限に抑えるため，避難の際には低い
姿勢で行動することが重要となる。大邱地下鉄火災事故では，消防隊員の証言
によると，中央路駅地下3階へ到着したとき，煙と空気とが接する中性帯の形
成によりホーム床面から1メートルの高さまで見通すことができる状態となっ
ていた。また，焼損した列車の床面から下の台車部分は焼損した形跡がほとん
どないことから，火煙は下部へ拡散していなかった。被害の大きかったコン
コース中央部においても柱の下部は相対的に被害が少なかったことから，猛煙
の中でも姿勢を低くしながら床面付近の空気を吸って避難することの重要性が
窺える。[158]

第三に，乗客の避難路を確保するため，火元に近い防火シャッターを早期に
閉鎖し，煙や熱の拡散を抑え，火源から遠い階段などを乗客の避難路として確
保することが重要と考えられる。そのため，ホーム階には2つ以上の避難路が
必要となる。キングス・クロス駅火災事故では，エスカレーターでの火災を確
認後，ピカデリー線利用の乗客をビクトリア線エスカレーターに迂回させた。
また，フラッシュオーバーにより逃げ場を失った乗客は，ホームへ引き返して
列車で脱出することができた。

209

写真3-6　発光性誘導灯

（筆者撮影）

栄駅火災事故では，火災現場である変電室付近の東改札やそれに繋がる階段・出入口をロープで閉鎖し，煙の影響が少ない中央あるいは西改札へ乗客を誘導した。

避難路において，ある程度の視野が確保されていれば，柱の配列が避難方向の目印となるが，大邱地下鉄火災事故において柱が障害物となったことを勘案して，柱の下部などに暗闇の中で避難方向を明示するための発光性の床埋め込み式誘導灯（ラインライト）の設置が望まれる。[159]

現在，大邱地下鉄中央路駅ホームの点字ブロックの中には，発光性誘導灯が埋め込まれており（写真3-6），階段には発光性のステッカーが貼り付けられている。

第四に，乗客の避難行動を促すためには，適切な情報伝達が重要となる。大邱地下鉄火災事故で火災が発生した1079号列車では，後方にいる乗客に向かって「避難しろ」と叫びながら避難する乗客がいた。火災現場に近い乗客がまわりの人々に通報することで火災の情報が思わぬ速さで連鎖的に伝わり，人々の避難行動を促す効果が期待される。火災発生時の人命被害を軽減させるためには，火災の発生を乗客全員へ迅速に周知することは重要であり，大邱地下鉄火災事故でみられた乗客の協力は欠かせないものと考える。一方，反対側に到着した1080号列車では，地下鉄公社の職員が乗客に的確な情報を与えることができなかった。そのため，火災車両から離れた場所にいた乗客らは，火災の深刻さを知ることができず，長時間車内に留まった。[160]

バクー地下鉄火災事故では，火災が発生した4両目付近では，停車直後から車内に煙が充満し息苦しい状態であったが，ナリマン・ナリマノフ駅側の前3両ではトンネル内の風向きから停車後10分間程度，煙の影響を受けることはなく乗客は火災の深刻さを認識できなかった。また，乗務員による情報伝達がなかったため，前3両の乗客は車外へ脱出すべきタイミングを逸したものと考え

第**3**章　都市トンネル（地下鉄）における火災事故

る。

避難誘導における課題

　避難行動の分析を通じ，今後は表
3-27の6点について検討を行う必
要があると考えられる。詳細は以下
のとおりである。

表3-27　避難誘導における課題

1	一時的に避難が可能なシェルターの設置
2	職員間の連絡体制の充実
3	本線トンネルを利用した避難
4	乗客への啓蒙活動
5	乗客や公衆による早期発見・通報
6	空気呼吸器や防毒マスクの設置

出所：筆者作成。

　第一に，一時的に避難が可能な
シェルターの設置がある。序章で既述のとおり，新しく建設される地下鉄の多
くは，既存の地下鉄路線を避けるため，地中深くに建設される傾向にある。深
さ40メートル以上となる大深度地下では，地上までの距離も長く短時間に脱出
することが困難であることから，一時的に避難が可能なシェルターや防火区画
化された地上への直通階段の確保が必要と考えられる。[161]

　第二に，職員間の連携がある。火災発生時，鉄道係員は災害状況の把握，初
期消火，乗客への通報と避難誘導，消防や警察など関連機関への通報，係員間
の連絡など様々な対応を短時間のうちに判断し実施しなくてはならない。[162]

　キングス・クロス駅火災事故では，ロンドン地下鉄内の現場と指令間の情報
共有が不足していたことが考えられる。地下鉄総合指令は，駅員から直接連絡
を受けず，ピカデリー線指令を通じ火災の情報を入手したため，キングス・ク
ロス駅で発生した火災の深刻さを認識することができなかった。一方，大邱地
下鉄火災事故では，職員間で十分な情報共有が図れなかったことが1080号列車
を中央路駅に進入させて被害を拡大させた要因とされている。現地の状況を直
接見聞きすることができない指令員にとって，現地の詳細な情報をすべて把握
し常に適切な指示を出すことは困難であると考えられる。そのため，駅や乗務
員，指令員などの間でなされる会話の内容を他の鉄道職員が傍受できるハード
対策を施すことにより，関係者全員が火災の発生状況を共有できることが望ま
しい。[163]

　第三に，地下駅で火災が発生した際の本線トンネルを利用した避難がある。
地下駅で火災が発生すると地上に続く階段等は煙突状態となり，炎・煙の経路

211

写真3-7　隣駅への避難経路

（筆者撮影）

と避難経路とが重なることから、地上への避難は困難となる。大邱地下鉄火災事故では、地上の出入口を目指す代わりに本線トンネルを避難した乗客がいた。この場合、トンネル内へ煙を拡散させないことが前提となるため、駅間に設置された排気ファンの停止や給排気装置の変換操作に配慮することが重要である。また、第三軌条方式の区間では感電のおそれがあることから、停電の手配を行ってから避難を開始する必要がある。[64]

　ちなみに、大邱地下鉄中央路駅に設置された構内案内図には、ホーム端から本線トンネルを経由した隣駅への避難経路が記載されている（写真3-7）。

　キングス・クロス駅火災事故では、火災が発生したエスカレーターより低い位置にある地下鉄に乗車して避難した乗客が多数いた。列車が運行できる状況であれば、列車による避難も選択肢の一つとして考慮に入れるべきである。[65]

　第四に、乗客への啓蒙活動がある。火災が発生した場合には、乗務員や駅員のリーダーシップに基づく避難誘導が期待される。ところが、乗務員や駅員だけでは限界があるため、避難者である乗客自身にも防災行動を採るために必要な知識の習得が望まれる。そのため、鉄道事業者は乗客や市民に対し積極的に災害に関する安全ガイドブックの配布やポスターの掲示、VTRの放映などの広報活動あるいは鉄道利用者の参加型訓練を積極的に行っていく必要があると考える。[66]

　ソウル地下鉄では、各路線において火災発生時の避難方法や防毒マスクの装着方法、緊急連絡の方法などが車内モニターを通じ繰り返し放映されている。

　第五に、安全な避難のためには火災の早期発見は欠かせないと考える。ただし、鉄道関係者による早期発見には限界があることから、乗客や公衆により発見・通報してもらう必要がある。キングス・クロス駅火災事故では、エスカ

第3章 都市トンネル（地下鉄）における火災事故

レーターの火災を認めた多くの乗客の中から地下鉄職員への通報やエスカレーターの緊急停止が行われた。

栄駅火災事故では，火災現場付近の地上にいた新聞配達人やラジオ局職員から，換気口から排出される白煙の通報を受けた。

大邱地下鉄火災事故では，火災発生直後に車内にいた多くの乗客が消防へ通報を行った。乗客による通報は，地下鉄公社より早かったために消防隊は火災が発生して4分後には火災現場へ到着することができた。このように，異常時における乗客の協力は欠かせないことから，今後も広報活動を通じて広く呼びかけていく必要があると考える。

写真3-8 空気呼吸器，防毒マスク

（筆者撮影）

第六に，乗客の避難を容易にするため，空気呼吸器や防毒マスクの設置がある。ソウルや大邱の地下鉄各駅には，駅のコンコース等に空気呼吸器や防毒マスク，水などが入ったガラスケース（写真3-8）が利用者の目につきやすいコンコース等に設置されている。ガラスケースの扉には，マスク等の使用方法や取り出し方法を記載したステッカーが貼られており，火災発生時には乗客自らがガラス戸を破り，ボックスの中からマスクを取り出すことができる。

既述のとおり，大邱地下鉄火災事故では空気呼吸器を使用して救助活動を行っていた10名の消防隊員が空気切れを起こしマスクを外したため気道障害により入院した。そのため，空気呼吸器や防毒マスクの設置は，乗客の避難のみならず救助活動を行う消防や駅員用としても有効な装備品であると考える。

注
(1) 日本地下鉄協会（2010）『世界の地下鉄』ぎょうせい。
(2) 同上書，134-136頁。江崎昭（1998）『輸送の安全からみた鉄道史』グランプリ出版，29頁。増井敏克（1943）『地下鉄の話』陽文社，223頁。
(3) 吉村恒監修（2001）『トンネルものがたり：技術の歩み』山海堂，194-195頁。日本地

213

下鉄協会，同上書，134-136頁。

⑷　日本地下鉄協会，同上書，280-281頁。増井敏克，前掲書，225-228頁。

⑸　増井敏克，同上書，225-228頁。吉村恒，前掲書，197-212頁。

⑹　日本地下鉄協会，前掲書，444-467頁。

⑺　佐藤信之（2004）『地下鉄の歴史』グランプリ出版，11-42頁。公益財団法人メトロ文化財団地下鉄博物館（2016）「地下鉄建設の歴史」『SUBWAY』第210号，15-20頁。1941年には陸上交通事業調整法に基づき，東京地下鉄と東京高速鉄道は3分の2を限度に政府出資が可能な特殊法人「帝都高速度交通営団」となった。

⑻　佐藤信之，同上書，23-25，29-43頁。

⑼　同上書，44-46，65，74，99頁。八十島義之助（1986）「東京の通勤鉄道路線網計画に関する研究」『土木学会論文集』第371号，IV-5。

⑽　日本地下鉄協会ホームページ「日本の地下鉄」http://www.jametro.or.jp/japan/（2017年3月10日アクセス）。

⑾　大邱廣域市 ホームページ「大邱市の公式ウェブサイト Storytelling 大邱」http://japanese.daegu.go.kr/cms/cms.asp?Menu=943&Category=0&Key=&Keyword=&Page=3&BoardId=14954&Action=view&Current=0&type=2（2017年1月11日アクセス）。青野文江（2003）「韓国大邱地下鉄火災報告　地下鉄利用者の視点から」『月刊フェスク』260号，4頁。森田武（2003a）「韓国大邱廣域市地下鉄火災（前篇）」『近代消防』41巻5号，34頁。

⑿　大邱廣域市（2005）『大邱地下鉄中央路駅　火災事故白書』67頁。

⒀　大邱都市鉄道公社ホームページ，https://www.dtro.or.kr/japan/main/main.html（2017年1月11日アクセス）。山田常圭・鄭炳表（2003a）「大邱地下鉄中央路駅火災の概要」『近代消防』41巻5号，24頁。森田武（2003a），前掲，29-30頁。日本地下鉄協会，前掲書，48-55頁。

⒁　大邱廣域市，前掲書，71-73頁。森田武（2003a），前掲，34頁。

⒂　大邱都市鉄道公社ホームページ「運営現況」http://www.dtro.or.kr/open_content_new/jpn/index.php?mnu_puid=4&mnu_uid=23（2017年1月22日アクセス）。

⒃　大邱都市鉄道公社ホームページ，同上。大邱廣域市，前掲書，78-79頁。総務省消防庁特殊災害室消防研究所（2003）「韓国大邱市地下鉄火災の調査結果概要」『月刊フェスク』261号，5-6頁。森田武（2003a），前掲，34頁。

⒄　大邱廣域市，同上書，89頁。

⒅　同上書，80頁。

⒆　同上書，80-81頁。

⒇　同上書，49-50頁。

㉑　同上書，50頁。

㉒　同上書，50-51，78頁。森田武（2003a），前掲，28頁。最初の消防隊が現場に到着した9時59分にはすでに地下鉄構内の地上入口から噴煙しており，延焼拡大速度の速さが伺える。

第**3**章　都市トンネル（地下鉄）における火災事故

⒄　大邱廣域市，同上書，49，98頁。『毎日新聞』大阪本社版，2003年2月22日，3面。

⒀　大邱廣域市，同上書，96-97頁。全線復旧後も同年12月31日まで，中央路駅では復旧作業に伴い，全列車が通過となった。

⒂　同上書，61-63，169頁。山田常圭・鄭炳表（2003b）「大邱地下鉄中央路駅火災の概要」『火災』Vol. 53No. 2　263号，2頁。大邱都市鉄道公社によると，死者192名のうち3名は大邱地下鉄公社の技術系職員である。

⒃　森田武（2003a），前掲，28頁。Gyuyeob Jeon and Wonhwa Hong（2009）, "Characteristic Features of the Behavior and Perception of Evacuees from the Daegu Subway Fire and Safety Measures in an Underground Fire", *Journal of Asian Architecture and Building Engineering*, Nonember, 2009, p. 416. 慶北大学校・洪教授らの研究によると，1080号列車の乗客は320名，1079号列車は1080号列車と同程度と推定され，乗客数の合計は640名とされている。火災発生直後に乗客の避難が開始された1079号列車乗客数の把握は困難であり，文献によりその数に大きな差がみられる。

⒄　大邱廣域市，前掲書，63，171，176-177頁。

⒇　同上書，63，171頁。

⒆　同上書，193-197頁。

㉚　同上書，56頁。総務省消防庁特殊災害室（2003）「韓国大邱（テグ）市における地下鉄火災現地調査」『近代消防』41巻11号，57頁。辻本誠（2003）「韓国地下鉄火災が投げかけた課題」『建築防災』307号，53，56頁。山田常圭・鄭炳表（2003a），前掲，24頁。山田常圭・鄭炳表（2003b），前掲，6-7頁。

㉛　大邱廣域市，同上書，87頁。

㉜　同上書，87-88頁。

㉝　同上書，89頁。

㉞　同上書，89-90頁。

㉟　同上書，90-91頁。

㊱　同上書，91頁。

㊲　同上書，91頁。

㊳　同上書，90頁。

㊴　同上書，91頁。

㊵　同上書，92頁。

㊶　同上書，92頁。

㊷　同上書，92-93頁。

㊸　同上書，93-94頁。

㊹　同上書，95-96頁。

㊺　同上書，94頁。

㊻　同上書，94頁。

㊼　同上書，94頁。

㊽　同上書，56，417頁。

⑷　同上書，58頁。青野文江，前掲，6頁。

⑸　大邱廣域市，同上書，58頁。青野文江，同上，6頁。

⑸　大邱廣域市，同上書，58頁。森田武（2003a），前掲，35-36頁。山田常圭・鄭炳表（2003b），前掲，4頁。

⑸　大邱廣域市，同上書，477頁。

⑸　同上書，478頁。青野文江，前掲，6頁。

⑸　森田武（2003a），前掲，32-34頁。

⑸　同上，32-34頁。

⑸　大邱廣域市，前掲書，478-479頁。

⑸　同上書，479頁。青野文江，前掲，6頁。

⑸　大邱廣域市，同上書，479頁。青野文江，同上，6頁。

⑸　同上書，480頁。

⑹　同上書，480頁。

⑹　同上書，59頁。森田武（2003a），前掲，36頁。1079号運転士の運転経験は6年，1080号運転士は9年といわれている。

⑹　同上書，473頁。

⑹　同上書，474頁。

⑹　同上書，474頁。伊藤和明（2003）「問われる地下鉄の安全」『近代消防』41巻5号，37頁。

⑹　青野文江，前掲，6頁。森田武（2003a），前掲，36頁。『毎日新聞』（2003年2月22日），1面。『朝日新聞』東京本社版（夕刊），2003年2月21日，2面。森田武（2003b）「韓国大邱廣域市地下鉄火災（後篇）」『近代消防』41巻6号，24頁。

⑹　大邱廣域市，前掲書，474頁。

⑹　同上書，475頁。

⑹　同上書，511，516頁。

⑹　同上書，511-512頁。

⑺　同上書，513-514頁。

⑺　同上書，521頁。

⑺　同上書，514-515頁。

⑺　同上書，515，519，527頁。

⑺　同上書，515，519，527頁。

⑺　大邱市「大邱市民安全テーマパーク　パンフレット（日本語）」。

⑺　大邱廣域市，前掲書，98頁。総務省消防庁特殊災害室消防研究所，前掲，7頁。

⑺　同上書，487頁。

⑺　同上書，99頁。総務省消防庁特殊災害室（2003），前掲，57頁。

⑺　大邱廣域市，同上書，100-101，489頁。

⑻　同上書，100，108頁。森田武（2003a），前掲，28頁。『週刊朝日』（2003.3.7）朝日新聞出版，29頁。

第**3**章　都市トンネル（地下鉄）における火災事故

⑻　大邱廣域市，同上書，109頁。

⑻　同上書，487-488頁。山田常圭・鄭炳表（2003a），前掲，24頁。総務省消防庁特殊災害室，前掲，56-57頁。

⑻　大邱廣域市，同上書，108，488頁。山田常圭・鄭炳表（2003a），同上，24頁。大邱廣域市の『大邱地下鉄中央路駅　火災事故白書』によると，消防隊員が実際に救助できた死傷者は190名と推定されている。

⑻　大邱廣域市，同上書，110頁。総務省消防庁特殊災害室，前掲，57頁。

⑻　大邱廣域市，同上書，488-489頁。

⑻　同上書，106頁。総務省消防庁特殊災害室消防研究所，前掲，7頁。総務省消防庁特殊災害室，前掲，56-57頁。山田常圭・鄭炳表（2003b），前掲，4頁。

⑻　大邱廣域市，同上書，106頁。

⑻　同上書，107，490頁。

⑻　同上書，53-55頁。総務省消防庁特殊災害室，前掲，57頁。森田武（2003a），前掲，36頁。森田武（2003c）「韓国大邱（テグ）廣域市地下鉄火災から学ぶ（前編）」『設備と管理』482号，33頁。

⑽　大邱廣域市，同上書，52頁。

⑼　青野文江，前掲，8頁。災害文化研究会（2005）「大邱地下鉄放火火災事件　遺された者のレクイエム　隣国での地下鉄大惨事を顧みて」『近代消防』43巻5号，68頁。

⑼　抽出を行った文献等は以下のとおりである。なお，新聞はいずれも，2003年2月18日から2月23日の6日分。諸辰珠・崔洙根・尹明悟（2003）「特別インタビュー　韓国消防関係者三氏に訊く！　韓国大邱市地下鉄火災の惨状と今後の地下鉄火災対策」『近代消防』41巻10号，30-35頁。森田武（2003b），前掲，26-36頁。森本宏（2005）『防火管理者のためのパニック論』近代消防社。『週刊朝日』前掲。『朝日新聞』東京本社版。『読売新聞』東京本社版。『毎日新聞』東京本社版，大阪本社版。

⑼　Gyuyeob Jeon and Wonhwa Hong, *op. cit.*, p. 417.

⑼　*Ibid*, pp. 417-419. Won hwa, Hong（2004）, "The Progress and cotrolling Situation of daegu Subway Fire Disaster", *International Association for Fire Safety Science*, 4. 3.

⑼　Won hwa,Hong, *ibid.*, 4. 4.

⑼　Gyuyeob Jeon and Wonhwa Hong, *op. cit.*, pp. 418-419.

⑼　*Ibid*, p. 420.

⑼　*Ibid*, p. 420.

⑼　Desmond Fennell（1988）, *Investigation into the Kings Cross Underground Fire*, DEPARTMENT OF TRANSPORT, pp. 15-17, 49-50.

⑽　*Ibid.*, pp. 37-38. 火災事故後，キングス・クロス駅にハーマースミス＆シティー線が乗り入れたために現在，6路線の地下鉄が乗り入れている。

⑽　*Ibid.*, pp. 47-48.

⑽　*Ibid.*, pp. 41-45.

⑽　*Ibid.*, pp. 93-94.

(104) *Ibid.*, pp. 97-99, 112.

(105) *Ibid.*, p. 100.

(106) *Ibid.*, pp. 15, 94, 104, 111-114.

(107) *Ibid.*, pp. 96-97. 水野敬三（1991）「ロンドン・キングスクロス地下鉄駅火災に関する技術的調査」『建築雑誌』Vol. 106No. 1312, 65-66頁。三ツ村宇充訳（1990）「予期せざる現象　トレンチ効果」『可視化情報』Vol. 10No. 38, 49頁。

火災による熱源により，大量の空気がエスカレーターの下から吸い込まれ，高温のガスや火炎がトレンチ内に留まり，エスカレーターと平行に流れたと考えられている。

3分の1スケールの模型実験では，エスカレーターから出札ホールを横切る火炎と煙が再現された。

(108) Desmond Fennell, *ibid.*, pp. 109-114.

(109) *Ibid.*, pp. 17-18.

(110) *Ibid.*, pp. 97-98.

(111) *Ibid.*, pp. 16, 61-68.

(112) *Ibid.*, pp. 44, 61-68.

(113) *Ibid.*, pp. 64-65.

(114) *Ibid.*, pp. 65-69.

(115) *Ibid.*, pp. 47-48, 61, 66.

(116) *Ibid.*, pp. 99-102.

(117) Rohlén, P. and Wahlström, B. (1996), *Tunnelbaneolyckan i Baku, Azerbaijan 28 Oktober 1995*, Räddningsverket, pp. 1, 17.

(118) 在アゼルバイジャン日本国大使館（2017）「バクー案内」3-5頁。油田はソ連時代末期で枯渇したと思われていたが，近年カスピ海バクー沖で新たな油田が発見され，油田の街として活気を取り戻している。

(119) Azerbaijans.com "Metro" http://www.azerbaijans.com/content_789_en.html（2017年3月29日アクセス）。

(120) バクー地下鉄ホームページ，http://www.metro.gov.az（2017年3月29日アクセス）。Rohlén, P. and Wahlström, B., *op. cit.*, p. 11.

2016年度上期では国民の11.8パーセントが地下鉄利用者となっているが，今後の路線拡大により約30パーセントへ拡大するものと見込まれている。

また，ロシアE型は約4000両が製造され，ロシアをはじめ東ヨーロッパ各国で運行されている。1両当たりの長さ19.2m，高さ3.65m，幅2.7m。

(121) Rohlén, P. and Wahlström, B., *ibid.*, SUMMARY IN ENGLISH.

(122) *Ibid*, p. 26. Karl Fridolf (2010), *Fire evacuation in underground transportation sysytems : A review of accidents and empirical research*, Lund2010, pp. 6-7. Mia Kumm (2010), "Carried Fire Load in Mass Transport Systems -a study of occurrence, allocation and fire behavior of bags and luggage in metro and commuter trains in Stockholm", *Studies in Sustainable Technology SiST 2010*, pp. 8-9. The New York Times,

第**3**章　都市トンネル（地下鉄）における火災事故

October 30, 1995, World, *Subway Fire Kills 300 in Caucasus Capital*, http://www.nyti mes.com/1995/10/30/world/subway-fire-kills-300-in-caucasus-capital.html（2017年3月29日アクセス）。死者289名と生存者約750名より乗客者数は全部で約1000名と推定。

⑿3　Rohlén, P. and Wahlström, B., *ibid.*, SUMMARY IN ENGLISH, pp. 22-23. Alan Beard and Richard Carvel（2005）, *The Handbook of Tunnel Safety*, Thomas Telford, p. 21.

⑿4　Rohlén, P. and Wahlström, B., *ibid.*, pp. 3-7. Elizabeth Atwell and Pirouz Khanlou （1995）, *Baku's Metro Accident A Challenge to Strategize*, AZERBAIJAN INTERNA- TIONAL, Winter 1995, pp. 46-47. https://azer.com/aiweb/categories/magazine/34_ folder/34_articles/34_metro.html（2017年3月29日アクセス）。外務省ホームページ, http://www.mofa.go.jp/mofaj/gaiko/oda/shiryo/kuni/11_databook/pdfs/03-06.pdf（2017年3月29日アクセス）。

　独立国家となった1991年以降，隣国アルメニアとの領土問題（ナゴルノ・カラバフ紛争）などの影響により多数の難民が発生し，アゼルバイジャン国内の情勢は混乱が続いた。1993年10月のヘイダル・アリエフ大統領就任と1995年11月に行われた新憲法の採択と議会選挙以後は安定した。

⑿5　Rohlén, P. and Wahlström, B., *ibid.*, SUMMARY IN ENGLISH. Karl Fridolf, *op. cit.*, pp. 6-7. Mia Kumm, *op. cit.*, pp. 8-9.

⑿6　Rohlén, P. and Wahlström, B., *ibid.*, p. 22.

⑿7　*Ibid*, p. 22. The New York Times, *op. cit.*

⑿8　Rohlén, P. and Wahlström, B., *ibid.*, p. 11. Mia Kumm, *op. cit.*, pp. 8-9.

⑿9　Rohlén, P. and Wahlström, B., *ibid.*, p. 1.

⒀0　*Ibid*, p. 22. Karl Fridolf, *op. cit.*, pp. 6-7.

⒀1　Rohlén, P. and Wahlström, B., *ibid.*, p. 22. Mia Kumm, *op. cit.*, pp. 8-9.

⒀2　Rohlén, P. and Wahlström, B., *ibid.*, p. 22. Karl Fridolf, *op. cit.*, pp. 6-7.

⒀3　日本地下鉄協会，前掲書，51-54頁。営団地下鉄日比谷線は，銀座周辺の道路計画との競合に伴い最後に開業した区間は，東銀座〜霞ヶ関間であった。

⒀4　伊藤健一（2012）「地下鉄道の火災と排煙対策」『建設の施工計画』2012年9月号，30 -32頁。

⒀5　富樫三郎・猿山忠之助（1968）「地下鉄日比谷線の電車火災概要」『火災』18巻4号，195-196頁。

⒀6　同上，196頁。

⒀7　同上，196-197頁。

⒀8　同上，194頁。

⒀9　同上，198頁。

⒁0　同上，196-197頁。

⒁1　日本地下鉄協会，前掲書，37-38，62-67頁。

⒁2　名古屋市消防局地下鉄栄駅変電室火災事故対策委員会（1983）「地下鉄栄駅変電室火災に関する報告書」1，7，12，35頁。地下鉄栄駅は，地下3階層となっており，東山

線ホームは地下2階，名城線ホームは地下3階となっている。

(143) 同上，12，24-25頁。栄駅の火災発生当日の勤務人数は16名であった。

(144) 同上，25-26，29頁。

(145) 同上，28-30，57頁。

(146) 同上，30-31頁。

(147) 同上，58頁。竹内吉平（2009）「名古屋地下鉄栄駅変電室消防隊員殉職火災の概要」『近代消防』47巻10号，74-75頁。『中日新聞』（夕刊），1983年8月17日，7面。

(148) 名古屋市消防局地下鉄栄駅変電室火災事故対策委員会，前掲，はじめに。

(149) 同上，25頁。

(150) 同上，54，58頁。竹内吉平，前掲，76頁。

(151) 名古屋市消防局地下鉄栄駅変電室火災事故対策委員会，同上，34-35，53頁。『中日新聞』1983年8月17日，1面。

(152) 名古屋市消防局地下鉄栄駅変電室火災事故対策委員会，同上，48-50，53頁。

(153) 同上，55頁。

(154) 『朝日新聞』大阪本社版（夕刊），2012年2月22日，11面。『朝日新聞』大阪本社版（夕刊），2012年2月23日，11面。『朝日新聞』大阪本社版，2012年2月23日，39面。

(155) 『朝日新聞』大阪本社版（夕刊），2012年2月25日，9面。『読売新聞』東京本社版，2012年2月25日，39面。『読売新聞』東京本社版（夕刊），2012年2月22日，1面。

(156) 『読売新聞』東京本社版（夕刊），2012年2月29日，11面。『読売新聞』東京本社版（夕刊），2012年2月22日，15面。

(157) 諸辰珠・崔洙根・尹明悟，前掲，33頁。

(158) 青野文江，前掲，7-8頁。森田武（2003a），前掲，28頁。森田武（2003b），前掲，23頁。中性帯とは，トンネル上部に形成される煙の拡散（排出）域とトンネル下部の空気補給域との中間をいう。1972年に発生した北陸トンネル火災事故において，道床上に倒れた者が生存していた理由として，空気の流入部分に倒れたためと考えられる。

(159) 地下鉄道火災に関する検討委員会（東京消防庁警防部警防課）（2004）「地下鉄道火災に関する検討委員会報告書」『火災』Vol.54No.3，16-18頁。青野文江，前掲，6頁。大邱廣域市，前掲書，52頁。

(160) 森田武（2003b），前掲，22頁。『読売新聞』2003年2月19日，39面。週刊朝日2003年3月7日，29頁。『朝日新聞』2003年2月20日，1面。

(161) 諸辰珠・崔洙根・尹明悟，前掲，34頁。

(162) 森田武（2003d）「韓国大邱（テグ）廣域市地下鉄火災から学ぶ（後編）」『設備と管理』483号，48頁。

(163) 森田武（2003b），前掲，24頁。

(164) 同上，23頁。森田武（2003a），前掲，29頁。

(165) Desmond Fennell, *op. cit.*, pp. 49-57, 61-74.

(166) 山田常圭・鄭炳表（2003b），前掲，8頁。地下鉄道火災に関する検討委員会，前掲18頁。森田武（2003b），前掲，23頁。

第**3**章　都市トンネル（地下鉄）における火災事故

⒄　森田武（2003b），同上，22頁。

⒅　山田常圭・鄭炳表（2003a），前掲，22頁。

第4章

効果的な避難誘導の検討

1 鉄道における従来のトンネル火災対策

（1）山岳トンネル

第2章で既述のとおり，トンネル火災対策については北陸トンネル事故後の1972年12月に国鉄内に鉄道火災対策技術委員会が設置され，トンネル火災に関する様々な試験が行われた結果，多くの知見が得られた。1975年4月には委員会の報告書が発行され，乗客の避難誘導に関し以下の提言がなされた。

第一に，列車の運転を継続させトンネルを脱出できる可能性が高い場合には，トンネル内の避難誘導を採らない方が現実的である。第2章で既述の宮古線（現，三陸鉄道北リアス線）猿峠トンネルでの火災列車走行試験より，車端が防火構造化され貫通扉や窓で火元と仕切られていれば，ほぼ15分以上はトンネル内を走行可能であることが分かった。ところが，車両故障や停電などにより運転の再開が困難である場合，乗客を車内で待機させるかトンネル内の避難誘導を採るかを一律に定めるのは困難であることから，トンネルごとに具体的な検討を行う必要がある。列車の停車位置が坑口に近く火炎や煙が窓外に出ない中程度の火災であれば早期に乗客を避難させることが望ましいが，それ以外では車内で待機させる方が有効な場合が多いと考えられる。

第二に，車内待機では姿勢を低くし身体を動かさないこと，水を含ませたタオルを鼻や口にあてることが重要である。また，車内では，乗客の心理的不安を抑制するための乗務員による適切な案内放送が重要となる。

第三に，避難誘導は初期消火と同時に開始する必要があり，列車が走行している場合の乗客の避難先は火災が発生した車両より前寄りの車両あるいは後寄り2両目以降の車両を原則とする。

第四に，トンネル内の歩行では，風上あるいは近い方のトンネル出口に向かうことや，側壁に沿って姿勢を低くし，不急不緩の歩行をすることを心掛ける必要がある。このような極限状態において多数の乗客を適切に避難誘導するためには，乗務員のリーダーシップは欠かせないが，状況に応じては乗客にリーダー役を要請することが望ましい。また，乗客は異常環境に曝されることになることから，救援時間の短縮など最も効果的な救援体制が望まれる。

第五に，救援活動に関しては，消防など部外関係機関の協力が不可欠であり，平素からの緊密な連携により具体的な協力救援体制を確立しておく必要がある。

また，防火に関する総合的な役割を担う部署が組織内に確立されている諸外国のように，平素から専門的な訓練を行い，人命尊重を第一とする指揮や判断を誤りなく行えるような部署を確立することが望ましい。[1]

ところで，地下駅および地下駅に接続するトンネルには火災発生時の対応策の強化を図る観点から「鉄道に関する技術上の基準を定める省令等の解釈基準」が適用されるが，上越線・土合駅やえちごトキめき鉄道・筒石駅など山岳トンネル内に設けられる地下駅はその対象から除外されている。また，山岳地帯の長大トンネルでは十分な自然換気が得られるとの理由から換気設備を設けなくてもよいとされている。したがって現在では，都市部の地下トンネルを中心に対策が講じられているが，対象外とされている山岳トンネルへのこれらの基準の適用が今後の重要な課題である。[2]

（2）都市トンネル（地下鉄）

現在の都市トンネル（地下鉄）火災対策のベースとなっているのは，1975年に制定された既述の「地下鉄道の火災対策の基準について」（鉄総第49号の2，1975年1月30日）とその取り扱いおよび解釈を説明した「地下鉄道の火災対策の基準の取扱いについて」（鉄土第9号，1975年2月14日）である。火災対策に

第4章 効果的な避難誘導の検討

表4-1 地下駅等における主な火災対策と主な改正内容

主な火災対策

1．建造物等の不燃化	7．防火戸
2．防災管理室の整備	8．消火設備 ・消火器 ・屋内消火栓設備 ・スプリンクラー設備 ・連結送水管
3．警報装置 ◎自動火災報知設備	
4．通報装置（駅） ◎放送設備 ◎無線通信補助設備 ◎通信設備	9．その他 ・空気呼吸器 ・コンビニ型売店の防火・ 　防炎区画化 ◎非常コンセント ・火災対策設備の整備 ・旅客に周知するための 　表示設備 ・マニュアルの整備
5．避難誘導設備 ・異なる2以上の避難通路 ◎照明設備 ・避難口誘導灯 ・通路誘導灯 ・駅またはトンネル口までの 　距離および方向を示す標識	
6．排煙設備 ◎排煙機 ・垂れ壁	

主な改正内容

1．新たに大火源 火災を考慮	（1）排煙設備等について大火源火災での照査を追加
	（2）車両用材料（客室天井材）の燃焼試験を追加
2．更なる安全性 の向上	（1）駅・トンネル関係 　①売店の構造材等の不燃化，トンネル内ケーブルの耐燃措置等 　②避難経路の安全性向上 　　（二段落としシャッターの設置，売店の設置を禁止） 　③消防活動の支援 　　（無線通信補助装置および非常コンセント設備の設置） 　④プラットホーム末端から避難通路までの距離が長い場合の安全確保 　　（床面等に避難誘導灯の設置，売店の設置を禁止）
	（2）車両関係 　列車の防火区画化 　　（連結車両の客車間に通常時閉じる構造の貫通扉等を設置）
	（3）その他 　①火災時の運転取扱に関するマニュアルの整備 　②旅客に対する情報提供（駅構内避難経路図等の表示） 　③係員の教育訓練および消防機関との連携

注：◎は非常電源を必要とするもの。
出所：国土交通省鉄道局監修（2014）『解説 鉄道に関する技術基準（土木編）第3版』日本鉄道施設協会，392-514頁。国土交通省鉄道局「地下鉄道の火災対策基準の改正について」（2004年12月27日）。

表4-2 地下駅における火災対策基準に対する適合状況調査結果

設備名	主な不適合事項	不適合駅数（駅）
排煙設備	排煙設備なし（事務室）	136
	コンコース階の煙拡散容量不足	104
	排煙設備なし（ホーム階）	92
	煙の流動を妨げる垂れ壁なし（一部なし）	56
	煙の流動を妨げる垂れ壁が天井面から50cm未満	53
避難誘導設備	避難通路が1通路のみ	77
	避難通路への全て（一部）の出入口がホーム端より50m超	50
消火設備	連結散水設備なし（一部なし）	47
	屋内消火栓の配置感覚が広い（一部広い）	24
通報設備	無線用補助アンテナなし	34
	無線通話用伝送路なし（一部なし）	11
防火戸	防火戸なし（一部なし）	14
	防火シャッター（の一部）に感知器がない	5
建築物不燃化	機械室等の一部に防火区画なし	24
その他	空気呼吸器の数不足	5

出所：国土交通省鉄道局「地下駅における火災対策設備の現況について」（2003年4月11日）別添-1「地下駅における火災対策設備の現況」。

　関する具体的基準は，2001年に「鉄道に関する技術上の基準を定める省令」（省令第151号，2001年12月25日）の第29条「地下駅等の設備」に規定された。[(3)]

　2003年2月には，第3章で詳述した大邱地下鉄火災事故の発生を受け，国土交通省と総務省消防庁は「地下鉄道の火災対策検討会」を設置した。2004年3月に出された本検討会の提言を受け国土交通省は，同年12月に「鉄道に関する技術上の基準を定める省令等の解釈基準」を改正した。第29条の地下駅等における主な火災対策と主な改正内容は，表4-1のとおりである。主な改正内容の一つに，通常火災に加え放火を想定したガソリン4リットルによる大火源火災での検証が新たに追加されたことが挙げられる。これまでの検証は，車両床下機器からの出火やライター等による放火という，通常火災でかつ代表的な地下駅を想定して行われてきた。また，近年では大深度の駅や避難経路の複雑な駅等も多いため，個々の駅の構造に対応した避難安全性の検証が行われるよう

226

第4章　効果的な避難誘導の検討

になった。[4]

　表4-2は，2003年2月末時点の全国の地下駅に対して，当時の火災対策基準への適合状況調査が行われた結果で，不適合事項ごとの駅数をまとめたものである。調査対象駅は684駅で，2003年2月20日に発表された地下鉄事業者の地下駅数（550駅）に他事業者の地下駅数（134駅）を加えたものである。調査対象駅のうち，すべての基準に適合していた駅は約6割の416駅であり，残りの約4割（268駅）は基準の一部が不適合となっていた。不適合となった内容としては排煙設備の不備が最も多く，次に避難誘導設備の不備が多かった。[5]

（3）海底トンネル

火災対策

①　青函トンネルの火災対策

　日本で最長の青函トンネル（全長5万3850メートル，1985年竣工）は，世界でも代表的な海底トンネルの一つであり，本坑（複線）のほか調査坑の目的で掘削された先進導坑，工期の短縮化，ずり搬出，資材運搬を目的に本坑と並行に掘削された作業坑の3本で構成されている（図4-1）。ここで採られているトンネル火災対策は以下のとおりである。

　本トンネルは，海底部分の工事の基点となった竜飛（青森側）および吉岡（北海道側）の直下に定点と呼ばれる特別な防災機能を有する設備が設けられ，トンネル火災発生時にはここに列車が停車して乗客の避難や誘導，火災が発生した列車の消火活動が行われる。これら2つの定点により，青函トンネルは3分割（海底部2万3300メートル，本州側陸底部1万3550メートル，北海道側陸底部1万7000メートル）され，防災面から見たトンネルの長さは最大で約23キロとなる。これは青函トンネルの開業前まで最長であった上越新幹線の大清水トンネル（全長2万2200メートル）とほぼ同じ長さであることから，大清水トンネルでの異常時対応手順が適応できると考えられていた。[6]

　青函トンネルにおける具体的な火災対策は，トンネル内を監視，遠隔制御できる防災情報監視システム（函館指令センター内に設置）をはじめ，火災の初期

227

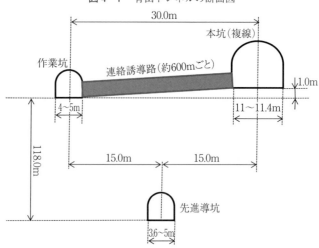

図4-1 青函トンネルの断面図

出所：北海道旅客鉄道株式会社ホームページ「青函トンネルの構造」http://www.jrhokkaido.co.jp/seikan/02.html（2017年5月31日アクセス）。

段階で検知し消火を行う設備や乗客が避難しやすい設備などで構成されている（表4-3）。また、海底部では、本坑と作業坑を結ぶ連絡誘導路が600メートル間隔で設置されており、作業坑は本坑の煙が入り込まない構造となっている。これらは、同トンネルの建設を担当した鉄道建設公団内に設置された「青函トンネル火災対策委員会」での慎重な検討を通じ決定された対策である。[7]

② チャネルトンネルの火災対策

世界的に有名な海底トンネルである、1994年に開業したチャネルトンネル（以下「英仏海峡トンネル」という。）（全長5万450メートル）は世界的に有名な海底トンネルで、2本の本坑（単線）とサービストンネルの3本で構成されている（図4-2）。通常、フランスからイギリスへ向かう列車は南側トンネル、イギリスからフランスへ向かう列車は北側トンネルを走行するが、2カ所の渡り線により相互のトンネルを行き来することができる。そのため、図4-2のとおり、英仏海峡トンネルは6つのセクションに分けることができる。サービストンネルは、点検や緊急時用として建設され、本坑とを結ぶ連絡通路が375

228

第4章　効果的な避難誘導の検討

表4-3　青函トンネルにおける主な火災対策

1	防災監視体制	①トンネル内の各種防災情報を函館指令センターに表示し，常時監視できる ②異常時には各種防災機能を函館指令センターから遠隔制御により直接操作できる	4	消火設備	定点およびトンネル前後の停車場に設置 ※列車火災が発見された場合，列車は最寄の定点かトンネル前後の駅まで走行
2	火災検知装置	①赤外線温度式火災検知器 列車表面の温度を測定することにより火災を検知 （上下線4カ所ずつの合計8カ所） ②煙検知器 ①の補完装置	5	換気設備	斜坑口付近に送風機を設けて空気を送り込み，先進導坑を通って海底中央部の連絡横坑から本坑へ入り，坑口へ向かって換気
			6	排煙設備	列車が定点に停車したとき，避難する乗客が煙に巻かれないようにする装置（斜坑→定点→立坑）
3	火災時の列車制御設備	①火災列車停止装置 火災を検知すると，運転士にブレーキ開始表示灯と停止位置目標灯を点灯 ②支障列車停止装置 火災検知後，後続列車および対向列車を停めるべき地点の軌道回路に停止信号を現示	7	避難誘導設備	列車が定点に停止した場合，避難所から坑外へ脱出させる必要がある場合にITVカメラや非常放送などを用いて誘導
			8	情報連絡設備	トンネル内乗務員と函館指令センターの指令員との連絡を密にするため，列車無線や乗務員無線等を設置

出所：北海道旅客鉄道株式会社「青函トンネルにおける防災設備，お客様避難に関する考え方及び現段階での車両調査について」2015年4月8日。

メートル間隔（全270カ所）で設置されている。連絡通路と本坑およびサービストンネルとの接点には防火扉が設置されており，通常本坑側は容易に開扉できる状態で閉扉され，サービストンネル側は開扉されている。また，サービストンネル内には火や煙が流入しないように，本坑より気圧が高く設定されている。このサービストンネルの役割・機能は，青函トンネルの作業坑とほぼ同じものと考えられる。

　英仏海峡トンネルを通過する列車は客車の前後に機関車を連結している点で青函トンネルを走行する列車と異なる。そのため，火災発生時には車両を切り

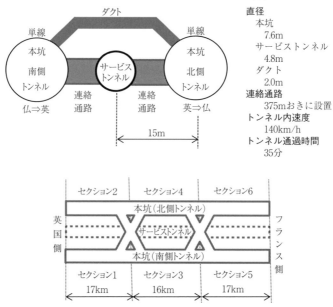

図4-2 英仏海峡トンネルの断面図と配線図

出所：利部丈夫（1997）「英仏海峡トンネル火災事故の概況」『鉄道と電気技術』8巻12号，36-37頁．Ed Comeau and Alisa Wolf (1997), "Fire in the Chunnell", *NFPA Journal*, March/April 1997, p. 63. Channel Tunnel Safety Authority, *Inquiry into the fire on Heavy Goods Vehicle shuttle 7539 on 18 November 1996*, H. M. Stationery Office, p. 59.

離し，前部機関車あるいは後部機関車によりけん引して前進，退行することができる。このトンネルには通常の換気装置のほか，風向きを変えることができる補助換気装置が設置されている。また，トンネル出入口には，安全監視員が配置されているほか，地上および車上の火災検知装置が設置され常時列車の監視が行われている。[8]

過去に海底トンネルで発生した火災事故

これまで詳述してきた世界的に有名な2つの海底トンネル（青函トンネル，英仏海峡トンネル）においても，過去に火災を経験している。これらの火災事故では，前述のとおり様々なハード・ソフト対策が採られてきたため被害は最小限に抑えられたと考えるが，一方で新たな課題も顕在化した。ここでは，

第4章　効果的な避難誘導の検討

2015年に発生した青函トンネル火災事故と1996年に発生した英仏海峡トンネル火災事故について触れる。

① 青函トンネル火災事故

　2015年4月3日17時15分頃，JR北海道津軽海峡線の青函トンネル内において，函館発新青森行き特急スーパー白鳥34号（6両編成，客室乗務員2名を含む乗務員5名，乗客124名）の2両目床下から火花が出ているのを車掌が認め停止手配を採った（図4-3）。列車は，竜飛定点から約1.2キロ青森方に停車した（図4-3）。停車後，運転士は車外に出て消火器で消火した後，2両目の車内に煙が侵入したため乗務員は2両目から最も離れた6両目へ乗客を移動させた。そして，17時37分から乗客を降車させ，トンネル内の連絡誘導路を経由して竜飛定点まで誘導した。乗客らは荷物を車内に残し，6両目乗降口よりはしごで降車し，車内に備え付けの懐中電灯を頼りに自力で連絡誘導路を約2.4キロ歩行し，18時20分までに全員が竜飛定点へ到着した。トンネル内は暗くて怖く，竜飛定点に到着するまで不安であったと証言する乗客もいたが，お互いに声を掛け合いながら歩いたため冷静であったとされている。避難定点に到着後，乗客を避難所へ一時避難させ，地上出口へ向かう避難用の斜坑ケーブルカーに順次乗車させた。このケーブルカーの定員は20名であり，約15名ずつの計9往復が運行された（19時35分開始，22時59分終了）。このように，降車を開始した17時37分から最後の乗客が地上へ脱出できた22時59分までに約5時間半もの時間を費やしたため，乗客2名が体調不良を理由に病院へ搬送された。本火災事故は，1988年の青函トンネル開業後，28年目にしてはじめて青函トンネル内での避難を伴う事故であり，それまで検討されてきたトンネル火災対策を見直す契機になった。[9]

　火災の原因は，2両目に搭載された4台のモーターに電気を送る電線に過電流が流れたことによる焼損とされている。また，モーターが異常に発熱したことでモーターを冷却させる空気が高温で排気され，ゴム製の排気用ジャバラなどが溶けたことで異臭と発煙が発生したと考えられている。[10]

　本列車の運転士は，函館を出発した直後から故障を示すランプが数回点灯し

231

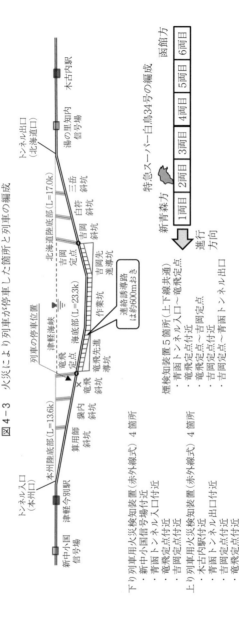

図4-3 火災により列車が停車した箇所と列車の編成

出所：北海道旅客鉄道株式会社「青函トンネルにおける防災設備、お客様避難に関する考え方及び現段階での車両調査について」2015年4月8日。永瀬和彦（2015）「津軽海峡線スーパー白鳥に見る重大インシデント　お客様に見る問題点」『鉄道ジャーナル』Vol. 49 No. 7, 126頁。

第4章　効果的な避難誘導の検討

ていたが，数秒で消灯したため，指令に報告したうえで運転を継続した。また，車掌はトンネル内で列車が停車する30分前の地上区間にて異臭に気付いたが，異常を確認しようとはしなかった。図4-3のとおり，青函トンネルには赤外線温度式火災検知器（感知温度220度以上，上下線それぞれ4カ所で，うち2カ所は地上区間）が設置されていたが，検知器が動作することなく運転は継続された。以上のように，火災の予兆があったにもかかわらず，トンネルに進入する前あるいは定点で列車を抑止できなかったことは今後検討すべき課題であると考える。[11]

　本火災発生後，青函トンネルを所管するJR北海道は，北海道新幹線の開業を見据えて避難誘導設備を増強するとともに異常時対応訓練を実施した。また，乗客の救援方法として，救援列車を横付けして渡り板で停車列車から移乗する方法が新たに採用された。なお，救援列車は無線ATC（RS-ATC）により通

表4-4　火災発生後，北海道新幹線開業に向けて増強された主な避難誘導設備

	内　容	適用場所		内　容	適用場所
1	誘導サイン改善・増強 ※本坑と作業坑では，誘導口誘導標識を追加（500m 間隔⇒250m 間隔）	本坑 作業坑 定点 陸底部斜坑	6	斜坑ケーブルカー定員増強 （1両増結で定員が15名⇒38名）	定点
			7	避難誘導ライン新設	定点
2	緊急用トイレ，救急箱整備（5km毎）	作業坑	8	避難通路設備の改善 （着脱式階段，手すり等）	定点
3	着座用備品（エアクッション＋段ボール＋ブルーシート） ※定点は増設，陸底部斜坑は新設	定点 陸底部斜坑	9	監視カメラ，一斉放送用設備の新設	陸底部斜坑
4	簡易トイレ ※定点は増設，陸底部斜坑は新設	定点 陸底部斜坑	10	避難通路設備の改善 （上下線間の渡り板等）	陸底部斜坑
5	携帯電話通話エリアの整備	定点	11	保守用車による避難用牽引人車の新設 （24名乗り）	保守車両基地

注：定点……………（本州）竜飛斜坑　（北海道）吉岡斜坑
　　陸底部斜坑……（本州）算用師斜坑，袰内斜坑　（北海道）白符斜坑，三岳斜坑
　　保守作業基地…（本州）奥津軽保守基地　（北海道）木古内保守基地
出所：北海道旅客鉄道株式会社「北海道新幹線開業に向けた取り組みについて（異常時対応訓練の実施・避難誘導設備の増強）」2015年12月22日。

233

常の運転方向とは逆向きに運転することが可能となっている。[12]

　避難誘導設備の増強内容は表4−4のとおりであり，今回の火災で使用され
た竜飛定点だけでなく吉岡定点と4カ所の陸底部斜坑（算用師，袋内，白符，
三岳）も対象とされた。本火災事故で問題となった斜坑ケーブルカーの輸送能
力を向上させるため，ケーブルカー1両が増結された。この増結車両は，通常
時には荷役台車として使用し，異常時には23名の座席ユニットを載せることで，
定員を38名（これまでは15名）とすることができる。[13]

② 英仏海峡トンネル火災事故

　英仏海峡トンネルが開業して2年後の1996年11月18日21時45分頃（フランス
現地時間），フランス側抗口から約19キロ南側トンネル内に進入したところで
列車火災が発生した。火災が発生した第7539列車は，「ル・シャトル」と呼ば
れる35両編成のHGV（トラック運搬用シャトル列車）で，後から9両目に積載
していた冷凍トラックが火元とみられている。本列車の編成は表4−5のとお
りである。本列車には，乗務員3名のほかトラックドライバー等の乗客31名が
乗車しており，乗客と運転士を除く乗務員2名は前から2両目に連結されたク
ラブカーに乗車していた。なお，出火の原因は特定されていない。[14]

　火災が発生した第7539列車は，フランス側ターミナルで18日21時20分から40
分までの間にトラック等を積載し21時42分に出発，21時48分に南側トンネルに
進入した。トンネル内を走行中，運転士は警報灯の点灯により火災の発生を
知ったが，規則に基づき運転を継続させた。その後，貨車の故障発生警報灯が
点灯したため，運転士はフランス側抗口から約19キロトンネル内に進入したところで列車を停車させた（21時58分）。運転士は乗客の避難を試みたが猛煙により車外への脱出は不可能であったために救助隊が来るまで車内で待機することとした。猛煙となった理由の一つに，火災発生直後から約25分間，煙や炎が乗客に届

表4−5　火災が発生したHGVの編成
　　　　内訳

種　別	両数（両）
トラック運搬車	28
積み込み機	4
機関車（前部側，後部側）	2
クラブカー（ドライバー用）	1
合　計	35

出所：Ed Comeau and Alisa Wolf, *op. cit.*, p.
　63.

第4章　効果的な避難誘導の検討

図 4-4　火災発生時におけるトンネル内列車運行状況（21時58分時点）

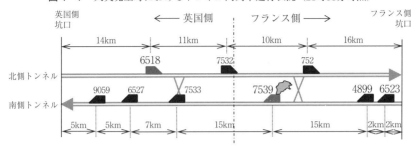

注：第7539列車：火災が発生した列車／第6518列車：第7539列車の乗客を救助した列車。
出所：Channel Tunnel Safety Authority, *op. cit.*, p. 64.

かないようにトンネル内の風向きを変える補助換気装置を作動させたが，実質的に機能しなかったことが挙げられる。

　第7539列車の火災は，本列車がトンネルに入る直前にトンネル入口から約600メートル離れた建物内の警備員2名により確認されていた。そのため，警備員は21時49分に鉄道管理センターへ通告した。21時59分に第7539列車の運転士からき電停止を通告された鉄道管理センターは，英仏両国の救助隊を出動させた。その頃，第7539列車の運転士は，猛煙によりトンネルの壁面等に掲示されている位置表示が見えなかったため，列車が停車した場所を報告することができなかった。また，鉄道管理センターのモニターが，軌道セクションのみの表示であったため正確な停車位置を把握することができず，その場所が特定できたのは停車から約30分後の22時27分であった。

　図4-4は，第7539列車がトンネル内で停車した21時58分時点でのトンネル内の列車運行状況であり，火災が発生した列車を含め南側トンネルでは6列車，北側トンネルでは3列車が走行していた。図4-4に示す9列車のうち，列車番号を細字で記載した5列車はそのまま走行を継続しトンネル外へ脱出した。第7539列車の火災発生を受け，鉄道制御センターは南側トンネル内の第4899列車の運転士に対しては，列車を停車させ乗客とともにサービストンネルへ避難するように指示し（22時10分），第6523列車の運転士に対しては，逆走してフランス側へ戻るように指示した（22時21分）。また，火災が発生した第7539列

車の乗客らを救助するため，第6518列車の運転士に対し，火災現場付近に停車するよう指示した（22時15分）[17]。

　本火災事故により第7539列車の7名が煙による中毒症となり，サービストンネルを経由して救急車でフランス・カレー地方の様々な病院へ搬送された。そのうち2名（乗務員と妊婦）は，深刻な状態と診断され，ヘリコプターによりリール（フランス）へ搬送されたが事故翌日の19日中に退院した。負傷していない乗客ら27名は，救助のため火災現場付近の北側トンネルに停車していた第6518列車でトンネルから脱出し（22時42分より乗車開始，23時04分現地出発），23時24分にフランス側のターミナルへ到着した。第7539列車は火災発生後も暫く走行したため，火は後部側へと燃え移り後部機関車とトラック運搬車15両，積載トラック28台中15台が焼失した。乗客らの救助活動と並行して行われた消火活動により，本火災事故は翌日19日の午前5時に鎮火した[18]。

　火災発生時のマニュアルでは，火災を検知した場合に列車は走行を継続してトンネルを通り抜けることとなっていたが，本火災事故の発生を受け，トンネル内で火災が発生した場合には直ちに連絡通路付近に列車を停車させ，乗客をサービストンネルへ避難させることとなった。また，ドライバー等が乗車するクラブカーの気密性の向上，酸素マスクの設置，乗務員が列車の停車位置をより正確に把握できるよう列車追尾システムの導入や連絡通路脇に現在地を示す標識の設置が図られた[19]。

　ところで，英仏海峡トンネルでは，本事故以降もトンネル火災が数回発生している。そのうち，2008年9月11日に発生した火災は，1996年の火災と同様にトラックから発火したものであった。火災は，北側トンネルのフランス側抗口から約11キロ地点で発生し，鎮火までに約16時間かかったとされている。乗車していたドライバー32名は，サービストンネルを経由して避難したが，そのうち14名が軽傷を負った。火災が発生した編成には，毒性物質を運搬するトラックが搭載されていたため，かなり深刻な状況であったと推定される[20]。

（4）海外における鉄道トンネルの火災対策

避難誘導

トンネル火災について書かれた書籍である *The Handbook of Tunnel Fire Safety* には，以下のとおり山岳トンネルの種類ごとに乗客の避難誘導や救助方法の基本が記載されている。

まず，1本の複線トンネルでは，トンネル坑内が唯一の避難路であり，火災現場から非常口まで1キロ以上となり得る。また，救助設備は不十分であることから，異常時には乗務員による避難誘導が基本となる。煙の向きはトンネルの自然風により決まるが，乗務員からの連絡に基づき，煙の向きと反対方向で乗客の避難や救助が行われる。[21]

二つ目に，2本の単線トンネルで構成されているトンネルでは，火災が発生していないもう一方のトンネルが安全な避難場所となり，避難誘導や救助活動にとって好都合となる。2本のトンネルを結ぶ連絡通路は，一般的に100〜500メートル間隔で設置されており，乗客は煙の向きと反対の連絡通路を経由し，もう一方の単線トンネルへ避難する。また，救助隊は乗客が避難する際に利用した連絡通路から進入して救助が行われる。[22]

三つ目に，数は少ないが，英仏海峡トンネルのように2本の単線トンネルとサービストンネルで構成されているトンネルでは，このサービストンネルを使用して避難や救助が行われる。万が一，サービストンネルが利用できないケースが発生しても，片方の単線トンネルを使用することができる。また，排煙システムを稼働させることにより煙の速度や向きを調整し，効果的な避難や救助が期待される。[23]

本ハンドブックには，都市トンネルの場合も記載されている。避難誘導や救助方法の基本的な考え方は，山岳トンネルと同じであるが，連絡通路の代わりに最寄りの駅が使用されることもある。そのため，避難の安全性を考慮して，トンネルと駅との遮断を確実に行わなくてはならない。また，都市トンネルではトンネル断面が非常に狭く，非常用通路がない場合もあることから，避難や消火活動が困難となることが想定される。[24]

表4-6 欧州のガイドラインで定められた共通項目

項　目		
通　信 （無線・緊急用電話）	Train radio	
	Emergency communication	
	Radio installation for rescue services	
	Emergency telephones communication means	
避難通路	Escape routes	
	Escape walkway	
	Vertical exits/access	
	Lateral exits/access	
	Cross passages	
緊急用トンネル照明	Emergency tunnel lighting	
消火設備	Water supply	
	Fire extinguish systems	
電力供給	Electricity supply	
電力設備の信頼性	Reliability of electrical installation	
接　地	Earthing	
耐火構造	Fire protection requirements for structures	
火災（煙）検知	On-board fire detection	
	Fire smoke and gas detection in tunnels	
	Fire detection	
空気調節	Central control of air condition	
	Switching off of air conditioning in the train	
監　視	Inspection of tunnel condition	
	TV monitoring	
	Monitoring system	
標　識	Escape distance	
	Tunnel marking (Emergency telephone etc)	
	Escape signature	
情報伝達	Emergency information for passenger	
救助計画	Emergency with rescue plans	
救助訓練	Exercise with rescue service	
異常時対応能力	Competence of train crew	
	Driver response to incident on train	

出所：*Safety in Railway Tnnnels*, 2002, UIC-Codex779-9. *UNITED NATIONS, RECOMMENDATIONS OF THE MULTIDISCIPLINARY GROUP OF EXPERTS ON SAFETY IN TUNNELS（RAIL）*, 2003. *TRANSAC. 9/9Technical Specification for Interoperability*, 2005, 01/16-ST06. 以上をもとに筆者作成。

ところで，デンマークには，実物大の訓練用トンネル設備が存在し，救助訓練が行われている。これは，係員自らの欠点を本人に気付かせることや緊急時における対策の検討を促す点で役立っている[25]。

規　格

海外における列車火災防止対策の代表的な規格として，欧州統一規格EN45545を挙げることができる。この規格は，国ごとに異なる鉄道車両向け火災安全性規格に代わるものとして2013年に発効されたものである。EN45545では，車両に使用される難燃性の材質を中心に規定されており，本章で述べるトンネル内の避難誘導については別の規格を参照する必要がある[26]。

非トンネル区間に比べ事故の発生確率は低いものの，避難や救助が困難となるトンネル火災における被害の軽減を目的に，鉄道トンネルの安全に関する3つの国際ガイドラインが，UIC（2002年），UNECE（2003年），EU（2005年）よりそれぞれ発行されている。UIC や UNECE が発行したガイドラインは，鉄道会社や政府に対し強制力を持たない，いわゆる推奨事項であるのに対し，EU のそれは強制力を持つ規則である[27]。

表4-6は，それぞれのガイドラインで定められた項目のうち，3つのガイドラインに共通する項目をまとめたものである。

2　鉄道以外の火災事例の分析と対策

（1）国内の火災事例と発生傾向

概　観

明治以前の日本では，火災の中でも町の大火が一番おそれられており，火消対策は為政者が最も重視する課題の一つであった。明治に入り，近代国家の建設に伴い近代産業が勃興し，都市部への人口集中が急速に進行した。また，近代的な工場や大規模建築物が次々と建設されていったことで，江戸時代にみられなかった特異な大規模火災が発生するようになった。こうして，これまで使われてきた「火事」に代わり，次第に「火災」という言葉が使われるように

なった。

　戦後，異常気象などにより日本海側の地方都市を中心に大火が毎年，数回にわたって発生するようになった。主な大火として1949年に発生した能代市大火（2238戸焼失）のほか，佐渡・両津町大火（1947年），新潟市大火（1955年）がある。これらの火災は，乾燥高温の強風が吹きおろすというフェーン現象により被害が拡大したとされている。1948年に，警察の管轄していた消防業務が自治体による消防体制（市町村消防）に移行した。これを契機に消防力の強化や充実が図られたことで，1960年代以降は大火が著しく減少した。その反面，工場や劇場，百貨店などの大規模建築物において，多くの死傷者を伴う火災の発生が目立つようになった。[28]

　表4-7は，昭和以降の死者10名以上あるいは死傷者50名以上の火災事例である（ただし，大火や一般住宅の火災を除く）。これらの火災事例を年代や種別ごとにまとめたものが表4-8である。

表4-7　国内の火災事例（死者10名以上あるいは死傷者50名以上）
（その1）1930，1940年代

（単位：人）

No.		発生年月日	火災箇所	種　別	死者	負傷者
1-1.		1931（昭和6）・5・12	北海道・東島牧村特設映画会場	劇場等	16	―
1-2.		1931（昭和6）・5・16	群馬・金古町繭糸市場	劇場等	13	―
1-3.		1932（昭和7）・12・16	東京・白木屋百貨店	百貨店	14	40
1-4.	○	1932（昭和7）・12・23	東京・深川大富アパート	集合住宅	23	3
1-5.		1934（昭和9）・9・3	広島・呉市衆楽工場	集合住宅	11	―
1-6.	○	1934（昭和9）・9・21	京都・三条両津中学校	学　校	30	―
1-7.		1935（昭和10）・10・30	千葉・白浜米倉庫爆発	倉　庫	12	―
1-8.		1937（昭和12）・3・6	東京・銀栖鳳（関西料理）	宿　舎	10	―
1-9.		1937（昭和12）・6・30	東京・同情園託児所	孤児院	10	―
1-10.	○	1937（昭和12）・7・6	広島・私立半田救護所	医療等	23	―
1-11.		1937（昭和12）・12・20	和歌山・南富田小学校	学　校	81	10
1-12.	○	1939（昭和14）・5・9	東京・大日本セルロイド東京工場	工　場	32	245
1-13.	○	1940（昭和15）・1・29	大阪・西成線安治川口	鉄　道	181	92

240

第4章　効果的な避難誘導の検討

1-14.	○	1943（昭和18）・3・6	北海道・倶知安映画館（布袋座）	劇場等	208	―
1-15.		1945（昭和20）・1・29	徳島・貞光寺（大阪南恩加島学校疎開）	寺	16	―
1-16.		1945（昭和20）・11・3	兵庫・福知山線古市・篠山口	鉄　道	8	65
1-17.	○	1947（昭和22）・4・16	大阪・近鉄奈良線旧生駒トンネル	鉄　道	28	64
1-18.		1949（昭和24）・1・4	愛知・名鉄名古屋本線前後・阿野	鉄　道	0	60
1-19.		1949（昭和24）・6・24	神奈川・昭和電工川崎工場	工　場	17	69
1-20.		1949（昭和24）・9・27	大阪・京阪神急行京阪線光善寺・香里園	鉄　道	2	52

※○は，死者20名以上あるいは死傷者100名以上の火災。

（その2）1950年代

（単位：人）

No.	発生年月日		火災箇所	種　別	死者	負傷者
2-1.		1950（昭和25）・4・14	神奈川・トレーラーバス	車　両	19	―
2-2.		1950（昭和25）・12・20	岡山・岡山県立聾学校寄宿舎	宿　舎	16	
2-3.	○	1951（昭和26）・4・24	神奈川・京浜線桜木町	鉄　道	106	92
2-4.	○	1951（昭和26）・5・19	北海道・浜中村映画館（大原劇場）	劇場等	42	
2-5.	○	1951（昭和26）・6・3	滋賀・近江絹糸彦根工場	工　場	23	
2-6.	○	1951（昭和26）・8・19	愛知・中日スタジアム	劇場等	4	331
2-7.	○	1951（昭和26）・11・3	愛媛・国鉄バス南予線	車　両	32	
2-8.		1951（昭和26）・11・24	千葉・勝浦見晴館	宿泊施設	10	
2-9.		1951（昭和26）・12・2	北海道・病院（市立釧路総合病院）	医療等	17	
2-10.	○	1952（昭和27）・12・22	愛知・東亜合成化学名古屋工業所	工　場	21	231
2-11.	○	1953（昭和28）・2・14	東京・小勝多摩火工府中工場①	工　場	20	23
2-12.		1953（昭和28）・5・19	岡山・加茂中学校倉見分校	学　校	14	
2-13.	○	1955（昭和30）・2・17	神奈川・聖母の園養老院	医療等	99	
2-14.		1955（昭和30）・6・18	千葉・式場病院	医療等	18	
2-15.		1955（昭和30）・8・1	東京・花火問屋	問　屋	18	83
2-16.		1956（昭和31）・8・11	岡山・日本興油岡山工場	工　場	11	24
2-17.		1957（昭和32）・2・18	鹿児島・滑川市場	市　場	13	
2-18.		1957（昭和32）・10・22	宮城・漁船八崎丸	船　舶	13	
2-19.		1957（昭和32）・11・30	千葉・日本冶金工業興津工場	工　場	14	16
2-20.		1958（昭和33）・7・15	東京・進化製薬	工　場	13	―

No.		発生年月日	火災箇所	種　別	死者	負傷者
2-21.		1958（昭和33）・7・30	東京・小勝多摩火工府中工場②	工　場	13	—
2-22.		1959（昭和34）・1・26	熊本・多良木病院	医療等	12	—
2-23.		1959（昭和34）・1・27	北海道・美幌町映画館（銀映座）	劇場等	12	—
2-24.	○	1959（昭和34）・6・8	広島・鉄砲火薬商火薬庫	倉　庫	0	113
2-25.		1959（昭和34）・7・11	山口・協和発酵合成工場	工　場	11	44
2-26.	○	1959（昭和34）・11・20	神奈川・東洋化工工場	工　場	3	380
2-27.	○	1959（昭和34）・12・11	神奈川・火薬積載トラック衝突	車　両	4	110

※○は，死者20名以上あるいは死傷者100名以上の火災。

（その3）1960年代

（単位：人）

No.		発生年月日	火災箇所	種　別	死者	負傷者
3-1.		1960（昭和35）・1・6	神奈川・日本医療伝導会衣笠病院	医療等	16	—
3-2.		1960（昭和35）・3・19	福岡・国立療養所	医療等	11	—
3-3.	○	1962（昭和37）・11・18	神奈川・油送船第一宗像丸衝突	船　舶	41	1
3-4.	○	1963（昭和38）・8・22	東京・西武百貨店	百貨店	7	216
3-5.		1963（昭和38）・9・25	兵庫・ゴム工場	工　場	17	
3-6.		1964（昭和39）・6・11	神奈川・昭和電工川崎工場	工　場	15	9
3-7.	○	1964（昭和39）・7・14	東京・宝組勝島倉庫	倉　庫	19	158
3-8.		1965（昭和40）・3・18	青森・水道工事業アセチレンガス	事業所	11	7
3-9.		1965（昭和40）・5・23	北海道・油送船ヘイムバード桟橋衝突	船　舶	10	10
3-10.		1965（昭和40）・9・24	神奈川・米海軍（上瀬谷）通信施設	軍事施設	12	—
3-11.		1966（昭和41）・1・9	神奈川・金井ビル	複合用途	12	14
3-12.		1966（昭和41）・2・16	愛知・LPGタンカー　ブリジストン丸	船　舶	15	6
3-13.	○	1966（昭和41）・3・11	群馬・水上温泉菊富士ホテル	宿泊施設	30	29
3-14.		1968（昭和43）・2・25	静岡・湯河原温泉大伊豆ホテル	宿泊施設	2	79
3-15.	○	1968（昭和43）・11・2	兵庫・有馬温泉池之坊満月城	宿泊施設	30	44
3-16.	○	1969（昭和44）・2・5	福島・磐梯熱海温泉磐光ホテル	宿泊施設	30	35
3-17.		1969（昭和44）・4・25	福岡・日米ゴム工場	工　場	11	—

※○は，死者20名以上あるいは死傷者100名以上の火災。

第4章　効果的な避難誘導の検討

（その4）1970年代

（単位：人）

No.		発生年月日	火災箇所	種　別	死者	負傷者
4-1.	○	1970（昭和45）・4・8	大阪・天六地下鉄工事現場	工　事	79	389
4-2.		1970（昭和45）・6・29	栃木・秋山会両毛病院	医療等	17	1
4-3.		1971（昭和46）・1・2	和歌山・寿司由楼	宿泊施設	16	15
4-4.		1971（昭和46）・1・31	北海道・美容院宿舎	宿　舎	10	—
4-5.		1972（昭和47）・2・21	茨城・貨物船協照丸	船　舶	12	—
4-6.	○	1972（昭和47）・5・13	大阪・千日デパート	複合用途	118	81
4-7.	○	1972（昭和47）・11・6	福井・北陸本線北陸トンネル	鉄　道	30	714
4-8.	○	1973（昭和48）・1・20	大阪・東亜ペイント工場	工　場	0	101
4-9.		1973（昭和48）・3・8	福岡・済生会八幡病院	医療等	13	3
4-10.	○	1973（昭和48）・11・29	熊本・大洋デパート	百貨店	103	124
4-11.		1974（昭和49）・11・9	神奈川・第十雄洋丸衝突	船　舶	33	8
4-12.		1975（昭和50）・5・10	大阪・千成ホテル	宿泊施設	4	64
4-13.		1976（昭和51）・12・26	静岡・三沢ビル（らくらく酒場）	複合用途	15	8
4-14.		1977（昭和52）・6・24	大阪・桜井建設宿舎	宿　舎	12	3
4-15.		1978（昭和53）・3・10	新潟・今町会館（エル・アドロ）	複合用途	11	2
4-16.		1979（昭和54）・3・20	群馬・上越新幹線大清水トンネル	工　事	16	1

※○は，死者20名以上あるいは死傷者100名以上の火災。

（その5）1980年代

（単位：人）

No.		発生年月日	火災箇所	種　別	死者	負傷者
5-1.	○	1980（昭和55）・8・16	静岡・ゴールデン街第1ビル	複合用途	14	223
5-2.	○	1980（昭和55）・11・20	栃木・川治プリンスホテル	宿泊施設	45	22
5-3.	○	1982（昭和57）・2・8	東京・ホテルニュージャパン	宿泊施設	33	34
5-4.		1982（昭和57）・3・18	長崎・貨物船バラウニ	船　舶	10	22
5-5.	○	1982（昭和57）・8・21	大阪・ダイセル化学工業堺工場	工　場	6	207
5-6.		1983（昭和58）・2・21	山形・蔵王観光ホテル	宿泊施設	11	2
5-7.		1983（昭和58）・11・22	静岡・つま恋プロパンガス	レク施設	14	28
5-8.	○	1986（昭和61）・2・11	静岡・熱川温泉ホテル大東館	宿泊施設	24	0
5-9.		1986（昭和61）・4・21	静岡・菊水館	宿泊施設	3	56
5-10.		1987（昭和62）・6・6	東京・特別養護老人ホーム松寿園	医療等	17	25

5-11.		1987（昭和62）・9・21	大阪・近鉄東大阪線生駒トンネル	鉄　道	1	57
5-12.		1988（昭和63）・5・18	大阪・プリアムーリエ号（ソ連籍）	船　舶	11	35
5-13.		1989（平成1）・2・16	神奈川・貨物船ジャグドゥート	船　舶	12	11

※○は，死者20名以上あるいは死傷者100名以上の火災。

（その6）1990年代以降

（単位：人）

No.		発生年月日	火災箇所	種　別	死者	負傷者
6-1.		1990（平成2）・3・18	兵庫・長崎屋尼崎店	百貨店	15	6
6-2.		1992（平成4）・6・16	茨城・花火製造工場	工　場	3	58
6-3.		2000（平成12）・6・10	群馬・日進化工群馬工場	工　場	4	58
6-4.		2000（平成12）・8・1	愛知・日本油脂武豊工場	工　場	0	79
6-5.		2001（平成13）・5・5	千葉・菊池組作業員宿舎兼事務所	宿　舎	11	―
6-6.	○	2001（平成13）・9・1	東京・新宿明星56ビル	複合用途	44	3
6-7.		2004（平成16）・6・11	鹿児島・坂上種苗倉庫	倉　庫	0	70
6-8.		2008（平成20）・10・1	大阪・桧ビル（キャッツなんば）	複合用途	15	10
6-9.		2009（平成21）・3・19	群馬・静養ホームたまゆら	医療等	10	1
6-10.		2011（平成23）・5・27	北海道・石勝線第一ニニウトンネル	鉄　道	0	79
6-11.		2013（平成25）・8・15	京都・福知山花火大会	河川敷	3	57
6-12.		2013（平成25）・10・11	福岡・安部整形外科	医療等	10	5

※○は，死者20名以上あるいは死傷者100名以上の火災。
注：大火，山火事，地震，空襲や機雷による火災，炭鉱等の爆発事故，航空機事故，テロを除く。
出所：薮内喜一郎（1984）『日本消防史　写真図説』国書刊行会，296-311頁。日本消防協会（1984）『日本消防百年史』第4巻，343-406頁。毎日新聞東京本社情報調査部（1987）『戦後の重大事件早見表』毎日新聞社。消防庁『消防白書』1978年度版～2014年度版。北後明彦「火災調査の歴史――建築物の避難安全計画に果たしてきた役割」http://www.research.kobe-u.ac.jp/rcuss-usm/hokugo/kenchikukasai/kasairekishi-word.html（2015年5月19日アクセス）。「防災情報新聞」http://www.bosaijoho.jp/（2015年5月19日アクセス）。日本鉄道運転協会（2013）『重大運転事故記録・資料　追補』。全国の大規模火事災害履歴一覧表 http://www.pacific.co.jp/div/07/saigai/Page_z_kaji.html（2015年5月19日アクセス）。以上をもとに筆者作成。

種別ごとの発生傾向

　ここでは**表4-8**のうち，死者10名以上あるいは死傷者50名以上の火災が合計3件以上発生した種別の発生傾向や，主な火災事例を詳しくみていくこととする。

① 工　場

第4章　効果的な避難誘導の検討

表4-8　火災（死者10名以上あるいは死傷者50名以上）の発生傾向

（単位：人）

	種　別	1930年代 1940年代	1950年代	1960年代	1970年代	1980年代	1990年代 以降	合　計
1	工　場	2 (1)	9 (4)	3 (0)	1 (1)	1 (1)	3 (0)	19 (7)
2	医療等	1 (1)	4 (1)	2 (0)	2 (0)	1 (0)	2 (0)	12 (2)
3	宿泊施設		1 (0)	4 (3)	2 (0)	5 (3)		12 (6)
4	鉄　道	5 (2)	1 (1)		1 (1)	1 (0)	1 (0)	9 (4)
5	船　舶		1 (0)	3 (1)	2 (1)			9 (...)
6	複合用途			1 (0)	3 (1)	1 (1)	2 (1)	7 (3)
7	劇場等	3 (1)	3 (2)					6 (3)
8	宿　舎	1 (0)			2 (0)		1 (0)	5 (0)
9	倉　庫	1 (0)	1 (0)	1 (1)			1 (0)	4 (2)
10	百貨店	1 (0)		1 (1)	1 (1)		1 (0)	4 (2)
11	車　両		3 (2)					3 (2)
12	学　校	2 (2)	1 (0)					3 (2)
13	工　事				2 (1)			2 (1)
14	集合住宅	2 (1)						2 (1)
15	孤児院	1 (0)						1 (0)
16	市　場		1 (0)					1 (0)
17	レク施設					1 (0)		1 (0)
18	河川敷						1 (0)	1 (0)
19	問　屋		1 (0)					1 (0)
20	寺	1 (0)						1 (0)
21	事業所			1 (0)				1 (0)
22	軍事施設			1 (0)				1 (0)
	合　計	20 (8)	27 (11)	17 (6)	16 (6)	13 (5)	12 (1)	105 (37)

注：（　）内数字は，死者20名以上あるいは死傷者100名以上の火災件数の再掲。

　「工場」の火災は合計19件と最も多く，すべての年代で発生している。さらに，死者20名以上あるいは死傷者100名以上の火災（以下「大規模火災」という。）の件数も合計7件と今回区分した種別の中で一番多く，その中でも1959年に発生した神奈川の東洋化工工場爆発（表4-7のNo.2-26）は，死傷者300

名以上の甚大な被害が出た。この爆発事故は、工場内で火薬の試験中に発火し、他の火薬へ引火したため広範囲に亘る大爆発となり、工場周辺の住民や学生、鉄道の乗客にも被害がおよんだ。[29]

　また、1939年東京の大日本セルロイド工場爆発（表4-7のNo.1-12）も工場内で出火した火が近隣の火薬工場に飛び火したため、周辺の住宅を焼失させる爆発事故となった。このように、「工場」の火災は爆発等を伴うこともあるため、工場の周辺地域を巻き込む大規模な被害に繋がる可能性が高い。[30]

② 医療等

　病院や社会福祉施設を含む「医療関係施設」の火災は、工場と同様にすべての年代で発生している。そのうち、1955年に発生した聖母の園養老院火災（表4-7のNo.2-13）は、最大の死者（99名）を出している。この火災は、体の不自由な老人を多数収容していたことに加え、施設の係員が少ない夜間帯に発生したことから被害が拡大したものと思われる。[31]

　ところで、1980年代以降に発生した3件のうち2件（表4-7のNo.5-10、No.6-9）は、社会福祉施設におけるものである。近年、高齢化を背景に地方自治体や社会福祉法人以外の事業者の新規参入やグループホームのように消防法上の規制が緩やかな施設が増加している。そのため、今後もこれら施設の火災が発生する可能性があると考えられる。[32]

③ 宿泊施設

　「宿泊施設」の火災は、1960～1980年代に集中して発生している。また、大規模火災は6件と「工場」に次ぎ二番目に多く発生している。そのうち、1980年に発生した川治プリンスホテルの火災（表4-7のNo.5-2）は、最大の死者（45名）を出している。この火災では、昼間の時間帯であるにもかかわらず多くの宿泊客が逃げ遅れた。その理由として、宿泊者の多くが高齢者であったこと、増築の繰り返しによって建物が複雑な構造となっていたこと、防火対策に不備があったことなどが挙げられる。なお、川治プリンスホテル火災は、本節第4項で詳述する。[33]

　1990年代以降、表4-8に該当する火災は1件も発生していないが、数名の

死者を伴う火災は現在でも発生している。その具体的な事例として，1994年12月21日に発生した福島・若喜旅館本店（死者5名，負傷者3名）や2012年5月13日に発生した広島・ホテルプリンス（死者7名，負傷者3名）の火災を挙げることができる。[34]

④　鉄　道

「鉄道」における火災（9件）のうち4件（表4-7のNo.1-17，No.4-7，No.5-11，No.6-10）はトンネル内で発生したものであり，そのうち3件は1970年代以降に発生している。なかでも，1972年に発生した北陸トンネル火災事故（表4-7のNo.4-7）は，表4-7の火災事例（105件）の中で死傷者数が744名と一番多い火災である。なお，鉄道の火災事例は第1章で詳述したためここでは触れない。

⑤　船　舶

「船舶」の火災は，ソ連籍のプリアムーリエ号火災（表4-7のNo.5-12）を除きタンカーや貨物船の衝突によるものである。プリアムーリエ号（4870トン，乗員129名，乗客295名）は，日ソ友好を目的に訪日青年観光団を乗せた旅客船であり，大阪港中央突堤に接岸している際に火災が発生したものである。この事故は，日本の港や近海で発生した旅客船の火災の中では最大の惨事となったが，国籍が異なるため日本の海難事故の統計の中には計上されていない。[35]

ところで，一般の乗客が乗船する旅客船の火災事故は2015年6月現在，海難審判・船舶事故調査協会の裁決録に26件収録されているが，そのほとんどは死傷者ゼロの火災である。ところが，2015年7月31日の夕刻に北海道苫小牧沖を航海中のカーフェリーさんふらわ だいせつ号（1万1401トン，乗員23名，乗客71名）で発生した火災事故は，国内の旅客船火災の中で初の死亡事故となった。この火災では，救命艇により乗客は全員避難できたが，乗組員の1名が行方不明となり3日後の8月3日に遺体で発見された。この火災事故は2017年8月現在，運輸安全委員会により調査中である。[36]

⑥　複合用途

雑居ビル等を含む「複合用途」の火災は1960年代以降に発生している。これ

らの中には，100名以上の死者を発生させた大阪の千日デパート火災（表4-7のNo. 4-6）が含まれている。この火災は，22時過ぎに改装工事中の3階から出火したものであるが，火災の発生が7階プレイタウンに伝達されず，7階にいた従業員や利用客計100名以上が下層から伝搬してきた多量の煙に巻かれて死亡するという大参事となった。火災の発生が7階に伝達されなかったのは，3階と7階の管理権原が異なるという「複合用途」特有の問題によるものと考えられる。[37]

1990年代に入り，「複合用途」の火災が2件発生しているが，そのうち新宿明星56ビルの火災（表4-7のNo. 6-6）は死者44名と，平成期に発生した火災の中で最も多い死者数を記録した。この火災では，階段の前に物が置かれ，避難階段の役割を果たさなかった等，防火管理のずさんさが指摘された。[38]

⑦ 劇場等

映画館を含む「劇場等」の火災は，1950年代以前に発生している。また，大規模火災となった北海道倶知安の映画館・布袋座の火災（表4-7のNo. 1-14），北海道浜中村の映画館・大原劇場の火災（表4-7のNo. 2-4）は，映画のフイルムなどに使用されているセルロイドに引火して発生したものである。なかでも1943年に発生した布袋座の火災は，表4-7の火災（105件）の中で死者数が208名と一番多い。本火災では映画上映中，1階の出入り口付近にある映写室から出火したため，多くの観客がパニックに陥り，被害が拡大したとされている。また，多量の積雪により非常口が開扉できなかったため，多くの観客は館内に閉じ込められたまま焼死した。死者の大半は，老人や子供であった。[39]

⑧ 宿 舎

「宿舎」の火災は，1970年代に2件，1930～40年代，1950年代，1990年代以降にそれぞれ1件ずつ発生し，合計5件となっている。そのうち大規模火災は1件もなく，死者数が最も多かったのは，1950年に発生した岡山県立聾学校寄宿舎の火災（表4-7のNo. 2-2）である。火災の発生は学生が寝静まった午前2時過ぎであり，聴覚に障がいを持つ学生の避難に時間を要した。[40]

1990年代以降では，千葉の菊池組作業員宿舎兼事務所火災（表4-7のNo. 6-

5）が11名の死者をもたらした。この火災も夜中の午前１時頃に発生しており，火災報知装置の未設置により避難が遅れたとされている[41]。

⑨　倉　庫

倉庫の火災は，1930～40年代，1950年代，1960年代，1990年代以降にそれぞれ１件の合計４件発生している。大規模火災となった２件は，1950年代と1960年代に起こっている。そのうち，1964年に発生した東京の宝組勝島倉庫の爆発事故（表４−７のNo. 3-7）は，危険物の管理方法や災害現場における安全管理に問題があり被害が拡大した。19名の犠牲者全員が消火活動に携わった消防署員であったことが特徴的で，東京消防庁の歴史において最多の殉職者を出した火災事故であった[42]。

⑩　百貨店

「百貨店」の火災は戦前から発生している。これらの中には，100名以上の死者を発生させた熊本の大洋デパート火災（表４−７のNo. 4-10）が含まれているが，本節第４項において詳述する。ちなみに，1932年に発生した東京・白木屋百貨店火災（表４−７のNo. 1-3）は，我が国初の高層建物火災である[43]。

1990年代に入り，兵庫の長崎屋尼崎店火災（表４−７のNo. 6-1）が発生し，15名の死者をもたらした。この火災は正午過ぎに４階の売場から出火したものであるが，防火扉が閉扉されなかったため，煙は上階へ拡散し５階で逃げ遅れた従業員と客が煙に巻かれて死亡した[44]。

⑪　車　両

「車両」の火災事故は，1950年代以前に発生している。大規模火災となった愛媛の国鉄バス南予線火災（表４−７のNo. 2-7）は，祭りで上映するためバスの車内に積載された映画のフイルム（セルロイド製）に引火して発生したものである。このバスは，木材など燃えやすい材質が使用されていたため，火は瞬時に満員の車内で燃え広がったとされている[45]。

また，神奈川の国道上で発生した火薬積載トラック衝突事故（表４−７のNo. 2-27）は，対面車線のトラックとの正面衝突により火薬が爆発し，周辺の住民を巻き込んだ[46]。

249

⑫　学　校

　「学校」の火災事故は，1950年代以前に発生している。また，大規模火災と
なった和歌山の南富田小学校火災（表4-7のNo.1-11）は，学校の講堂で行わ
れていた映画会の最中にフイルム（セルロイド製）に引火して発生したもので
ある。[47]

（2）従業員の行動に関する分析

　火災発生時には，一般に従業員による適切な誘導が重要であると考えられる
が，火災感知後における従業員の初期行動についての分析が，神忠久により行
われている。そこでは，建物火災55件（旅館・ホテル25件，病院17件，百貨店2

表4-9　建物火災発生時における従業員の行動

（単位：件）

		第一次行動	第二次行動	合　計
旅館・ホテル （全25件）	消　火	15	2	17
	通　報	7	7	14
	誘　導	1	6	7
	自ら避難	3	13	16
病院 （全17件）	消　火	8	2	10
	通　報	3	0	3
	誘　導	9	6	15
	自ら避難	0	12	12
百貨店 （全2件）	消　火	2	0	2
	通　報	0	0	0
	誘　導	0	2	2
	自ら避難	0	0	0
複合用途 （全11件）	消　火	5	3	8
	通　報	3	1	4
	誘　導	1	2	3
	自ら避難	3	5	8
合　計 （全55件）	消　火	30	7	37
	通　報	13	8	21
	誘　導	11	16	27
	自ら避難	6	30	36

出所：神忠久（1990）「建物火災時における従業員の初期行動」『照
　　　明』第2巻第3号（通巻199号），47-48頁。

件，複合用途ビル11件）における第一次行動および第二次行動が，**表4-9**のとおり4つ（消火，通報，誘導，自ら避難）に分類されている。なお，行動が同時に行われた場合はダブルカウントすることから，火災件数と行動の件数は一致していない。[48]

　この表のとおり，まず第一次行動で誘導が行われたのは11件に過ぎず，そのうち9件は病院である。これは，通常時における避難訓練の成果によるほか，患者を助けるという職業意識が他の3つのケースに比べ高かったためとされている。病院は第二次行動においても誘導が6件と多く，ほとんどの病院では患者の誘導に結びついていたことが分かる。一方，百貨店の2事例では，いずれも誘導は消火の後回しとなっている。その理由として，出火当初より避難誘導を行うと混乱が生ずることをおそれたために意識的に誘導を遅らせたことや，消火に夢中となり誘導が疎かになったと考える。

　次に，旅館・ホテルや複合用途ビルでは，いずれも第一次行動から自ら避難が3件である。旅館・ホテルでの火災は夜間帯に発生することが多く，従業員が火災を感知した際には従業員の寝室まで煙が侵入していたために，自ら避難するのが精一杯であったとされている。また，複合用途ビルでは，火の回りが比較的早いうえ，避難路が1カ所しかないことから誘導ができなかったとされている。

　全体を通じ，誘導が従業員の第一次行動に結びつかなかったことが，死者を発生させた主要因であると考えられる。火災発生時に，従業員が適切な行動をとるためには，日頃から人の生命を預かっているという意識を持ち，異常時において採るべき行動の手順を考えておくことが重要である。[49]

　これまで火災発生時における従業員の初期行動とその傾向について述べてきたが，これらの行動から従業員の行動パターンを幾つかのグループに分類すると**表4-10**のようになる。[50]

　第一の「消火専念型」とは，火災が発生しても通報や連絡をせず自分だけで消火する行動で，最も多くみられる従業員の行動パターンである。その行動は，済生会八幡病院火災や今町会館火災などでみられた。済生会八幡病院火災では，

表4-10　従業員の行動パターン

分　類	内　容
消火専念型	通報・連絡をせず，自分（自分たち）だけで消火を試みる。
不用意な楽観型	客に心配かけないために「大丈夫」あるいは「心配ない」と答える。
日常的習慣型	習慣化されていない行動はとっさに浮かばない（帰巣本能に類似）。
避難阻止型	異常に気付いて避難する客を押しとどめる（飲食料の集金などにより）。
避難誘導専念型	従業員として最後まで職務を遂行する。

出所：岡田光正（1985）『火災安全学入門』学芸出版社，167-173頁。

医師らだけで30分間も消火を試みたことから，13名もの死者を出した。また今町会館火災では，店内の客に対する通報や誘導が行われないまま，近隣の飲食店から繰り返し水を運んで消火活動が続けられた。これらの行動は，騒ぎが大きくなることをおそれてか，あるいは驚愕のあまり他に気が回らなかったかのいずれかによるものと考えられる。通報や誘導は消火活動と並行して行うのがよいが，人が少ない場合は先ず前者を優先させるべきである。[51]

　第二の「不用意な楽観型」とは，客に心配かけないために「大丈夫」あるいは「心配ない」などと答え，避難誘導が遅れる行動パターンである。この行動は，川治プリンスホテル火災などでみられた。この火災では，火災報知装置の鳴動について宿泊客がフロントに問い合わせたが，従業員が「テストです」といって取り合わなかった。それは，その日の午前中に火災報知装置の検査があったことから，従業員は検査がそのまま続いているものと錯覚し，宿泊客の誘導を行わなかったためとされている。このような報知装置の誤報，いわゆる非火災報は他の火災事例でもよくみられ，「諸悪の根源」と指摘されている。[52]

　第三の「日常的習慣型」とは，思考力が低下した非常時には，日常的に繰り返し体で覚えた行動しか現れないというものである。この行動は，千日デパート火災でみられた。この火災において，最後まで安全に使用できた屋外階段を利用して助かったのは，普段から階段を利用していた従業員2名であった。またバンドマンらは，普段から出入りしていた控室に全員逃げ込み，リーダーの指示に従いドアを完全に締め切って籠城したために全員無事に救出された。[53]

　第四の「避難阻止型」とは，客から飲食料の集金を行う目的で火災の発生を

客に知らせなかったり，異常に気付いて避難する客を押しとどめたりするものである。[54]

　第五の「避難誘導専念型」とは，これまでの4パターンとは異なり，従業員としての職責を全うした立派な行動である。池之坊満月城火災では混乱の最中，必死に宿泊客を誘導した女中がいたとされている。ただし，肉声では限界があることから，放送設備やハンドマイクなどの活用が望まれる。[55]

（3）被害拡大の要因

　表4-11は，火災が発生したときに見られる4つの段階（①発見・感知・通報，②初期消火，③煙の拡散，④避難）ごとに被害が拡大する要因を，設計・施工面，

表4-11　被害が拡大した主な要因

	項　目	設計・施工	維持・使用
1	発　見 感　知 通　報	・受信機の位置と警備員室が離れている ・通報が建物全体に行き渡らない	・無人状態が多く発見が遅れた ・受信機，非常放送が停止状態 ・改装工事中に感知器の配線を切断 ・報知装置が設置されていても作動しない ・報知装置が作動しても効果がない ・消防機関への通報が遅れる
2	初期消火	・屋内消火栓の数が不足 ・屋内消火栓の位置がわかりにくい	・消火設備（特に屋内消火栓）使用方法の訓練不足 ・スプリンクラー設備の作動不良
3	煙の拡散防止	・階段室区画がない ・増改築の繰返しで区画が不完全 ・吹抜け周りの区画が不完全 ・防火戸や防火シャッターがない	・防火戸，防火シャッターのメンテナンス不備による閉鎖障害 ・防火戸，防火シャッターが開放状態 ・防火ダンパーが作動しない
4	避　難	・増改築の繰返しで避難経路が複雑 ・2方向避難となっていない ・非常電源設備の不備	・避難誘導が行われない ・避難経路，避難階段内部に物が放置 ・避難経路が分からない ・避難口に施錠 ・窓や非常扉の開け方が分からない

出所：佐藤政次（2006）『建築防災計画の考え方・まとめ方』オーム社，14-15頁。岡田光正，前掲書，152-162頁。以上をもとに筆者作成。

表 4-12　火災事例の詳細

（単位：人）

名　　称	種　別	発生年月日	時刻	在館者	死者	負傷者
東京・白木屋百貨店	百貨店	1932（昭和7）・12・16	9:18	1,600	14	40
宮城・仙台丸光百貨店	百貨店	1956（昭和31）・5・5	17:30	2,276	0	4
東京・東京宝塚劇場	劇場等	1958（昭和33）・2・1	16:09	2,889	3	25
東京・西武百貨店	百貨店	1963（昭和38）・8・22	12:56	294	7	216
群馬・菊富士ホテル	宿泊施設	1966（昭和41）・3・11	3:40	217	30	29
兵庫・池之坊満月城	宿泊施設	1968（昭和43）・11・2	2:30	309	30	44
福島・磐光ホテル	宿泊施設	1969（昭和44）・2・5	21:00	290	30	35
東京・蒲田文化会館	複合用途	1969（昭和44）・5・1	17:06	549	0	13
和歌山・寿司由楼	宿泊施設	1971（昭和46）・1・2	1:03	74	16	15
大阪・千日デパート	複合用途	1972（昭和47）・5・13	22:27	212	118	81
福岡・済生会八幡病院	医療等	1973（昭和48）・3・8	3:21	250	13	3
熊本・大洋デパート	百貨店	1973（昭和48）・11・29	13:15	1,166	103	124
栃木・川治プリンスホテル	宿泊施設	1980（昭和55）・11・20	15:15	143	45	22
東京・ホテルニュージャパン	宿泊施設	1982（昭和57）・2・8	3:24	378	33	34

出所：東京消防行政研究会（1983）『火災の実態からみた危険性の分析と評価——特異火災事例112』全国加除法令出版，14-25頁。消防防災博物館ホームページ「特異火災事例，ホテルニュージャパン」http://www.bousaihaku.com/bousaihaku2/images/exam/pdf/b016.pdf（2015年8月1日アクセス）。

維持・使用面に分けてまとめた。設計・施工欄には，ハード対策が十分整備されていないものや整備されていても誤認を招くおそれのあるものを記載した。また維持・使用欄には，ハードが整備されているにもかかわらず，マネジメント上の問題などにより十分機能しないものを記載した。①〜④の各段階において，安全装置がそもそも設置されていなかった，あるいは設置されていても機能しなかったなど，被害が拡大した共通の要因が存在しており，いずれも営利を優先させたことが背景にあると思われる。そのため，火災の再発防止を図るためには，従業員のエラーのほか，経営者や管理者のマネジメントにも目を向けていく必要があると考える。[56]

　ここで表4-11に挙げたいくつかの項目（下線）について，実際の火災事例でみられた行動等を当てはめてみる。火災事例の詳細は，表4-12を参照され

第4章　効果的な避難誘導の検討

たい。

　発見・感知・通報

　自動火災報知装置が設置されていながら報知装置が鳴動せず，大きな被害を出した火災事例として，磐光ホテル火災やホテルニュージャパン火災などがある。

　一方，報知装置が鳴動したにもかかわらず，効果がなかった事例として川治プリンスホテル火災や菊富士ホテル火災，済生会八幡病院火災などがある。川治プリンスホテル火災では，既述の「不用意な楽観型」の行動により，報知装置が鳴動したにもかかわらず「テスト中のため心配はない」といって宿泊客の誘導が行われなかった。菊富士ホテル火災では，報知装置が鳴動したが，宿泊客は何の警報か分からなかったことから避難が遅れた。また，済生会八幡病院火災では，報知装置が鳴動したが現場の確認をしないまま停止させた。これらは，報知装置の度重なる誤操作に伴い，装置への信頼度が低下していたためと考えられる。

　ところで，火災発生時の消防機関への通報は遅れがちになることを以下の西武百貨店火災や大洋デパート火災，ホテルニュージャパン火災の事例でみておく。西武百貨店火災では，自動火災報知装置の鳴動中に，従業員は現場確認のために右往左往するだけで，消防機関への通報は行われず，最終的には国鉄池袋駅の職員によって通報された。また，大洋デパート火災では，大勢の従業員がいたにもかかわらず，消防機関への第一報はデパートからの炎と煙を見つけた近所の住民によるものであった。このように，現場確認や初期消火，部内の連絡などに追われ，消防機関への通報が遅れた事例は他でもみられる。

　火災は報知装置によるほか，音や臭いで覚知されることも多い。火災の音は「ガスに火が付いた音」や「ガラスが割れたり建材がはじけたりする音」「騒がしい音」，火災の臭いは「異様な臭い」や「きなくさい臭い」などと表現されている。また，就寝中に息苦しくなって火災を覚知した事例も少なくない。このように聴覚や臭覚といった人間の五感は，報知装置同様，重要な覚知手段となり得る。[57]

255

初期消火

初期消火は，延焼拡大を防止するうえで，早期発見と並んで重要である。た
とえ発見が早くても，消火栓や消火器が適切に使用されないと初期消火の失敗
に繋がる。屋内消火栓は，古くから設置が義務付けられてきたが，操作方法が
分からずに消火できなかったというケースが多い。また，消火栓の前に商品が
置いてあり，消火栓の存在自体に気付かなかったという事例として，白木屋百
貨店火災がある。

西武百貨店火災や菊富士ホテル火災では，衣類等を叩いての消火，寿司由楼
火災や大洋デパート火災ではバケツによる消火が試みられたがいずれも効果は
みられず，初期消火にとって重要な時間が無駄に経過しただけとなった。また，
初期消火に有効と考えられているスプリンクラーが作動しなかったケースもみ
られた。[58]

煙の拡散

煙の拡散防止を図るために，建物等では防火シャッターや防火扉などが設置
されている。ところが，これらが開放状態であったために被害が拡大した事例
がある。その代表的なものは，千日デパート火災および大洋デパート火災であ
る。千日デパート火災では，出火した3階エレベーター出入口の天井に大きな
穴があったうえ，7階のエレベーター扉が開放されていたため，3階から上昇
した煙が7階へ流入した。また，大洋デパート火災では，開放された階段やエ
スカレーターが煙と熱気流の主要な上昇ルートとなった。西武百貨店火災でも
作業等により防火シャッターが半開きとなっていたことから，全階にわたり延
焼した。

一方，宿泊施設では，増改築が繰り返される過程において，防火扉の設置を
怠る傾向にある。その事例の一つが川治プリンスホテル火災である。この火災
では。防火区画の不備により全館にわたって延焼した。[59]

避 難

多くの死者を伴った池之坊満月城火災，千日デパート火災，大洋デパート火
災，川治プリンスホテル火災などでは，経営者の姿勢や従業員の意識・行動に

問題があり，一部を除き避難誘導がほとんど行われなかった。菊富士ホテル火災では，火災が従業員の少なくなる深夜時間帯に発生し，警備員が別棟に泊まっている従業員を呼びにいったため避難誘導が疎かとなった。

また，既述の「避難阻止型」行動により，店員が避難中の客を押し止めたことや，盗難防止に専念したために非常口を解錠しなかったケースもみられた。

ところで，在館者が多かったにもかかわらず適切な避難誘導により犠牲者をゼロに抑えた火災事例として仙台丸光百貨店火災や蒲田文化会館火災などがある。ちなみに，東京宝塚劇場火災での死者3名はすべて出演者であり，劇場内では転倒に伴い多少の負傷者が発生したものの，従業員の適切な誘導により3000人近くの客を全員避難させることができた。[60]

（4）個別の火災事例

ここでは，不特定多数の客が出入りする百貨店および複合用途施設のうち，死傷者数が一番多い大洋デパート火災と，宿泊施設のうち日中にもかかわらず最大の死者数を出した川治プリンスホテル火災について述べる。

大洋デパート火災

① 概　況

本火災は，1973年11月29日13時15分頃，熊本市下通にある大洋デパートの2階と3階の中間にあるC階段踊場付近から出火し，3階西側へ延焼した。さらに火は，階段およびエスカレーター等を伝い，8階まで燃え広がった（21時19分鎮火，全体の66パーセント焼損）。出火当時の在館者数および死者数を**表4-13**に示す。[61]

出火原因は不明であるが，踊場に集積されてあった可燃性商品の入った段ボール箱から出火したとされている。火災の第一発見者は3階寝具売場の店員3名で，C階段から白煙が見えたためにシャッター前まで駆けつけたところ，炎と薄黒い煙を確認した。そこで，店員の一人は店内に向かって大声で「火事」と叫び，さらに3階売場の課長に知らせた。また，内線電話により電話交換室に消防への通報を依頼した。電話交換室の担当者は，これまで消防へ通報

表 4-13　場所ごとの在館者数と死者数（大洋デパート）

場　　所		在館者数（人）	死者数（人）	死亡率（％）	死者の内訳（人）		
					客	従業員	作業員
PH1～4	EV 機械室	18		0.0			
9 階	事務室ホール	10		0.0			
8 階	屋上・ホール	51	1	2.0		1	
7 階	食堂・催事場	257	29	11.3	14	14	1
6 階	家具・電気	69	31	44.9	24	6	1
5 階	スポーツ・文具	114	1	0.9			1
4 階	婦人服	82	40	48.8	10	30	
3 階	家具・呉服	103	1	1.0		1	
2 階	出火　紳士服	137		0.0			
1 階	用品雑貨	137		0.0			
地階	食料品	169		0.0			
合　計		1,166	103	8.8	48	52	3

出所：東京消防行政研究会，前掲書，521，526頁。

を行う前に事態をよく確認するようにとの指導を受けてきた。そのため，人事部等に確認をとろうと思い，問い合わせをはじめた最中に交換室へ煙が流入してきたことから，消防への通報も館内通報も行うことなく避難を余儀なくされた。同じ頃，百貨店の外壁工事を行っていた作業員も C 階段 3 階付近の窓から白煙と火炎が噴出しているのを確認し，直ちに付近の人々に知らせた。覚知時刻は，出火から 8 分後の13時23分であった。[62]

　初期消火では，3 階の従業員のほかデパートの増築現場で作業を行っていた工事作業員も駆けつけた。水槽付消火器は水圧がなく作動しなかったためにバケツリレーが行われたが，火勢は弱まることはなかった。従業員らは火災現場近くの段ボール箱の撤去を行ったが，消防用設備等で唯一使用可能であった屋内消火栓の使用は誰一人として思いつかなかった。なお，消防への通報は，百貨店関係者によるものではなく，道路向かいにある理容店の店主により行われた。[63]

第**4**章　効果的な避難誘導の検討

表 4-14　主な避難・救助状況（大洋デパート）

8 階	・梯子車により67人救助 ・南側工事用足場を利用して25名が脱出 ・増築現場へ60名が救助
7 階	・8 階屋上へ約130名が避難（従業員の誘導） ・客10名が A 階段により避難（作業員の誘導）
6 階	・従業員 2 名が B 階段を 5 階まで降り，北側扉より増築現場へ避難 ・北側のベニヤを破って作業員 4 名と従業員 1 名が増築現場へ避難
5 階	・北側扉より従業員22名が増築現場へ避難 ・別館へ通じる渡り廊下へと数名避難
4 階	・従業員23名が B 階段により避難 ・増築現場に通じる北側の扉，便所の窓から15名余救出（作業員）
3 階	・約10名がエスカレーターで 2 階へ降り，A 階段で 1 階へ避難 ・56名が A 階段により避難（従業員の誘導） ・従業員 7 名（電話交換手，消火作業）が B 階段により避難

出所：東京消防行政研究会，前掲書，521，526頁。

② 避難および救助状況

　各階における主な避難・救助状況を**表 4-14**に示す。死亡した客のほとんどは，従業員による誘導のない中，黒煙により出口が分からず右往左往しているうちに酸欠や一酸化炭素中毒で倒れたものと思われる。また，下階への逃げ場を失い屋上へ向かって避難中であった者も含まれているものと考えられる。本火災の被災者を対象としたアンケート結果によると，最初の避難行動は日常動線に沿った形で行われるが，煙など何らかの障害により日常動線が阻害された場合，複雑な避難行動を採ってしまいがちであることが分かった。

　ところで，表 4-13のとおり，4 階と 6 階の死亡率に比べ 5 階の死亡率が極端に低い理由として，5 階には増築現場へ避難できる通路があったことや 5 階エスカレーターのシャッターが降下していたことがある。また，屋上にアクセスしやすい 7 ～ 8 階は 6 階に比べ死亡率が低かった。[64]

　この火災では，階段やエスカレーターの防火扉や防火シャッターはほとんど閉鎖されておらず上層階まで延焼したことから，防火区画の不完全さが指摘された。また，階段が倉庫代わりに使用されていたことをはじめ，非常時におけ

るシャッターの閉鎖を妨げる物の放置や，避難階段シャッターの脇にあるくぐり戸が鎖錠されたままであったなど，建物の管理や使用方法に著しい欠陥があったことが大量死を生んだ大きな原因と考えられる。また，消防用設備として設置されていた報知装置やスプリンクラー，外階段などが，増設工事中のため機能しなかった。非常放送も，前述のとおり上司の許可がとれていないことを理由に行われなかったことも，被害の拡大に拍車を加えた。一方，合板張りであった窓は，外部からの進入の妨げとなり救助活動に支障をきたした。[65]

川治プリンスホテル火災

① 概　況

　本火災は，1980年11月20日15時15分頃，栃木県塩谷郡にある川治プリンスホテル雅苑の新館1階の浴室付近から出火し，新館から渡り廊下を通って本館まで延焼した（18時45分鎮火，全体の100パーセントを焼損）。出火当時の在館者数および死者数を表4-15に示す。1～2階の死者が11名となっているが，これはあくまで死者が発見された場所であり，3～4階から避難中に逃げ遅れた宿泊客6名が含まれている。そのため，死者45名の約9割は，出火当時3～4階にいた宿泊客と推定されている。火災発生当日，ホテルには東京杉並区からきた平均年齢72歳の老人クラブ一行をはじめ100名以上が滞在しており，特に4階の宿泊客は出火の約25分前である14時45分に到着したばかりで，部屋の中でお茶を飲むなど一服している最中であった。出火原因は，風呂場の改修工事中の作業員が，アセチレンガス切断機を使用して新館1階にある浴室窓外側の鉄柵を切断した際，壁内部の柱などに引火したためとされている（14時45分頃）。[66]

　ところで，火災の報知装置は15時13分頃に館内全体で鳴動した。フロント事務室の受信機でも大浴場のランプが点灯したが，フロント担当者がこれまでにも数回誤報があったことから，ランプの点灯に気付いていたにもかかわらず同ホテルの会計課長は確認を行わないまま近くの従業員に報知装置の停止を命じたうえ，「報知装置はテスト中である」と館内放送を行った。同じ頃，4階の客も不審に思ったが，廊下からテスト中との放送が聞こえたために，そのまま部屋に残った。また，3階の客は窓越しの煙を「たき火」と思う程度で，火災

という認識はなかった（15時15分頃）。宿泊客らは，2回目の報知装置鳴動と窓越しから見えた猛煙によりはじめて火災に気付き，ようやく避難行動が開始した（15時18分）[67]。

一方，1回目の報知装置の鳴動を聞いた作業員らは，事務室にある受信機の点灯場所を確認後，直ちに浴室へ赴いたところ脱衣所の軒下付近から青白い煙が出ているのを発見した（15時15分頃）。作業員らは，フロントへの通報を行

表4-15　場所ごとの在館者数と死者数
（川治プリンスホテル）

場　　所			在館者数（人）	死者数（人）	死亡率（％）
屋上		塔屋	0	0	0
4階		客室	46	29	63.0
3階		客室	51	5	9.8
2階		客室・広間	14	4	28.6
1階	出火	大広間・浴室	14	7	50.0
合　　計			125	45	36.0

注：在館者の中に従業員18名は含まれていない（場所が不確定であるため）。死者数は，発見された場所ごとの数であり，3階宿泊者の死者は10名，4階宿泊者の死者は20名とされている。
出所：東京消防行政研究会，前掲書，706頁。関沢愛・神忠久・渡部勇市（1981）「川治プリンスホテル火災時における宿泊客の避難行動について」『日本建築学会大会学術講演梗概集』2362頁。

わず消火器を使って消火を試みたが，なかには消火剤が出ないものもあった。また，消火栓の使用を試みたがホースがないうえ，ポンプが作動しなかった。そのため，作業員らは浴室内から湯を汲んでバケツによる消火を試みたが，炎はすでに天井まで達していた[68]。

同じ頃，観光バスの運転手は本館2階の自室へ向かう際，廊下で異臭と煙を確認したために，フロントに通報した。本火災の覚知は15時34分で，フロントより消防へ通報された[69]。

②　避難および救助状況

場所ごとの避難状況であるが，まず2階の宿泊客は，部屋の窓から飛び降りて避難した。次に3階では，2部屋を除き窓の外が2階の屋根に面していたことが幸いし，宿泊客は直接屋根に飛び降り，そこから脱出または救助された。4階では，2階屋根からのはしごで避難あるいは2階の屋根へ直接飛び降りた。ところで，3階と4階の避難方法別の人数は，表4-16のとおりであるが，一部の宿泊客は屋外の非常階段を利用した。本火災で死亡した宿泊客は，窓から

表4-16　3階と4階の避難状況（川治プリンスホテル）

（単位：人）

避難方法の種別		3階		4階	
非常階段利用		11		3	
窓からの脱出・救助	屋根への飛び降り		17		8
	はしご等を伝って	28	1	15	7
	救助		10		0

出所：関沢愛・神忠久・渡部勇市，前掲，2362頁。

飛び降りることができずに部屋で籠城を余儀なくされた者，あるいは廊下や階段からの避難を試みた者がほとんどであった。[70]

　この火災で被害が拡大した理由として，まず，火災の発見が遅れたために，従業員による適切な避難誘導が行われなかったことがある。二点目に，出火当日，報知装置の検査に伴い火災発生前に報知装置の鳴動試験が行われていたためで，本物の火災による鳴動を試験鳴動と勘違いしたことが考えられる。三点目に，新館と本館の間には防火扉がなかったうえ，本館の階段も防火区画化されていなかったことから，煙が急速に拡散し階段が煙道となり，避難が困難となった点がある。四点目に，消火器や消火栓といった消火設備の不備がある。五点目に，宿泊客の中には，到着直後の団体が含まれていたために，館内の状況を十分把握できていなかったことも被害拡大の一因であると考えられる。六点目に唯一の避難経路であった屋外非常階段は階段幅や踏面が狭く，歩きにくい構造であったために，避難が制約された点がある。最後に，消防への通報が遅れた点である。そのため，消防隊が到着したときにはすでに火が全館にまわっており，救助活動が困難となった。加えて，ホテルの消火に必要な水圧が確保できなかったことから消火活動が難航した。[71]

（5）対　策

ハード対策

① 概　況

　事前に避難計画を策定するうえで重要なポイントは以下の2点であると考えられる。

　第一に，フェールセーフの原則により，複数の経路を確保するという「2方

第4章　効果的な避難誘導の検討

表 4-17　主な消防設備・防火設備

	目的でみた設備区分	消防設備（消防法）	防火設備（建築基準法）
1	火災の早期発見 報知・通報のための設備	・非常警報設備 ・ガス漏れ火災警報設備 ・消防機関へ通報する火災報知設備	
2	火災の消火・拡大防止のための設備	・消火器，消火栓 ・スプリンクラー設備 ・（水噴霧・泡・CO_2・粉末）消火設備	・スプリンクラー設備 ・防火戸 ・防火ダンパー
3	避難のための設備	・避難器具 ・誘導灯 ・誘導標識	・避難施設 ・非常用照明設備 ・防煙，排煙設備
4	消防隊の活動支援のための設備	・排煙設備 ・無線通信補助設備 ・非常用コンセント ・連結送水管，連結散水設備，消防用水	・通路（避難上必要な） ・通路（消火活動上必要な） ・非常用進入口 ・非常用エレベータ
5	その他の設備	・非常電源設備 ・火気使用設備器具の消火措置	・非常電源 ・防災センター（中央管理室） ・火気使用設備器具の耐震措置

出所：室崎益輝（1993）『建築防災の安全』鹿島出版，146頁。

向避難の原則」が，避難計画上の最も基本的原則であり，任意の位置から相異なる2以上の経路のいずれかを選べるように考えておく必要がある。

　第二に，フールプルーフの原則により，判断力や行動力が低下した緊急時の人間能力に適合，避難時の行動特性に合致，ストレスのかからないミスの起こりにくい誘導灯や誘導標識などバックアップを図ることが重要である。[72]

　ここで，防火活動の目的ごとに必要とされる主な消防設備（消防法に基づく）と防災設備（建築基準法に基づく）を表4-17に示す。[73]

② 建物火災（百貨店・宿泊施設・医療施設）

　第一に，不特定多数の人が利用する百貨店での避難は「群集避難型」と呼ばれ，人数が多いうえ，建物を熟知している人が少ないのが特徴である。百貨店では，分かりやすい避難経路をバランスよく設置し，混乱が生じないような大

263

きな空間が必要となる。そのため，通路は複雑に分岐するものではなく，なるべく直線的なものとし，階段室や屋外階段は通路の突き当たりに設置されることが望ましい。さらに，避難する客を安全区画まで確実に誘導できるように，停電時でも明確に認知できる自光標識や煙の中でも認知できる点滅型誘導灯あるいは誘導音装置付き誘導灯の設置が有効である。この点は，宿泊施設でも同様のことがいえる。仮に常時開放されている階段があれば，それぞれの防火扉に自動閉鎖装置を設けるか，複数の閉鎖担当者を定めておく必要がある。閉鎖された後の防火扉は，避難上の障害となるおそれがあることから，シャッターは２段降下式のもの，あるいは開き戸を併設して降下後の通路に当てることが望ましい。また５階以上の百貨店には，屋上広場とそれに通じる２つ以上の直通避難階段を設置することが定められている。[74]

　第二に，宿泊施設での避難は「分散避難型」と呼ばれ，部屋ごとに覚知の時期が異なることから，宿泊客ごとの避難となるのが特徴である。就寝中などの理由により覚知が遅れた場合には，一時的に同じフロアで防火区画化された非出火エリアへ避難する水平避難が行われる。仮に，すべての避難ルートを失った場合でも窓からの脱出が可能なように，バルコニーや手すりを設置し，バルコニー等が確保されていない部屋には部屋単位ごとに避難器具を設置することが望ましい。[75]

　第三に，災害弱者となり得る患者や高齢者などを数多く抱える医療関係（病院・高齢者福祉施設）での避難は，「介護避難型」と呼ばれ，当直医や看護師が常駐しており覚知は比較的早いものの，自力避難不能者が多いのが特徴である。そのため，避難経路をいくつかの防火区画（エリア）に分割し，非出火エリア（緩衝地帯あるいは安全エリア）に水平避難することで一時避難が完了したとする。すなわち，複数階にわたる防火区画の設計は避けるべきである。出火エリアから非出火エリアへの脱出経路は，双方向に開く防火扉のほか，バルコニーなどがある。万が一，火煙により廊下や階段などを利用した避難が困難になっても，バルコニー側から容易に救出することが可能なために，患者や入居者を暫く居室で待機させることができる。特に，高齢者福祉施設では，全周バルコ

ニーが望ましいとされている。また，水平移動すらできない手術室やICUでは，内部を厳重に防護し，内部で立てこもるという籠城区画の考え方が適用されている[76]。

③　地下街・高層建築物

　地下街と地盤面からの高さが31メートルを超える高層建築物は，火災が発生した際に甚大な被害を及ぼすことが推定されるため，消防法第8条の3第1項で指定された防火対象物であり，防炎規制の対象物でもある[77]。

　地下街における火災では，ダクトなどを伝って煙が拡散することから，被害が広範囲に及ぶ可能性がある。そのため，無秩序で不定形な巨大地下空間の建設は，防災上のリスクを高めるおそれがあることから，これを抑止する必要がある。この問題に対応するために，1973年には4省庁（建設，消防，警察，運輸）から「地下街の取扱いについて」の通達が，1974年には地下街中央連絡協議会から「地下街に関する基本方針」（建設省都計発第58号）が公布された[78]。

　一方，高層建築物は，火災などが発生すると建物の周辺に多くの避難者が一時滞留することから，建築物周辺には広場が必要となる。また，消火作業には多量の水が必要となるために，貯水池などを設置する必要がある。加えて，高層建築物は地上まで移動する距離が長いうえ避難する者が多数存在し，避難にかなりの時間を要すると考えられる。このことから，避難路の確保は必要不可欠であり，区画された階段室を離れた場所に2カ所以上設ける必要がある。そして，外界へ出る通路の安全性を確保するために，排煙設備を設けることが重要である[79]。

④　船　舶

　船舶は構造が立体的でかつ通路が狭隘であることから，効果的な消防活動が制約される。また，海上で孤立している場合には，自らの設備のみで消火救命活動を行う必要がある。加えて，消火用の海水は十分にあるが，注水によって沈没や転覆が起こる可能性があるために，十分配慮する必要がある[80]。

　船舶の火災対策は，「1974年の海上における人命の安全のための国際会議」において採択されたSOLAS条約の第Ⅱ-2章に定められている。そこでは主

265

に防火構造，消火設備，火災探知装置等の要件が規定されている[81]。

　そのうち防火構造では，乗客数36名を超えるフェリーに対し，船内を主垂直隔壁により40メートル以内の主垂直区域に分割することが規定されている。つまり客船はいくつかの独立した防火区画で構成されており，火災が発生した際には火や煙を一つの防火区画内にとどめ，乗船客はこの区画からすみやかに避難する思想で設計されている[82]。

　2010年7月以降に建造されたすべての客船には，乗船客のための安全エリアを確保することが義務付けられるようになった。安全エリアとは，被災により本船上で客室を失った乗船客の一時避難場所であり，平時は誰もが使用できるスペースとして利用されている。安全エリアでは，照明や通風機能はもちろんのこと，医療設備，トイレ，飲料水，食糧なども提供できることが要件となる[83]。

　ソフト対策

　火災発見時には，通報，初期消火，避難を同時に行うことが重要である。特に一人で火災を発見した場合には，大声で「火事だ！」と叫ぶ「火事ぶれ」を行うことで他人の避難を促すことはもちろん，他人の助けを借りることや大声を出すことで自ら冷静さを取り戻すことが期待される。大声は，「火事ぶれ」だけでなく，避難誘導でも有効とされている。川治プリンスホテル火災では，3階にいた壮健な男性が「こっちだ」と大声で非常階段へ誘導したことで，11名の宿泊客は無事避難することができた。

　一方，4階にいた誘導者の声は小さかったために，非常階段を利用できたのは本人のみという結果となった。このことは，大声を発することの重要さを示唆している。ところが「火事ぶれ」だけに依存すると，聞き逃してしまった利用者の逃げ遅れに繋がることから，火災報知装置の鳴動や館内一斉放送による利用者全員への周知は欠かせない。一斉放送では，外国人客がいる場合を想定して，外国語による避難誘導の放送文も準備していくことが望ましい。また，避難が必要となった段階で，はじめて利用者に避難方法を説明するのではなく，「避難時の心得」が各部屋に備え付けられているように，平常時から宿泊客に避難方法の周知を図ることが望ましい[84]。

火災発生時における煙の速度は、横方向で１秒間当たり0.2〜0.5メートルと人の歩行速度に比べかなり遅い。また、出火当初の煙は10センチメートル程度の厚さであることから、初期段階で避難を開始すれば十分避難が可能である。煙は、時間の経過とともに層が厚くなり、煙先端の温度の低下とともに煙の下降が始まるために、急激に見通しが悪くなる。ところが、煙が階段の所まで到達するとこれまでの挙動から一変し、１秒間に３〜５メートルの速度で上昇を開始する。これに伴い階段を使っての避難が不可能となることから、階段部分に煙を入れないことが重要となる。そのためにも、火災発生時に防火扉が確実に閉まるように、日頃からメンテナンスを行うとともに防火扉の前に物を置いてはならない。(85)

万が一、火災に遭遇した場合、避難時には以下の点を留意することが重要である。一点目に、煙は天井から順次溜まり、床に近いほど煙の濃度が薄いために、より遠くまで見通せるよう低い姿勢で避難すること。二点目に、煙の中を走ると煙が拡散され、床面側も視界が低下することから、ゆっくり歩いて避難すること。三点目に、テレビドラマの火災現場などでよく見かける光景であるが、タオルなどを口や鼻に当てて避難すること。濡れタオルはのどへの刺激を和らげる効果があるが、乾いたタオルでも煙の粒子を十分除去することができる。ただし、有毒ガスである一酸化炭素は、タオルの乾湿状態に関係なく除去できないとされている。四点目に、煙の中では無理に息を止めないで、小さく少しずつ呼吸をしながら歩行すること。一酸化炭素中毒の程度は、人が吸い込んだ一酸化炭素濃度と吸い続けた時間で決まるが、大きな呼吸をすると一度に大量の煙を吸い込み、気を失ってしまうおそれがある。(86)

最後に、火災発生時における籠城は異常時における人間特性の一つでもあり、千日デパート火災や川治プリンスホテル火災をはじめいくつかの火災事例でみられた。籠城が成功する条件として、強力なリーダーシップのもとで消防隊が救助に来るまで諦めず頑張ろうと周りの人達を落ち着かせること、全員で協力しドアの隙間等に目ばりをして煙の流入を防ぐこと、自分達の籠城を消防隊に知らせる手段を考えること等がある。(87)

3 鉄道以外の火災事例から学ぶ新たな鉄道トンネル火災対策の検討

　ここでは，第2章の山岳トンネルにおける火災事故，第3章の都市トンネル（地下鉄）における火災事故でみられたようなトンネル内避難誘導において，鉄道以外の分野での火災対策が適用可能かについて検討する。

（1）防火区画

　前節の建物火災では，火災発生時における避難路を確保するため，階段等に防火扉を設置することを述べてきた。現在，山岳トンネルの保守作業用通路となっている斜坑の多くに通気性のある鉄製格子扉あるいは門扉が用いられ，本坑と外界を遮断する防火扉や防火シャッターは用いられていない。そのため，山岳トンネル内で火災が発生すると，斜坑は煙突状態となってしまい，斜坑を救援用あるいは脱出用通路として活用することができない。『北陸ずい道工事誌』によると，北陸トンネルの建設で掘削された2カ所の斜坑（樫曲斜坑，葉原斜坑）は，作業員の出入りやディーゼル車等から排出される排気ガスの排除を目的に，鉄製格子扉を取り付けて存続させたとされている。[88]

　一方，近鉄東大阪線（現，けいはんな線）・生駒トンネルと旧生駒トンネルを結ぶ斜坑には防火シャッターが取り付けられており，近鉄奈良線・新生駒トンネルと旧生駒トンネルを結ぶ7カ所の連絡坑にはすべて自閉式鉄製扉が設置されている。[89]

　以上を踏まえ，斜坑や連絡坑を防火区画化し，それらを火災発生時の救援用あるいは脱出用通路として利用していくことが検討されるべきである。「鉄道火災対策技術委員会報告書」には，斜坑は必ずしも排煙に限定して利用されるものではなく，場合によっては乗客の避難や救援活動で有効に利用できることもあることから，気象条件や地理的条件を加味してさらに検討することが望ましいと書かれている。[90]

　長大トンネルのほか，地上までの距離が長く短時間に脱出することが困難な

第4章　効果的な避難誘導の検討

大深度トンネル等では，ビルの非常階段に相当するものが必要と考えられる。一部の地下駅では，防火区画化された地上への直通階段が設置されている。

（2）点滅・誘導音付き誘導灯

　前節の建物火災では，停電時でも明確に認知できる自光標識や煙の中でも認知できる点滅型誘導灯あるいは誘導音装置付き誘導灯の設置が有効と述べたが，その場合，避難路のうち煙の影響を受けにくい足元部分への設置が適切である。地下駅の誘導路は，一般の建物と同じ環境であることから，これらの設置は比較的容易であると考えるが，トンネル内のような環境下における設置や維持管理は困難なうえ，足元部分への設置は保守作業員の支障となることが考えられる。そのため，点滅と誘導音両方を兼ね備え，かつ持ち運び可能な携帯用誘導灯を列車に複数搭載し，異常時にはこれらを車内から持ち出し，避難路の上に数カ所ずつ設置していくということが考えられる。また，これらの装備品は強力ライトや拡声器の代用にもなることから，誘導する者が携帯していくことも考えられる。

（3）安全エリア

　トンネル内で停車した場所が，トンネル坑口あるいは防火区画化された斜坑や連絡坑から離れている場合，乗客全員が自力で避難できない可能性がある。また，北陸トンネルの火災事例から，猛煙の中を長時間歩行することは一酸化炭素中毒のリスクも高める。

　前節の宿泊施設の火災でもみられたとおり，籠城は避難時期を逸し周囲はすでに煙に巻かれ逃げ場を失った場合に行われてきた。避難困難者がいる医療施設では，籠城を前提とした手術室やICUなどの施設もあるが，トンネル火災での籠城は延焼を伴わない車両内で行われるのが一般的である。猛煙に包まれたトンネル内を長時間歩くより，完全密閉された車内で籠城を行いながら救助を待つ方が有効であると考えられるが，その際には強力なリーダーの存在が欠かせないと思われる。[91]

ところが，北陸新幹線開業に伴う第三セクター転換後に頸城トンネルなどの長大トンネル内において，1両編成で運転中のワンマン列車そのものから火災が発生した場合，籠城が物理的に不可能となることも想定される。このような状況が想定される場合には，車外で乗客が一時避難できるような安全エリアが必要と思われる。新設のトンネルであれば斜坑や連絡坑の増設も検討できるが，それらを有しない既設のトンネルなどの場合は，マンホールといった現存設備を有効活用するなどの対応策を考えていかなくてはならない。

列車火災時におけるトンネル内のマンホールの安全性については，1974年10月，宮古線（現，三陸鉄道北リアス線）・宮古駅～一の渡駅間の猿峠トンネルで実施された走行試験で検証されている。それによると，火災列車が停止せず，通常の速度で運転継続する限り，少なくともマンホール内は安全であると報告された。[92]

しかしながら，本試験では火災列車が停車した条件での試験は行われていないことから，現時点でマンホール内は安全であるとは断言できない。したがって今後は，専門機関と相談のうえ，大型マンホールに防火扉を設置することによる一時避難の可能性などについて検証していくことが重要である。

なお，既存の長大トンネルのマンホールについては，例えば北陸トンネルの場合，トンネル内には900メートルごとに大型マンホール（幅4.5メートル，高さ3.5メートル，奥行き5メートル）が設置されている。これらは，かつて作業員の休憩所あるいは作業用モーターカーの待避所として利用され，鉄製の引戸で間仕切りされていたが現在は撤去されている。[93]

大型マンホールのほか，300メートルごとに設置されている中型マンホール（幅3メートル，高さ2.5メートル，奥行き2メートル）にも安全エリアとしての適用が望まれる。現在でもマンホールの一部には，外部と繋がる非常電話や照明が設置されていることから，安全エリアとしての機能は高いと思われる。[94]

長大トンネルのほか，地上までの距離が長く短時間に脱出することが困難な大深度トンネル等では一時的に避難が可能なシェルターが必要と考える。シェルターは，煙の影響を受けにくい防火区画化されたものあるいはホームより低

い位置に設置されることが望ましい。

（4）避難方法の啓蒙

これまでにも述べてきたとおり，火災対策にはハード対策以外にもソフト対策が必要である。火災発生の通報や避難誘導時には乗客の協力は欠かせない。また，乗務員や駅員等によるリーダーシップに基づく避難誘導には限界があるため，避難者である乗客自身が防災行動を採るために必要な知識の習得が望まれる。そのため，異常時に遭遇してはじめて避難方法を乗客へ説明するのではなく，あらかじめ車内の見やすい所に掲出するなど平常時から啓蒙を図っておくことが望ましい。その他の啓蒙方法としては，航空機のように安全のしおりを座席前の網ポケットに入れておく，車内で映像を流すことなどが考えられる。韓国・ソウル地下鉄では，火災発生時に乗客が採るべき行動を車載モニターで繰り返し放映されているが，多くの乗客が目にする車載モニターや車内テロップを活用することにより，乗客への浸透が期待される。

4　火災発生時において被害が甚大化するおそれのある他の鉄道施設

（1）複合化するターミナル駅

これまで，将来において甚大な被害を及ぼす可能性があるトンネル火災について，過去に発生した国内外の事例と被害拡大の防止策について論じてきた。地下駅では，一度火災が発生すると被害が甚大化するおそれがあるため，「鉄道に関する技術上の基準を定める省令」をはじめ，法令等で地下駅等における火災対策が定められてきた。

多数の路線が乗り入れる大都市の駅でホーム下などの連絡通路やコンコースなどが複雑かつ長大な駅（以下「ターミナル駅」という。）は少なくない。乗入路線やホーム数が多く巨大な駅であるほど，通路の複雑化，長大化は著しいと考える。また，東京駅や品川駅など駅の改札内に大規模な商業施設（以下「駅ナカ」という。）が併設された駅が増加している。これらは地上における施設で

表 4-18　複合化するターミナル駅における防火安全対策上の課題

	課　　題
1	出火と延焼拡大に関する課題 ・店舗の増加による出火源の増加等 ・コンコースへの仮設店舗設置による避難経路での火災 ・案内標識等の案内物を媒介とした火災の拡大 ・人員減少による初動対応力の低下（効率化による駅員数の減少）
2	避難誘導に関する課題 ・極めて多くの利用者の存在　（改札口がボトルネックとなる） ・火災発生後における新たな避難者の発生（到着列車の乗客など） ・災害時要援護者等多様な利用者の増加
3	防火管理に関する課題 ・多数の防火管理者による管理体制 ・駅員以外の勤務員の増加 ・周辺施設との連携
4	消防活動に関する課題 ・避難者と消防隊の進入との競合（避難者の流れに逆らって進入） ・活動の困難性（複雑な空間構造，進入箇所が改札口に限定）

出所：火災予防審議会・東京消防庁（2011）「複合化するターミナル施設の防火安
全対策のあり方——火災予防審議会答申」91-93頁。

あるが窓が少ない閉鎖区間であり，地下空間に類似するものと考える。火災予
防審議会・東京消防庁が2011年に発行した「複合化するターミナル施設の防火
安全対策のあり方——火災予防審議会答申」（以下「本答申」という。）によると，
東京消防庁管内の駅舎での火災は毎年60件程度発生しており，出火原因の約35
パーセントが放火であるとされているが，幸いにも多数の死傷者を伴う大規模
な火災は発生していない。[95]

　駅ナカを有するターミナル駅の増加に伴い，本答申では，表 4-18のとおり
複合化するターミナル駅における防火安全対策上の課題として，出火と延焼拡
大，避難誘導，防火管理，消防活動の 4 点があると指摘されている。表 4-18
より，改札口がボトルネックになることや複雑な空間構造など，地下駅に共通
した課題が窺える。[96]

第4章　効果的な避難誘導の検討

（2）複合化するターミナル駅の利用者アンケート

　2010年9月に実施された本答申の中では，複合化するターミナル駅の利用者アンケート調査結果が報告されている。アンケートはインターネットによる記入回答形式で，回答者数は東京消防庁管内に居住する18歳以上の281名となっている。アンケートの結果，全体の55.4パーセントが駅ナカを有するターミナル駅における防火・防災に関する対応や対策に対し不安を感じていると回答している。不安に感じる理由として，「多数の駅利用者が避難することによるパニックの発生」が最も多く選択され，二番目に「避難すべき方向や避難すべき場所が分かりにくい」が選択された。また，ターミナル駅で火災が発生した場合に安全な場所へスムーズに避難できると回答したのは，全体の14.2パーセントに過ぎず，残りの8割以上は「できないと思う」あるいは「分からない」と回答した。表4-19は，ターミナル駅で火災が発生した場合に避難を開始する動機となるものであり，「非常ベルの鳴動」や「駅員等による放送」が多く選択されていることが分かる。表4-20は，「ターミナル駅で火災が発生した場合に避難すべき方向の判断方法」と「火災が発生した場所や避難の方向などの情報を得る手段として有効と考えられるもの」である。表4-20より，いずれも駅員等の誘導や放送設備による音声情報の提供が最も多く選択されていることが分かる。ただし，駅ナカの従業員が訓練を十分受けていないアルバイト等の

表4-19　ターミナル駅で火災が発生した場合に避難を
開始する動機となるもの

	選択肢	件数（件）	割合（％）
1	非常ベルの鳴動	98	34.9
2	駅員等による放送	81	28.8
3	駅員等による避難指示	53	18.9
4	周囲の人が避難をはじめたとき	28	10.0
5	火や煙が見えたとき	17	6.0
6	その他	4	1.4
	合　計	281	100.0

出所：火災予防審議会 東京消防庁，前掲，168頁。

表 4-20　ターミナル駅で火災が発生した場合に避難
　　　　方向の判断方法と情報を得る手段として有
　　　　効と考えられるもの

避難方向の判断方法　（複数選択可）

（単位：件）

	選択肢	件数
1	駅員等の誘導に従う	189
2	誘導灯を見る	137
3	周囲の人が避難する方向に向かう	70
4	肉声による放送の指示に従う	70
5	来た方向に戻る	25
6	その他	12

火災の発生場所や避難の方向などの情報を得る手段として
有効と考えられるもの（複数選択可）

（単位：件）

	選択肢	件数
1	放送設備を使用した（音声による）情報提供	237
2	電光掲示板での（文字による）情報提供	173
3	携帯電話への（メール等による）情報提供	40
4	その他	26

出所：火災予防審議会 東京消防庁，前掲，169頁。

場合には，適切に避難誘導できるかどうか疑問が残る。また，誘導灯や電光掲示板による文字情報の提供も多く選択されているが，猛煙に伴う視界不良により状況に応じて期待できないことが懸念される。[97]

（3）複合化するターミナル駅における防火安全対策

　本答申では，表4-21のとおり複合化するターミナル駅における火災抑制対策，避難誘導対策，防火管理対策，消防活動支援対策が提言されている。その中でも避難誘導対策については，改札内という空間に様々な目的を持った多くの利用者が集まっているため，迅速・安全でかつユニバーサルデザインを考慮した避難誘導対策が望まれると記載されている。迅速・安全な避難誘導対策には，利用者の段階的避難および安全な場所での一時避難，正確な情報を提供するための放送設備の設置と活用，改札内への入場制限および早期の列車運行規

第4章 効果的な避難誘導の検討

表4-21 複合化するターミナル駅における防火安全対策に向けた提言

	防火安全対策に向けた提言
1	火災抑制対策 ・可燃物等の適正な管理と仮設店舗の設置抑制 ・防炎物品の使用推進および案内標識の不燃化 ・改札内店舗等への自動消火設備の設置
2	避難誘導対策 ・迅速・安全な避難誘導対策 ・ユニバーサルデザインを考慮した避難誘導対策 ・自衛消防隊と消防隊との連携の充実
3	防火管理対策 ・ターミナル駅の特性に応じた実効性の高い防火管理体制の構築 ・ターミナル駅勤務者の教育・訓練の実施 ・ターミナル駅と周辺施設との情報提供体制の構築
4	消防活動支援対策 ・連結送水管等の設置による早期の消火活動体制の確保 ・統一された消防隊支援機能を備えた総合操作盤の設置

出所：火災予防審議会 東京消防庁，前掲，94-101頁。

制が挙げられる。また，ユニバーサルデザインを考慮した避難誘導対策には，音と光による火災報知装置の設置，車いす利用者等に対応した水平避難対策，誰もが分かる方法による避難方向の明示などが挙げられる。これらの対策の多くは，地下駅における避難誘導対策と共通するものと思われる。これまでの一般的な駅は，乗降が目的であり火気設備の設置や可燃物はわずかであることから，非特定用途防火対象物として比較的緩やかな規制しか課せられてこなかった。ところが，駅ナカを有するターミナル駅は防災上，従来の規制では不十分な状態であると考える。今後は，地下駅と同様に複合化するターミナル駅の法令上の位置づけに対し検討が行われ，見直しが図られるべきと考える。[98]

5　従来の事故防止からの脱却と安全性向上

（1）従来の事故防止

　日本の鉄道の高い安全性は，決して一朝一夕にできあがったものではない。

長い歴史の中で数多くの事故を繰り返す過程において，鉄道職員の地道な努力や教育訓練，ルールの制定，保安装置の開発・導入などにより，今日の安全性の基準が築かれてきた。近年になって事故件数は大幅に減ったものの，多くの死傷者を出す大事故は後を絶たない[99]。

　鉄道のみならず，我が国の安全対策の特徴を端的に表すワーディングに「墓標安全」がある。大事故が起こって人的被害が出ない限り本格的な安全対策が講じられない，という事故防止対策の欠陥を突いた言葉である。事実，これまで大事故が発生すると，社内における安全対策の意識は高まり，監督官庁を含め多くの対応策や新たなルールが次々と設けられてきた。言い方を変えると，たとえ事前に危険だと指摘されていたとしても，実際に事故が起こらない限り，これといった対策が講じられてこなかったということである。そこには，事故を未然に防ぐ「予防安全」という発想は乏しかった。その理由として以下の2点が考えられる[100]。

　第一に，人間は一般に事故を嫌い，特に被害が少ないと無視あるいは隠す傾向にある。事故の当事者は自分に不利益となることは決して望まず，真実を述べることに躊躇しがちである。第二に，事故情報は他人に伝わりにくく，時間が経つと忘れられてしまう傾向にある。そのため，過去に発生した事故を正確にかつ詳しく分析し，そこから得られた情報を共有化し，今後の事故防止に反映させていく必要がある[101]。

　また，スローガン的に唱えられてきた「事故撲滅」や「絶対安全」という言葉は，安全を抽象化する方向に作用し，具体的な対策を実施することよりも，利用者に安心感を持たせることに比重を置く傾向に傾きがちであった[102]。

（2）トンネル火災対策を阻害する潜在的要因

　トンネル火災で被害が拡大した場合などに，「想定外の事象」という言葉がよく使われるが，その背景にはトンネル火災対策を阻害する潜在的要因の存在が考えられる。ここでいう潜在的要因は以下のとおりである。

　第一に，成功体験による過信がある。北陸トンネル火災事故では，トンネル

火災が長年発生していなかったことから，長大トンネルにおける火災対策への構えが甘くなっていた。一方，大清水トンネル火災事故やキングス・クロス駅火災事故は，過去に何度も火災を経験しながら，死者が発生していなかったため，消火設備の点検が疎かになったり初期対応の遅れに繋がった。[103]

　第二に，安全神話に対する過信がある。トンネルは，他の建造物とは異なり不燃性のコンクリート構造物であることから，燃えないという過信が対策の遅れに繋がったことが多くの火災事故においてみられる。また，車両についても日比谷線火災事故では，当時の不燃化の最高水準であった車両は燃えないという固定概念から運転を続行させた。

　潜在的要因は，システムが複雑になればなるほど，その存在は不透明となるため，ある環境や条件が作用し合って火災事故が発生するまで組織内に長期間潜んでいることが多い。以上のとおり潜在的要因は，複雑なシステムにおける安全にとって最大の脅威であることから，顕在化する前にリスクアセスメントなどにより潜在的原因の実態を明らかにし，有効な対策を検討・実施していくことが重要となる。

（3）鉄道の安全性向上に向けて

　鉄道の安全性向上に向けて重要と思われる事柄を以下に挙げる。

　第一に，再発防止と予防安全とのバランスである。これまでの対策は，一度事故が発生すると一斉点検や再発防止対策に追われ，予防対策まで手が回らない状況が続いた。また，再発防止対策を講じることにより，組織はこれで万全であると錯覚し，潜在するリスクを見逃してしまう傾向にあった。リスクを見逃さず確実に捉えるため，組織は再発防止に偏ることなく予防対策にも目を向けていくことが重要と考える。

　第二に，安全に対する謙虚な姿勢の堅持である。事故が長年発生していないとリスクは安全神話で覆い隠され，組織は第三者の意見や他社，海外の事故情報に耳を傾けなくなる。一般に，組織は，事故が発生するまで潜在リスクに気付きにくいものでもある。そのため，現代的なシステムが完備されていても組

織は安全に対し決して奢ることなく，常に用心深く事故の発生を警戒し続け，安全を向上させる努力を怠ってはならない。安全対策が施されても新たなリスクが潜在する可能性があるため，組織は常にリスクへの感度を高め，これに気付くことができる能力を養っていかなくてはならない。

　第三に，リスクアセスメントの導入とその手法の確立・改良である。鉄道事業者は，安全の事前評価を確実に行い，ハザードの特定を行うことが必要不可欠である。これにより，組織にとって直接的な営業利益を生み出さない安全投資への組織内の理解や効率のよい投資が期待される。また，各事業者は，リスクアセスメントの結果に基づき事業者が取り組むべき具体的対策を利用者や社会に理解を求めていく必要があると考えられる[(104)]。

　第四に，過去に発生した事故から得られた情報の共有化である。過去の事故は，被害の大きな事故を除き，教訓化されにくく風化されやすい傾向にあるため，事故の被害規模に関係なく事故を学び教訓化することが望ましい。

　最後に，2015年は，新幹線放火事件やケーブル放火事件といった鉄道に関わる犯罪がらみの事件が立て続けに発生した。また，政府の地震調査委員会が2017年4月に発表した「全国地震予測地図　手引・解説編　2017年度版」によると，南海トラフにおいて今後30年以内にマグニチュード8〜9クラスの地震が70パーセント程度の確率で発生することが危惧されている。このような外的要因による通常とは異なった事象も発生し得るということを前提に，その事前対策や防止対策，被害の軽減策を着実に進めていくことが必要である[(105)]。

注
(1) 鉄道火災対策技術委員会（1975a）「鉄道火災対策技術委員会報告書」32-39頁。
(2) 国土交通省鉄道局監修（2014）『解説　鉄道に関する技術基準（土木編）第3版』日本鉄道施設協会，392頁。
(3) 伊藤健一（2012）「地下鉄道の火災と排煙対策」『建設の施工企画』751号，32-35頁。国土交通省鉄道局「鉄道に関する技術上の基準を定める省令等の解釈基準の一部改正について」（国鉄技第124号，2004年12月27日）。
(4) 伊藤健一，同上，32-35頁。総務省消防庁（2004）「『地下鉄道の火災対策検討会』検討結果概要」『消防の動き』No. 398，13頁。国土交通省鉄道局「地下鉄道の火災対策基

準の改正について」（2004年12月27日）。国土交通省鉄道局監修，前掲書，435-450頁。国土交通省鉄道局「地下駅における火災対策設備の現況について」（2003年4月11日）別添-2「地下鉄道の火災対策の検討体制」。

　　地下鉄火災対策検討会は，2003年4月に設置され，2003年5月の第1回から計4回実施された。また，本検討会では「地下鉄トンネルの火災対策分科会」と「車両火災対策分科会」の分科会が設置された。検討会および分科会は，学識経験者，地下鉄事業者，消防庁，国土交通省等で構成されている。本調査会では，韓国や欧州の現地調査，車両・駅売店の燃焼実験も行われた。

⑸　国土交通省鉄道局「地下駅における火災対策設備の現況について」（2003年4月11日）別添-1「地下駅における火災対策設備の現況」。

⑹　板垣和芳（1990）「青函トンネルとその安全対策」『電学誌』109巻7号，525-528頁。君塚和夫（2004）「青函トンネルの安全を守る」『日本信頼性学会誌』Vol. 26No. 6，502-512頁。定点には，①乗客が安全に降車できる設備（ホーム），②本線との立体交差を含む安全な場所への避難路，③排煙・換気設備による避難環境条件の整備，④水噴霧等による消火設備，⑤照明設備（100ルクス程度），⑥情報連絡設備（非常放送設備），⑦列車の長時間停止機能が具備されている。また定点は，運転取扱い上停車場とせず，列車を停車させるときは手動扱いとしている。

⑺　西村隆夫（1987）「青函トンネルの設備の概要――防災関係を中心として」『日本機械学会誌』第90巻第822号，85-91頁。北海道旅客鉄道株式会社「青函トンネルにおける防災設備，お客様避難に関する考え方及び現段階での車両調査について」2015年4月8日。青函トンネル火災対策委員会は，秋田一雄災害問題研究所長を委員長とし，国鉄の関係者そして部外の学識経験者で構成され，1979年に設置された。

⑻　藤井浩・井口裕雄（1981）「英仏海峡トンネル防災対策」『鉄道技術研究所速報』No. 81-178，2-11頁。日本建築学会（1997）「英仏海峡トンネルの火災安全について」『建築雑誌』Vol. 112No. 1401，91頁。利部丈実（1997）「英仏海峡海底トンネル火災事故の概況」『鉄道と電気技術』8巻12号，36-37頁。

⑼　北海道旅客鉄道株式会社，前掲。『朝日新聞』東京本社版，2015年4月5日，35面。『毎日新聞』北海道本社版，2015年4月4日，27面。『読売新聞』東京本社版，2015年4月4日，39面。

⑽　北海道旅客鉄道株式会社，同上。

⑾　同上。永瀬和彦（2015）「津軽海峡線スーパー白鳥の重大インシデントに見る問題点」『鉄道ジャーナル』Vol. 49No. 7，124-126頁。『読売新聞』北海道本社版，2015年4月5日，37面。『朝日新聞』北海道本社版，2015年4月9日，32面。

⑿　北海道旅客鉄道株式会社「北海道新幹線開業に向けた取り組みについて（異常時対応訓練の実施・避難誘導設備の増強）」2015年12月22日。

⒀　同上。

⒁　Channel Tunnel Safety Authority（2012），*Inquiry into the fire on Heavy Goods Vehicle shuttle 7539 on 18 November 1996*, H.M. Stationery Office, p. 9. Ed Comeau and

Alisa Wolf (1997), "Fire in the Chunnel!", *NFPA Journal*, March/April 1997, p. 63.

(15) Channel Tunnel Safety Authority, *ibid.*, p. 18-20. 利部丈実，前掲，37頁。

(16) Channel Tunnel Safety Authority, *ibid.*, pp. 18, 21-22. Ed Comeau and Alisa Wolf, *op. cit.*, p. 61.

(17) Channel Tunnel Safety Authority, *ibid.*, pp. 19-21, 64.

(18) *Ibid*, p. 27. Ed Comeau and Alisa Wolf, *op. cit.*, p. 63. 利部丈実，前掲，36頁。

(19) 利部丈実，同上，37頁。

(20) BBC NEWS ホームページ（2008年9月12日）http://news.bbc.co.uk/2/hi/uk_news/7611622.stm（2017年6月23日アクセス）。The Daily Telegraph. London ホームページ（2008年9月11日）http://www.telegraph.co.uk/travel/travelnews/.2800485/Channel-Tunnel-closed-after-freight-train-fire.html（2017年6月23日アクセス）。

(21) Alan Beard and Richard Carvel (2005), *The Handbook of Tunnel Safety*, Thomas Telford, pp. 453-454.

(22) *Ibid.*, p. 454.

(23) *Ibid.*, pp. 454-455.

(24) *Ibid.*, pp. 455-456.

(25) *Ibid.*, pp. 463-464.

(26) 大野敏男訳（2014）「ハーティングのコネクター―火災安全性の新規格に準拠」『鉄道車両と技術』第20巻第3号，通号 No. 211，21頁。

(27) Peter Zuber (2004), "Compared Safety Features For Rail Tunnels", *1st International Symposium Safe and Reliable Tunnels, Innovative European Achievements*.

(28) 薮内喜一郎（1984）『日本消防史　写真図説』国書刊行会，296-311頁。日本消防協会（1984）『日本消防百年史』第4巻，343-406頁。我が国で最初の火災保険会社は，1873年に創業の「任保社」（現在の東京海上自動火災保険）であるが，社名に火災は付いていなかった。社名に火災が入ったのは，1886年に創業の「東京火災保険会社」（現在の損害保険ジャパン日本興亜）である。

(29) 『読売新聞』東京本社版（夕刊），1959年11月20日，1，7面。

(30) 『東京朝日新聞』東京本社版，1939年5月10日，2面。

(31) 『朝日新聞』東京本社版，1955年2月17日，1面，3面。

(32) 薮内喜一郎，前掲書，310頁。毎日新聞東京本社情報調査部（1987）『戦後の重大事件早見表』毎日新聞社，11頁。藤枝暁生・鈴木玲子（2013）「高齢者施設における火災事故」『損保ジャパン日本興亜 RM レポート』Issue98，1-10頁。

(33) 東京消防行政研究会（1983）『火災の実態からみた危険性の分析と評価――特異火災事例112』全国加除法令出版，706-709頁。

(34) 毎日新聞東京本社情報調査部，前掲書，19頁。内閣府（1989～2014）『消防白書』1989年～2014年度版。

(35) 『朝日新聞』大阪本社版（夕刊），1988年5月18日，1面。

(36) 海難審判・船舶事故調査協会ホームページ「裁決録検索システム」http://www2.

maia.or.jp/list.php（2015年5月1日アクセス）。『朝日新聞』東京本社版，2015年8月1
日，39面。

⑶⑺　『読売新聞』東京本社版，1972年5月14日，1面，15面。

⑶⑻　『読売新聞』東京本社版（夕刊），2001年9月1日，1，2，18，19面。

⑶⑼　水根義雄（1991）『二百八名の命を呑込んだ劇場火災』創栄出版，107-111頁。

⑷⑴　『朝日新聞』東京本社版，1950年12月21日，2面。

⑷⑴　『読売新聞』東京本社版，2001年5月6日，1，39面。

⑷⑵　近代消防社（2014）「宝組勝島倉庫爆発火災から50年」『近代消防』2014年7月号，38
頁。

⑷⑶　藪内喜一郎，前掲書，298頁。

⑷⑷　『読売新聞』東京本社版，1990年3月19日，1，2，30，31面。

⑷⑸　消防防災博物館ホームページ，http://www.bousaihaku.com/cgi-bin/hp/index.（2017
年9月1日アクセス）。

⑷⑹　『朝日新聞』東京本社版（夕刊），1959年12月11日，1，2面。

⑷⑺　『大阪朝日新聞』1937年12月21日，11面。

⑷⑻　神忠久（1990）「建物火災時における従業員の初期行動」『照明』第2巻第3号（通巻
199号），47-48頁。分析は，1952年から1981年までに国内で発生した火災のうち，焼損
面積500平方メートル以上で死者の出た火災および焼損面積500平方メートル未満で死者
3名以上出た火災を対象とし，全部で55件である。

⑷⑼　同上，47-49頁。

⑸⑴　岡田光正（1985）『火災安全学入門』学芸出版社，153，167-173頁。

⑸⑴　同上書，153，169-170頁。

⑸⑵　同上書，153，170-171頁。

⑸⑶　同上書，153，171-172頁。

⑸⑷　同上書，153，173頁。

⑸⑸　同上書，153，172頁。

⑸⑹　同上書，152-162，173頁。佐藤政次（2006）『建築防災計画の考え方・まとめ方』
オーム社，14-15頁。

⑸⑺　岡田光正，同上書，152-158頁。

⑸⑻　同上書，156-157頁。

⑸⑼　同上書，159-162頁。

⑹⑴　同上書，164-167頁。

⑹⑴　東京消防行政研究会，前掲書，521-522頁。森本宏（2002）『火災教訓が風化している
（2）』近代消防社，18頁。

⑹⑵　東京消防行政研究会，同上書，521-523頁。森本宏（2003）『火災教訓が風化している
（3）』近代消防社，58頁。

⑹⑶　東京消防行政研究会，同上書，523頁。森本宏（2003）同上書，55-56頁。

⑹⑷　東京消防行政研究会，同上書，522-526頁。堀内三郎・室崎益輝・関沢愛・日野宗

門・淀野誠三（1974）「大洋デパート火災における避難行動について（その1）」『日本建築学会近畿支部研究報告書』設計計画・住宅問題，109-112頁。アンケートは，被災した120名（客76名，従業員44名）を対象に行われ，本人の行動内容（火災を知った直前・直後，避難行動中）を中心に質問された。

⒂ 東京消防行政研究会，同上書，522-527頁。

⒃ 東京消防行政研究会，同上書，706-707頁。関沢愛・神忠久・渡部勇市（1981）「川治プリンスホテル火災時における宿泊客の避難行動」『日本建築学会大会学術講演梗概集』2361-2362頁。

⒄ 東京消防行政研究会，同上書，709頁。関沢愛・神忠久・渡部勇市，同上，2361頁。森本宏（2003）前掲書，78-80頁。

⒅ 森本宏（2003）同上書，78-80頁。

⒆ 東京消防行政研究会，前掲書，708頁。

⒇ 関沢愛・神忠久・渡部勇市，前掲，2362頁。

(71) 前掲，2362頁。東京消防行政研究会，前掲書，707-709頁。

(72) 室崎益輝（1993）『建築防災の安全』鹿島出版，7-9，126-127頁。堀内三郎（1994）『新版建築防災』朝倉書房，110-111頁。

(73) 室崎益輝，同上書，146頁。

(74) 同上書，7-9頁。佐藤政次，前掲書，15，47-48頁。原田和典（2007）『建築火災のメカニズムと火災安全設計』日本建築センター，126-127頁。戸川喜久二（1966）「避難の実際と問題点」『建築雑誌』1966年4月号，137-138頁。東京消防行政研究会，前掲書，742頁。星野昌一（1969）『建築の防火避難設計』日刊工業新聞社，185-187頁。

(75) 星野昌一，同上書，193-195頁。佐藤政次，前掲書，47頁。原田和典，同上書，126-127頁。室崎益輝，前掲書，7-9頁。東京消防行政研究会，同上書，742頁。

(76) 星野昌一，同上書，213-216頁。佐藤政次，同上書，48頁。原田和典，同上書，132-133頁。東京消防行政研究会，同上書，741-742頁。日本防火技術者協会（2015）『高齢者福祉施設の夜間火災時の防火・避難マニュアル』近代消防社，28-31頁。

(77) 小林恭一（1984）「地下街の防災上の問題点と対策について」『建築防災』1984年2月号，13頁。小林恭一（2013）「地下街・準地下街の火災危険と法規制」『消防研修』第94号，13-14頁。

(78) 小林恭一（2013）同上，14頁。山田常圭（2005）「地下街の防火安全対策の今日的課題」『予防時報』No. 222，41-42頁。国土交通局都市局街路交通施設課（2014）「地下街の安心避難対策ガイドライン」5頁。

(79) 星野昌一，前掲書，225-236頁。

(80) 炭竈豊（1994）「4 火災時の避難（a）旅客船の避難経路配置」『日本造船学会誌』第779号，28頁。上原陽一・小川祥繁（2004）『新版 防火・防爆対策技術ハンドブック』テクノシステム，561頁。

(81) 国土交通省ホームページ「1974年の海上における人命の安全のための国際条約（SOLAS条約）」http://www.mlit.go.jp/kaiji/imo/imo0001_.html（2015年8月1日アクセス）。

⒅　炭竈豊，前掲，28-29頁。佐藤功・小佐古修士・末永一夫（2010）「客船の安全性に関する最新規則動向と安全設計について」『三菱重工技報』Vol. 47No. 3，50-52頁。

⒆　佐藤功・小佐古修士・末永一夫，同上，54-55頁。

⒇　神忠久（2014a）「生死を分ける避難の知恵——その 1　火災避難時の基礎知識」『照明工業会報』No. 8，67頁。神忠久（2014b）「生死を分ける避難の知恵——その 3　ホテル・旅館火災時の避難」『照明工業会報』No. 10，23-24頁。東京消防行政研究会，前掲書，740-741頁。

㈭　神忠久（2014a）同上，66-67頁。

㈱　同上，67頁。神忠久（1988a）「煙に巻かれたときの心理状況」『照明』第 1 巻第 2 号（通巻186号），5 頁。神忠久（2014c）「生死を分ける避難の知恵——その 4　デパート等大空間での火災時の避難」『照明工業会報』No. 11，59頁。神忠久（1988b）「煙の話（9）　避難時にぬれタオルは有効か」『照明』第 1 巻第10号（通巻194号），9-10頁。

㈹　神忠久（2014b）前掲，24頁。神忠久（1992）「火災と避難（5）　火災時の籠城は安全か」『照明』第 3 巻第 4 号（通巻212号），33頁。

㈲　日本国有鉄道岐阜工事局（1962）『北陸本線敦賀・今庄間北陸ずい道工事誌』799頁。

㈻　近畿日本鉄道（1988）「東大阪線トンネル火災事故報告書　添付資料」30頁。

㈺　鉄道火災対策技術委員会（1975a）前掲，63頁。

㈽　同上，35頁。鉄道火災対策技術委員会（1975b）「鉄道火災対策技術委員会報告　付属資料Ⅲ　委員会資料編」408，416頁。

㈾　宮古線における列車火災試験グループ（1977）「トンネル走行下の列車の火災性状——宮古線猿峠トンネルにおける列車火災試験」『鉄道技術研究報告』No. 1032，101-105頁。

㈿　日本国有鉄道岐阜工事局，前掲書，799頁。

⒁　福井地方裁判所「北陸トンネル列車火災刑事事件判決」（1974年（わ）220号），『判例時報』1003号，41頁。

⒂　火災予防審議会・東京消防庁（2011）「複合化するターミナル施設の防火安全対策のあり方——火災予防審議会答申」27頁。

⒃　同上，91-93頁。

⒄　同上，163-176頁。

⒅　同上，94-102頁。

⒆　畑村洋太郎（2005）『失敗学のすすめ』講談社，44-45頁。

⒇　芳賀繁（2012）『事故がなくならない理由』PHP 研究所，176-177頁。

⒈　畑村洋太郎，前掲書，92，95，98-99頁。

⒉　日本鉄道技術協会（2008）『20年後の鉄道システム』交通新聞社，451頁。

⒊　第七十回国会参議院「交通安全対策特別委員会会議録」第二号1972年11月10日，6 頁。日本国有鉄道監査委員会（1973）「北陸本線北陸トンネル列車火災事故に関する特別監査報告書」55頁。

⒋　日本鉄道技術協会，前掲書，449-451頁。

⑽ 地震調査研究推進本部地震調査委員会（2017）『全国地震予測地図　手引・解説編
2017年版』19頁。『毎日新聞』大阪本社版，2017年12月29日，22面。南海トラフにおけ
る地震の発生確率は，2018年１月に70〜80パーセントに引き上げることが決められた。

参 考 資 料

北陸トンネル火災事故における被災者・救助者の証言

（107頁関連）

証言者の内訳と人数

（単位：人）

	被災者		救助者		合計
	証言者の内訳	人数	証言者の内訳	人数	
グループ 1	乗客 1 〜 3 職員 1	4	職員 2 〜 5	4	8
グループ 2	乗客 4 〜 14 職員 6 〜 7	13	－		13
グループ 3 - 1	乗客15〜21	7	職員 8 〜 9	2	9
グループ 3 - 2	乗客22〜30 職員10〜11	11	職員12〜16 消防 1 〜 4 記者 1	10	21
合　計		35		16	51

〔参考〕　501列車（急行きたぐに号）の切り離し作業後の状況

（敦賀方）　後部側　15 14 13 12　荷 郵　約60m　食　前部側　11 10 9 8 7 6 5 4 3 2 1 機（今庄方）　（数字は、今庄側から○両目）

乗客のグループ（一覧表）

（単位：人）

グループ	乗車位置	列車降車時刻	トンネル脱出場所	誘導の有無	乗客	職員	死者
グループ 1	後部側	1:55〜	敦賀口	有	98	9	0
グループ 2		1:55〜	今庄口	一部	365		0
グループ 3 - 1	前部側	2:30〜	今庄口	無	171	4	15
グループ 3 - 2			敦賀口	無	126		13
合　　計					760	13	28

注：死者には職員 1 名および13日に発見された乗客 1 名は含まれていない。

285

○グループ１の証言　＊乗客等の証言は，わかりやすいよう原文の表現を一部変えている。（以下同）

グループ１　被災者の証言【車内から脱出まで】

【車内の状況】
- ・乗客には若者が多く，年寄りや女性が少なかった。（乗客２）
- ・車掌の指示があったので，車内は比較的平静だった。（乗客２）
- ・１時40分に車外で音がした後，車外が騒がしくなった。（乗客２）

【心理状態】
- ・乗務員の指示に従えばいいと思えたので気は楽だった。（乗客２）
- ・誰かが漏らした「もう駄目だ」との声を聞いて悲観的になった。（乗客２）
- ・どうせなら，車内ではなく車外へ出て死のうと覚悟を決めて降車した。（乗客１）
- ・猛煙の中を歩いていて，死ぬかも知れないという気持ちになった。（乗客１）

【職員による指示・誘導・情報提供】
- ・乗務員が，ドアや窓の開閉について指示した。（乗客１）
- ・職員が，車外の煙が今庄方へ引くのを見て，空気を入れ替えるため窓を開けるように指示した。（乗客２・職員１）
- ・公安職員が，後ろ側から脱出する旨を指示した。（乗客１）
- ・公安職員が，タオルや寝台車の布を濡らして口に当てるよう指示した。（乗客１）
- ・乗務員が，救援列車と連絡がとれた旨を乗客に情報提供した。（乗客２）

【避難（車内移動・車外へ脱出）】
- ・最後部から降車するため，事前に郵便車と荷物車の担当者に通路確保を依頼した。（職員１）
- ・降車の際，荷物車に積載されていた新聞の包みを踏み台として利用した。（職員１）
- ・先に降車し，乗客の降車を補助した。（職員１）
- ・脱出の際，隣の乗客に「一緒に行動したい」と申し入れた。（乗客２）

【車内待機】
- ・みんなで話し合い，乗務員の指示があるまで車内で待機することになった。（乗客１）
- ・一生懸命に消火活動を行う乗務員らを見守っていた。（乗客１）
- ・一旦降車したが，危険を感じたため，車内に引き返し待機した。（乗客１）
- ・救助されるまで車内で待機することとした。（乗客２）
- ・車内では，外した座席の上で横になり，口にタオルを当てて待機した。（乗客２）

グループ１　被災者の証言【車外に脱出した以降】

【トンネル内の状況】
- ・煙が今庄方から敦賀方へ押し寄せ，トンネル内が暗くなった。（職員１）
- ・トンネル内は煙が渦巻いて真っ黒だった。（乗客３）
- ・乗客同士で励まし合いながら逃げようとしたが，生きた心地がしないほどの熱い煙が顔に吹き

つけた。（乗客3）
- 貨物列車（2565列車）まで辿り着いたとき，トンネル内は煙もなく明るかった。（職員1）
- 風が敦賀方から今庄方へどんどん流れていった。（乗客1）

【職員による指示・誘導・情報提供】
- 職員が点火した発煙筒を頼りに，壁沿いに敦賀方へ避難した。（乗客1・職員1）
- 絶えず乗客に声を掛けながら歩行した。（職員1）
- 貨物列車（2565列車）まで辿り着いた後も現場との間を2往復し，後部車両の乗客全員を誘導した。その過程で，不安と恐怖を感じていた乗客に救援列車の情報などを提供して励ました。（職員1）

【避難（トンネル内歩行）】
- 壁伝いに避難した。（乗客1）
- 暗闇の中，トンネル内の杭に当たることが多かった。（乗客2）
- 暗闇の中，コンクリートまくらぎに足をとられ，逃げる方向が分からず泣き出す者もいた。（乗客3）
- 「こっちだ」という声を頼りに，地面を這うように避難した。（乗客3）
- 近くにいた約十人が，背広の裾などを握り一列で這ったり転んだりしながら1時間ほどかけて避難した。（乗客3）

グループ1 救助者の証言

【事故現場の状況】
- トンネル内の風は敦賀方へ向かって吹いており，息苦しく殆ど前が見えなかった。（職員2）
- 猛煙のため，食堂車から前へは行けない状況だった。（職員3・5）

【救助活動時】
- 救援列車をトンネル内で走行させる際には，乗客が線路内を避難してくる可能性があるため職員を救援列車前方に配置し，無線機で交信しながら最徐行で運転した。また，時々汽笛を鳴らした。（職員4）

【被災者の状況】
- 救助に向かう途中で出会った乗客から，「自分達は歩いていくので，取り残された他の人を助けて欲しい」と言われた。（職員3）
- 乗客を救援列車（客車）に乗せるのが大変だった。救援列車の数が多く手早く収容できた。（職員3）
- 乗客の顔は男女の区別が付かないほどススで真っ黒だった。（職員4）
- 中には靴を履いていない乗客もいた。（職員5）
- 恐怖のためか，口を利くことができる乗客は殆どいなかったが，足取りはしっかりしていた。（職員5）
- 救助後，誘導や救助の遅れに関し，職員を罵倒し困らせる乗客がいた。（職員2）
- 前部側がトンネル内で走行不能となり多数の死傷者が出たとの情報が入ると，罵倒の声は消え

た。（職員 2 ）

【その他】
　・前部側11両は，今庄方へ抜けたと他の職員から聞いた。（職員 3 ・ 5 ）

○グループ 2 の証言

グループ 2 　被災者の証言【車内から脱出まで】

【車内の状況】
　・列車停車時は，トンネル，車内ともに照明は点いていた。（乗客 5 ）
　・最初の15分程度は車内照明も点いていたため，車内は静かであった。（乗客 7 ・14）
　・右往左往しながら解放作業する乗務員の動きを見ていた。（乗客 4 ）
　・最初は，食堂車の隣（10両目）から切り離し作業の様子を見ていた。（乗客13）
　・火災発生後20〜30分間は， 2 両目の乗客は何も気付かなかった。（乗客10）
　・最初は，トンネル内に停車していることが分からなかった。（乗客12・14）
　・ 2 両目から車外に出た途端，車内の照明が消えて真っ暗になった。（乗客 6 ・ 7 ）
　・火災が発生した11両目から10両目へ避難したが，視界が悪く息苦しかった。（乗客 4 ）
　・最前部車両に移動したが，人が多く身動きがとれなかった。（乗客 5 ）
　・前部側の車内は混み合っていた。（乗客13）

【心理状態】
　・すぐ鎮火すると思った。（乗客12）
　・人声で目を醒しましたが，車内放送もなかったため大した事はないと考えた。（乗客 8 ・14）
　・後ろの車両から乗客が押し寄せてきたため，大変だと思った。（乗客 8 ）
　・混乱した車内の通路を通ったとき恐怖を感じた。（乗客12）
　・他の乗客のざわめきを聞いて危険を感じた。（乗客12）
　・車内に入ってきた煙を見て危険を感じた。（乗客11）
　・乗客に不安感を与えパニックになるのが心配だった。（職員 7 ）
　・熱や煙が激しくなったため，全滅だと思い死を覚悟した。（職員 7 ）
　・全員脱出後，どうせ死ぬにしても脱出して生き残る可能性に賭けようと思った。（職員 7 ）

【職員による指示・誘導・情報提供】
　・前の車両に移動するよう叫びながら，前方の車両から 9 両目まで移動した。（職員 6 ）
　・ 1 〜 4 両目の乗客に窓を開けないよう，大声で叫びながら案内して回った。（職員 6 ）
　・就寝中の乗客を起こすため大声で叫んだが，悲鳴と罵声で掻き消された。（職員 6 ）
　・一人で何名かの乗客を今庄方へ誘導していたところ，対応しきれなくなり，乗客をトンネル内
　　に残したまま救助の要請に向かった。（職員 6 ）
　・乗務員から左（右）方向へ避難と言われたが，トンネル内のため分からなかった。（乗客12）
　・職員が，デッキから飛び降り200〜300メートル走るよう指示した。（乗客14）
　・避難準備をしていたが，乗務員から何の放送もなく 1 時間ほど放置された。（乗客 5 ）

参考資料

・職員からは，停車場所をはじめとする情報提供が何もなかった。(乗客7・12)
・職員から，荷物はそのままにするよう指示された。(乗客8)
・職員からは，所持品の持ち出しについての指示がなく，乗客によって取扱いがまちまちとなった。(乗客12)
・乗務員から情報提供がなかったことに不満はあるが，切り離し作業を行っていたのなら仕方がない。(乗客8)
・職員から，タオルなどを口に当てて息をするようにと注意された。(乗客11)
・職員からの指示がないことについて，多くの乗客からクレームをもらった。(職員7)
・「大丈夫，窓を開けない，席にすわって！」などと案内した。(職員7)

【避難（車内移動・車外へ脱出）】
・職員からの指示がなかったため，車内では人の流れに乗り，車外では自分の判断で避難した。(乗客14)
・危険を感じ，他の乗客と一緒に最前部車両に避難した。(乗客4)
・人の流れに沿って前側の車両に避難した。(乗客14)
・車内に入ってきた煙を見て，自ら他の車両に移動した。(乗客11)
・乗客を降車させるため先に降車した。(職員6)
・車内の煙が激しく，窓から飛び降り脱出に賭けた。(乗客6・8・9・10)
・2両目では，方々で窓を打ち破り脱出していた。(乗客10)
・降車の際，しばらく窓にぶらさがりタイミングを図って線路へ降りた。(乗客6)
・車掌から出るなと言われたが，千日デパート火災が頭を過ぎったので自らの判断で降車した。(乗客7)
・自らの意志で早めに降車した。(乗客7)
・降車時に乗客同士が重なり合ったため，先に降りた人がケガをした。(乗客7)
・降車時，後ろから突き落とされケガをした人がいた。(乗客9)
・降車時が怪我をする可能性が一番高く，危険だと感じた。(乗客8・12)
・窓から降りる際に転倒し身体が回転したため，避難すべき方向が分からなくなった。(乗客5・7)
・降車時には足を縮めて，できるだけ柔らかい姿勢で飛び降りた。(乗客9)
・手荷物をトンネルへ放り出し，クッション代わりにして降車した。(乗客10)
・荷物を持たずに脱出した。(乗客9)
・7両目デッキから脱出した。(乗客12)
・車内の煙が我慢できず，窓から脱出した。(乗客5)
・車外で降車を手助けする人がいた。(乗客11)

グループ2 被災者の証言【車外に脱出した以降】

【トンネル内の状況】
・顔を真っ黒にした人が，ぞろぞろかつふらふら歩いている状況が506M列車の前照灯に照らし出されると，不気味な地獄絵図のようだった。(乗客4)
・何も知らされていない乗客が，暗闇と煙につつまれたトンネルに放り込まれた感じ。(乗客4)
・離ればなれになって呼び合う声，助けを呼ぶ声，怪我をした人のあえぎ声が交錯していた。(乗客10)

289

・トンネル内は，方向を認識するための僅かな明かりさえない暗闇であった。（乗客6）
・1時間ほど歩いたら照明が点灯した。（乗客14・職員7）
・煙がなくなり冷たい空気を感じた。（乗客13）

【心理状態】
・506M列車の職員の懐中電灯が見えたときはうれしかった。（乗客8・11）
・救援列車の照明に気付いた時は，息も楽になり助かったと思った。（乗客12・14）
・暗闇で恐怖感が湧いた。（乗客9）
・トンネルの壁に触れた時，これを伝っていけば助かると思った。（乗客9）
・暗闇の中を駆ける人が，いつぶつかるかと思うと怖かった。（乗客10）
・苦しみを忘れ気が楽になるよう，楽しいことを考えるようにした。（職員7）
・失神した方が楽になると思った。（職員7）

【避難（トンネル内歩行）】
・降車後，暗闇のためバラバラになった。（乗客4・12・13・14）
・暗闇の中，線路内を歩行していたが，煙がなくなり照明も点灯したので壁伝いに歩いた。（乗客13）
・トンネルの壁に手を添えながら必死に歩いた。（乗客4・11・12）
・避難の途中で2回ほどマンホールに倒れ込んだので，その後は用心して歩いた。（乗客8・9）
・壁伝いに避難していたところ，誰かが転倒する音を聞いて危険と判断し，その後は線路内を歩いた。（乗客13）
・前後でぞろぞろ歩いている人の気配をはっきり感じた。（乗客4）
・前の人の服に掴まりながら，あるいは近くの人と手を繋ぎ歩いた。（乗客9・12・14）
・人とぶつかるたびに「連れていって」「助けて」など，闇の中から声が聞こえてきた。（乗客4）
・自分が歩くので精一杯だった。（乗客4）
・何も見えず，みんなに混じって歩いた。（職員6）
・乗務員の発煙筒の炎を頼りに歩いた。（風上に向かって逃げると煙は少ない）（乗客5）
・煙から遠ざかる方向に歩いた。（乗客13）
・線路内は障害物が多く歩きにくかった。（乗客5）
・トンネル内は足場が悪い，線路間には杭や予備レールがあって危ない。（職員7）
・線路内を両手でレールを確認しながら歩いた人もいたが，無理な姿勢のため体力を消耗した。（乗客7・9・10・13）
・這って避難する人が邪魔になり，先に進めなかった。（乗客10）
・猛煙のため，列車の進行方向（今庄方）に避難せざるを得なかった。（乗客10）
・側溝の蓋の上を歩く音を聞きながら，それを手掛かりに歩いた。（乗客5）
・水に濡らしたハンカチで口を覆い，姿勢を低くして歩いた。（乗客5）
・どこに向かっているのか分からなかった。（乗客5・6・9）
・後ろから来た人に押された。（乗客6）
・若い人は追い越していく。（乗客6）
・暗闇の中を駆ける人がいた。（乗客10）
・側溝に足をとられ何回も転んだ。（乗客6）
・先頭グループ50人のうち30人は職員の誘導があった。（乗客7）

参考資料

- ・腰をかがめて口鼻を低い位置にすると呼吸が楽だった。(乗客11)
- ・出口まであと何キロという声が聞こえた。(乗客12)
- ・歩行中,ハンカチを口に当てる余裕はなかった。(乗客12)
- ・荷物は途中で捨てた。(乗客13・14)
- ・避難途中で最初の救援列車とすれ違った。(乗客14)
- ・頑張れと掛け声をかけながら歩いた。(乗客12)
- ・出口かと思ったら506M列車の前照灯であった。(職員6)

○グループ3-1の証言

グループ3-1 被災者の証言【車内から脱出まで】

【車内の状況】
- ・車内の照明が,降車直前に補助灯に切り替わった。(乗客15)
- ・3両目(寝台車)の車内に80人くらいが移動してきて,すし詰状態になった。(乗客16)
- ・後方の車両から人が押し寄せてきた。(乗客20)
- ・車内にガスと熱が充満し,耐えられない状態になった。(乗客18)
- ・車内の混乱ぶりは,お祭り騒ぎに似ていた。(乗客18)
- ・乗務員に阻止されたが,強引に毛布や敷布を引き出し被った。(乗客18)
- ・車内に真っ黒な煙が吹き込んできたため,慌ててドアを閉めた。(乗客20)
- ・一緒にいた人が一人ひとり倒れ,辺りは地獄絵そのものだった。(乗客17)
- ・ガスが車内に入らないようしていたが,次第にガスや煙が侵入し倒れる者が出た。(乗客16)

【心理状態】
- ・火災発生当初は,それ程慌てることはなかった。(乗客15)
- ・乗客だけでなく,乗務員までもが外部との連絡用電話に怒鳴り始める程の状況だった。(乗客18)
- ・車外の方が少しでも長く生きられると思った。(乗客18)
- ・不安な乗客も多く,自分たちで言葉を交わして元気付けるしかなかった。(乗客18)

【職員の乗客に対する指示・情報提供】
- ・乗務員は,何時間たっても(煙が充満しても)指示をしなかった。(乗客18)
- ・乗務員は,火が強くなっても何の指示もしなかった。(乗客19)
- ・煙が充満しても,職員から何も指示がなかった。(乗客18)
- ・どうすればよいのかと騒いでいたら,30分後にようやく職員から前方車両への避難指示があった。(乗客19)

【避難(車内移動・車外へ脱出)】
- ・降車時,後ろから押され足元が見えない暗闇のなか降車した。(乗客15)
- ・元気な者が他の乗客を車外へ誘導した。(乗客18)
- ・救援列車の灯が見えた時,皆が窓ガラスを破って車外に出た。(乗客16)
- ・後方の車両から押し寄せてきた人たちとともに,慌てて逃げた。(乗客20)

【車内待機】
・2時間ほど座席で待機していたが，車内に侵入してきたガスや煙に耐えきれなくなり降車した。（乗客20）

グループ3−1 被災者の証言【車外に脱出した以降】

【トンネル内の状況】
・手ぶらで歩くのも大変な状況だった。（乗客15）
・正常に歩けないほどのガスが充満していた。（乗客18）
・今庄方へ30分ほど歩いたら，煙が酷くなった。（乗客18）
・煙の中，手探りでそろそろ移動するため比較的静かだった。（乗客15）
・避難途中の線路上には，数多くの乗客が倒れていた。（乗客20）
・助けを求める叫び声があちこちから聞こえ，次第に小さくなっていった。（乗客18）
・自暴自棄に陥った女性を正気にさせるため，男性が殴っていた。（直ぐ助けがくるのでしっかりしろと）（乗客15）

【心理状態】
・何度目かに倒れたとき，「これで終わりだなぁ」とぼんやりした頭で考えた。（乗客15）
・子供への土産（鈴）を振ることにより，「生きる」ことへの気持を奮い起こしながら歩いた。（乗客15）
・救助が遅く，時間が長く感じられた。（乗客18）

【避難（トンネル内歩行）】
・近くの数人が手探りでグループを作り助けあった。（乗客15）
・孤独な蟻の歩みのような行進が，寒く暗い世界（トンネルの中）でどこまでも続いた。（乗客15）
・避難の途中で，歩行の邪魔になる手荷物は全部捨てた。（乗客15）
・避難の途中で人を踏むたび，「連れていって」と呼び掛けられた。（乗客15）
・頭痛が激しく，倒れている人を起こすことさえできず，体一つで逃げるのが精一杯だった。（乗客20）
・猛煙の中を今庄方へ5～6キロも逃げ，機材置場に蹲っていたため助かった。（乗客21）

【その他】
・救援列車の中で，水を要求する者がいた。（乗客16）
・重苦しい空気は人間らしい活力を奪っていった。（乗客15）

グループ3−1 救助者の証言

【事故現場の状況】
・今庄口から6キロ進んだところで，喉をさす灰色の熱煙が漂いはじめた。（職員8）

【救助活動時】
・現場まで700mの地点まで救援列車で進入し，約100人を拾い上げるようにして救助した。（職

　　　　　　　　　　　　　　　　　　　　　　　　　　　　　　　　参考資料

員8）
・猛煙やガスが充満したため，救助活動を中止しやむなく引き返した。（職員8）

【被災者の状況】
・ぐったりとして動かない人，自力では救援列車に這い上がれない人が多く，泣き声も聞こえない。（職員9）
・生き延びた乗客らは，水を要求したり寒さを訴えていた。（職員8）
・中年の男が，苦しいと喉を掻き毟った。（職員9）
・救助した乗客から「まだまだいる。早く助けに行ってくれ」と訴えられた。（職員8）
・荷物は誰も持っていなかった。（職員9）
・貨車の下には，真っ黒な体がゴロゴロ仰向けになっていて動かなかった。（職員9）
・片方の靴をなくした人，足を引きずってぐったりした人がいた。（職員9）

○グループ3-2の証言

グループ3-2　被災者の証言【車内から脱出まで】

【車内の状況】
・車内灯は脱出時まで正常に点いていた。（乗客22・26，職員10）
・火災発生当初は，騒ぎ出す人もいなく静かで落ち着いていた。（職員10）
・最初は，トンネル内であることが分からなかった。（乗客22）
・後方車両から，たくさんの人が前方車両に押し寄せてきた。（乗客22）
・後方車両の乗客が前方車両に避難してきたため，身動きもできない状態になった。（まるで生き地獄の様相を呈していた）（乗客29）
・8両目では，座席に人々が折り重なり通路は足の踏み場がない状態だった。（乗客24）
・後方車両から避難してきた人たちで通路が塞がり，身動きがとれない状態になった。（職員11）
・車内に取り残されたのは，老人，女性，子供が多かった。（乗客24）
・車内は温度が上昇し，酸欠状態で悪臭も漂っていた。（乗客24・26）
・トンネルの中が真っ赤に見え，煙が車内に充満してきた。（乗客29）
・荷物が散乱した通路に人がバタバタと倒れ，手の施しようがなかった。（乗客29）
・火事だという叫び声で飛び起き，辺り一面が煙であったため前方の車両に逃げようとしたが，多くの人で混雑しており身動きがとれなかった。（乗客28）

【心理状態】
・周囲の人が落ち着いていたため，自分も落ち着いていられた。（乗客22）
・重大な状況に陥っているとは思ってもみなかった。（乗客23）
・（照明が）明るくみんな比較的平静だった。（乗客26）
・周りから呻き声や泣き声が聞こえ，生きた心地がしなかった。（乗客28）
・車内待機の我慢は1時間余りで限界がきた（2時30分から降車開始）（乗客26）
・自分だけ逃げる気になれなかった。（乗客24）
・苦しさを通り越すと気持ちが良くなった。（職員10）

【職員による指示・誘導・情報提供】
- 乗客に，一番前の車両へ行って車掌や公安の指示に従うよう案内した。（職員10）
- 車外へ脱出しようとする乗客に対して，救助がくるまで待つよう指示した。（職員10）
- 煙の影響を受けないため，寝台車の上段には上がらないよう指示した。（職員10）
- 車内アナウンスがなかった。（乗客26）
- 乗務員が，「大丈夫と思います。前の方へ移って下さい」と言った。（乗客27）
- 煙で火災らしいとは分かっていたが，職員からは何の情報提供もなかった。（乗客27）
- 前の方に逃げるよう何度も指示したが，混雑により身動きがとれない状態だった。（職員11）

【避難（車内移動・車外へ脱出）】
- 先に降車し，乗客の降車の支援と今庄方へ逃げるよう指示をした。（職員11）
- 自らが背中を丸め，降車する乗客の足場となった。（職員11）
- タオルと財布のみ持参して列車から降車した。（乗客22）
- 苦しさの中，他の乗客の流れに乗って避難した。（乗客23）
- 慌てた乗務員と煙で火事に気付き，子供とデッキから飛び降りた。（乗客25）
- 荷物は何も持たずに避難した。（職員10）
- シーツやシャツを口に当てて逃げた。（職員10）
- 降車する際のクッション代わりにマットを6～7枚落として脱出した。（職員10）
- ガラス窓を叩き割って降車しようとする者がいた。（乗客26）
- 避難中に何度か気を失った。（乗客22）
- トンネル内避難中に何度か気を失っており，気が付いたら敦賀にいた。（乗客28）
- お互いが気を失ったら叩いて起こし，力付けるよう励ましあった。（職員10）
- 乗客の降車後に気を失った。（職員11）

【その他】
- 車内に外気を取り込むため，肘で窓ガラスを叩き割った。（乗客24）
- 倒れた人に持っていた水筒のお茶を何度も口に含ませ，呼吸を楽にさせようとした。（乗客28）
- 呼吸困難により7時間ほど座席にうつ伏せになっていた後，救助された。（乗客30）

グループ3-2　被災者の証言【車外に脱出した以降】

【トンネル内の状況】
- トンネル内の照明は点灯していなかった。（乗客22・23）
- トンネル内の蛍光灯が，見る間に煙で曇って見えなくなった。（乗客26）
- 煙が次第に濃くなり，やがてトンネル内の電灯が消えた。（乗客27）
- 車内とは対照的に寒さが酷く，睡魔と闘うような状況だった。（職員10）
- 4時頃，消火しかけていた食堂車が再び燃え上がった。（乗客26）
- 4時過ぎに今庄側から煙が押し寄せてきた。（乗客26）
- トンネル内には大量の煙が立ち込めていたが，それでも車内より酸素が多いと感じた。（乗客24）

【心理状態】
- どうせ死ぬなら，できる限りのことをしたいと思った。（乗客24）

294

参考資料

【避難（トンネル内歩行）】
・トンネル内での避難は，暗闇によりバラバラとなった。（職員10）
・人にぶつかり，側溝に足を踏み外した。（乗客25）
・前後の人の気配を頼りに流れに乗って黙々と歩いた。（乗客23）
・お互い確認し合ったが，声を出す体力にも限界がきた。（職員10）
・大量の煙を吸い，声が出なくなった。（乗客25）
・避難中に何度か気を失った。（乗客22）
・避難中に気を失い煙をあまり吸わなかったために，比較的軽症で済んだ。（乗客24）
・避難中に次第に足が震え出し，意識が薄れていった。（乗客23）
・まわりの乗客らに声を掛け励ました。（乗客24）

【その他】
・非常電話で救助を要請しようとしたが，使い方が分らなかった。（乗客24）
・トンネル内は寒く，寝台車の毛布や布団を掛けてまわった。（乗客24・26）
・極限状態の中，乗客の肩に腕を回し必死に救助隊員たちのもとへ運ぼうとした。（乗客24）
・後部側の救援活動の様子が聞こえてきたので，これで我々も助かると思った。ところが，救助
　隊は，すぐに引き返していった。（乗客24）

グループ3-2 救助者の証言

【事故現場の状況】
・煙により視界が失われ方向を見失った。（消防1）
・トンネル内の風が対流を起こし，風向きが読めないことがあった。（消防1）
・火はほぼ消えていたが，悪臭と煙で救助作業がなかなか進まなかった。（消防2・3）
・窓ガラスが所々で割られていた。（消防4）
・車外には，おびただしい靴，荷物，毛布などが散乱していた。（記者1）
・悲惨を極め，地獄絵そのもの。（老若男女の区別がつかない）（職員12・13）
・トンネル内に立ち込めた煙で，懐中電灯の光りも足元をやっと照らす程度だった。（消防4）
・救出されるまでの間，寒さが酷かった。（記者1）

【救助活動時】
・何も考える余裕がなくなった。（消防1）
・足が痙攣した。（消防1）
・通常より身体が重たく感じた。（消防1）
・ぐったりしている人は重たく，2人で運ぶのがやっとだった。（消防1）
・若い隊員ですら体力の消耗は早かった。（消防1）
・少しでも生体反応を感じた者だけを担架あるいは背負って救助した。（消防1）
・担架が少なかったため，救助隊員が負傷者を1人ずつ背負ったり肩を抱いたりして救助した。
　（消防3）
・毛布を担架代わりに使用した。（職員12）
・救援列車内では，職員同士が励まし合ってトンネルに突入した。（職員14）

【被災者の状況】

295

・誰ひとり荷物を持っていなかった。（消防１）
・車内に置き去りになったのは，老人や夫人が多かった。（消防１，記者１）
・呼吸をするため，溝に身を伏せたり，土砂に顔を突っ込んだ者がいた。（消防１，職員14）
・毛布にくるまった乗客らが，声もなく横たわっていた。（消防２・３・４）
・歩ける乗客は殆どおらず，多くがぐったりしていた。（消防２・３・４）
・乗客の顔はススで真っ黒，目も開いていない状態だった。（消防２・３）
・降車時に怪我をしたり転倒して頭を打った者がいた。（消防３）
・火元の食堂車の前後500〜600mの線路上に遺体がうつ伏せの状態で転がっていた。（消防４）
・食堂車から約100メートルくらい離れた所に20人前後の乗客が倒れていた。（職員16）
・死亡した乗客はよほど苦しかったとみえ，何人かは胸を掻き毟るような姿をしていた。（職員16）

【その他】
・救助活動に追われ，食事にありつけたのは夕刻であった。（職員15）

○証言者からの意見・要望

グループ１からの意見・要望

【職員による指示・誘導・情報提供】
・情報連絡（提供）は必要である。（乗客２）
・避難時，職員が乗客の近くにいて，リーダーシップをとることが重要である。（乗客２）
・指示は具体的であるべき，その方が印象に残る。（乗客２）
・乗務員の対応は良かったと思う。（乗客２）

【設備】
・列車の水道が使えたこと，室内灯が点いていたことがよかった。（乗客１）
・旅行には，懐中電灯の携帯は必須である。（乗務員ですら持っていなかった。）（乗客１）

【その他】
・車内で救助を待ったのが結果的に良かった。（乗客２）
・一番安全な避難方法は，線路内を７〜８ｍ進んでは両手を広げてレールを確認すること。（乗客１）
・この貴重な経験を，後の対策に活かしてほしい。（乗客１）

グループ２からの意見・要望

【職員による指示・誘導・情報提供】
・車内放送による情報提供，照明は是非必要である。（乗客７）
・乗務員室以外でも車内放送ができるシステムが必要である。（乗客８）
・全ての情報を放送すると，かえって混乱を誘発する可能性がある。（乗客13）
・最初から火事と叫べば混乱は甚だしかったと思う。（乗客８）

参考資料

- ・組織だった整然とした避難は困難である。（乗客8）
- ・具体性のある「大丈夫だ」が欲しかった。（乗客9）
- ・具体的な内容をもった適切な指示，連絡が必要である。（乗客9・12）
- ・消火方法はもちろんのこと，有毒ガスに対する認識がなかった。（乗客9）
- ・職員の職務分担を明確にして欲しい。（乗客13）
- ・具体性のない情報提供のみでは，恐怖感はなくならない。（乗客12）
- ・異状があれば些細な情報でも提供して欲しい。（乗客12）
- ・提供される情報は統一された内容であるべき。職員によって内容が異なっていた。（乗客12・13）
- ・誘導時には，懐中電灯などを使って誘導して欲しい。（乗客12）

【設備】
- ・照明（懐中電灯）やタオルがあれば良かった。（使用方法に関する情報提供も必要）（乗客8・9・13）
- ・職員の誘導，器材・設備も不足していた。（乗客9）
- ・列車に懐中電灯を搭載するべきだ。（乗客12）
- ・降車時に足元を照らす照明が欲しかった。（乗客12）
- ・トンネル照明は，足元にあったほうがよい。（乗客12）
- ・列車に大型消火器が必要である。（乗客12）
- ・避難設備の強化，照明の設置といった目・耳からの情報は，自らの行動を判断するのに有効である。（乗客7・13）

【避難時】
- ・早めに脱出するのがよい。（車内で待機するには必要な情報が前提）（乗客9）
- ・荷物は車外に持ち出すべきではない。（乗客14）
- ・暗闇は目を閉じていた方が楽だった。（職員7）
- ・脱出を決意したら，先ず怪我をしないことが大切である。（乗客10）
- ・暗闇のトンネル内を壁伝いに避難するのは，途中にマンホールがあることから危険である。（乗客10）
- ・恐怖を覚えたのは一瞬。誰かの「大丈夫だ」との声は，周囲を落ち着かせる効果に繋がった。（乗客9）
- ・避難した方がよい。火元から遠ざかった方がよい。（乗客13）

【その他】
- ・災害はいつ我が身に降りかかるか分らない。（乗客10）
- ・全て各人の判断による。（乗客12）
- ・車内にいたほうが安全だったと思う。（乗客14）

グループ3-1からの意見・要望

【職員による指示・誘導・情報提供】
- ・早い段階で車外への避難を決定して欲しかった。（乗客18）
- ・もっと早く避難指示が出て誘導がスムーズであれば，被害は小規模に食い止められた。（乗客

19)
・もう少し早くから誘導されていたらよかった。（乗客21）
・職員が，火事くらいのことで慌てて，避難誘導の指示もできないのはおかしい。（乗客17）
・煙に襲われたら，口にタオルを当て地面を這うようにすることが大切である。（乗客18）

【避難，車内待機時】
・煙が車内に充満しても職員からの指示がなく，自分で判断して行動する必要を感じた。（乗客18）
・あのまま車内に残っていたら，全員死んでいたと思う。（乗客18）
・車内に閉じ篭って救助を待ったのが，生き残れた理由だ。（乗客16）
・薄れゆく意識と傷だらけの体で，他人のことなど構っていられなかった。（乗客15）

グループ3-2からの意見・要望

【職員による指示・誘導・情報提供】
・適切な指示や情報提供があれば，乗客はそれに従うと思った。（乗客22）

【避難，車内待機時】
・迅速な救助活動には照明が必要である。（消防1）
・明かりは人に安堵感と落ち着きをもたらす。（消防1）
・単独行動を採ってはいけない。（消防1）
・壁との距離を常に頭に入れ，方角を見失わないことが大切だと思った。（消防1）
・車内に残った方が良かったと思った。（乗客22）

参 考 文 献

文　献

青野文江（2003）「韓国大邱地下鉄火災報告——地下鉄利用者の視点から」『月刊フェスク』260号。

朝倉俊弘（1997）「鉄道トンネル技術の変遷と展望」『鉄道総研報告』Vol. 1No. 7。

安倍北夫（1977）『入門群集心理学』大日本図書。

安部誠治編著（2015）『踏切事故はなぜなくならないか』高文研。

阿部伸之（2004）「CFD を用いた火災の数値シミュレーション」『日本流体力学会数値流体力学部門 Web 会誌』第12巻第 2 号。

Alan Beard and Richard Carvel（2005）, *The Handbook of Tunnel Safety*, Thomas Telford.

板垣和芳（1990）「青函トンネルとその安全対策」『電学誌』109巻 7 号。

伊藤和明（2003）「問われる地下鉄の安全」『近代消防』41巻 5 号。

伊藤健一（2012）「地下鉄道の火災と排煙対策」『建設の施工企画』2012年 9 月号。

今尾恵介（2008）『日本鉄道旅行地図帳』 5 号東京，新潮社。

今尾恵介（2008）『日本鉄道旅行地図帳』 7 号東海，新潮社。

今尾恵介（2009）『日本鉄道旅行地図帳』10号大阪，新潮社。

今尾恵介（2009）『日本鉄道旅行地図帳』12号九州沖縄，新潮社。

上原陽一・小川祥繁（2004）『新版　防火・防爆対策技術ハンドブック』テクノシステム。

上原要三郎（1962）「日本一のトンネルによせて」『鉄道土木』第 4 巻第 7 号。

宇野松雄（1980）『敦賀市医師会史　敦賀の医療百年のあゆみ』敦賀市医師会。

Won hwa, Hong（2004）, "The Progress and cotrolling Situation of daegu Subway Fire Disaster", *International Association for Fire Safety Science.*

運転保安研究会（1981）『鉄道の運転と安全のしくみ——運転保安ハンドブック』日本鉄道運転協会。

運輸省（1980）『運輸省三十年史』運輸経済研究センター。

江崎昭（1998）『輸送の安全からみた鉄道史』グランプリ出版。

Ed Comeau and Alisa Wolf（1997）, "Fire in the Chunnel", *NFPAJournal*, March/April 1997, p. 63.

大野敏男訳（2014）「ハーティングのコネクタ——火災安全性の新規格に準拠」『鉄道車両と技術』第20巻第 3 号（通号 No. 211）。

大宮喜文・若月薫（2009）『基礎　火災現象理論』共立出版。

岡田光正（1985）『火災安全学入門』学芸出版社。

尾木和晴（2011）『AERA Mook 震災と鉄道 全記録』朝日新聞出版。

粕谷逸男（1960）「半断面掘削工法と峯トンネルの実績について」『土木学会誌』No. 45-5。

上浦正樹・須永誠・小野田滋（2000）『鉄道工学』森北出版。

神阪雄・白子典雄・清水健吉（1975）「トンネル内火災時の避難と誘導（1）」『鉄道技術研究所速報』No. 75-148。

Karl Fridolf（2010），*Fire evacuation in underground transportation sysytems : A review of accidents and empirical research*, Lund2010.

Gustava Le Bon（1921），*Psychologie Des Fovles*, Librairie Felix Alcan／櫻井成夫訳（1993）『群集心理』講談社。

Gyuyeob Jeon and Wonhwa Hong（2009），"Characteristic Features of the Behavior and Perception of Evacuees from the Daegu Subway Fire and Safety Measures in an Underground Fire", *Journal of Asian Architecture and Building Engineering*, Nonember, 2009.

君塚和夫（2004）「青函トンネルの安全を守る」『日本信頼性学会誌』Vol. 26No. 6。

近畿日本鉄道（1960）『近畿日本鉄道50年のあゆみ』。

近畿日本鉄道（1980）『最近20年のあゆみ』。

近畿日本鉄道（1990）『近畿日本鉄道80年のあゆみ』。

近代消防社（2014）「宝組勝島倉庫爆発火災から50年」『近代消防』2014年7月号。

釘原直樹（2011）『グループ・ダイナミクス──集団と群集の心理学』有斐閣。

久保田博（2000）『鉄道重大事故の歴史』グランプリ出版。

公益財団法人メトロ文化財団地下鉄博物館（2016）「地下鉄建設の歴史」『SUBWAY』第210号。

交通協力会（2015）『新交通年鑑』2015年度版。

交通協力会（2015）『新幹線50年史』交通新聞社。

国鉄動力車労働組合北陸地方本部（1982）『記録史　黒い炎との闘い』能登出版。

国鉄 NATM 研究会（1982）「NATM の設計・施工の合理化に関する研究」『鉄道技術研究報告』No. 1211（施設編第529号）。

国土交通省鉄道局（2011）『鉄道六法（2011年版）』第一法規。

国土交通省鉄道局監修（2014）『解説　鉄道に関する技術基準（土木編）　第3版』日本鉄道施設協会。

小島芳之（2013）「鉄道山岳トンネルの建設」『RRR』Vol. 70No. 10。

小林恭一（1984）「地下街の防災上の問題点と対策について」『建築防災』1984年2月号。

小林恭一（2013）「地下街・準地下街の火災危険と法規制」『消防研修』第94号。

小林恭一（2015）『図解よくわかる　火災と消火・防火のメカニズム』日刊工業新聞

社。

災害文化研究会（2005）「大邱地下鉄放火火災事件　遺された者のレクイエム　隣国
　　での地下鉄大惨事を顧みて」『近代消防』43巻5号。

斉藤実俊・山本昌和・村上直樹ほか（2014）「トンネル内火災時の煙流動と避難時間
　　の予測」『研究開発テーマ報告』鉄道総合技術研究所，No. N512121R。

佐久間悠監修（2016）『すぐに役立つ知っておきたい建築基準法と消防法のしくみ』
　　三修社。

佐藤功・小佐古修士・末永一夫（2010）「客船の安全性に関する最新規則動向と安全
　　設計について」『三菱重工技報』Vol. 47No. 3。

佐藤信之（2004）『地下鉄の歴史』グランプリ出版。

佐藤政次（2006）『建築防災計画の考え方・まとめ方』オーム社。

James Reason（2008），*The human contribution : Unsafe acts accidents and heroic re-
coveries*, Ashgate. ／佐相邦英監訳（2010）『組織事故とレジリエンス』日科技連。

地震調査研究推進本部地震調査委員会（2017）『全国地震予測地図　手引・解説編
　　2017年版』。

神忠久（1988）「煙に巻かれたときの心理状況」『照明』第1巻第2号（通巻186号）。

神忠久（1988）「煙の話（9）　避難時にぬれタオルは有効か」『照明』第1巻第10号
　　（通巻194号）。

神忠久（1990）「煙に巻かれたときの心の動揺度」『照明』第1巻第12号（通巻196号）。

神忠久（1990）「煙の中での思考力および記憶力の低下」『照明』第2巻第1号（通巻
　　197号）。

神忠久（1990）「建物火災時における従業員の初期行動」『照明』第2巻第3号（通巻
　　199号）。

神忠久（1992）「火災と避難（5）　火災時の籠城は安全か」『照明』第3巻第4号
　　（通巻212号）。

神忠久（1993）「適切な避難誘導はなされなかったのか　旅客ホテル火災（4）」『照
　　明』第3巻第9号（通巻217号）。

神忠久（2014）「生死を分ける避難の知恵——その1　火災避難時の基礎知識」『照明
　　工業会報』No. 8。

神忠久（2014）「生死を分ける避難の知恵——その3　ホテル・旅館火災時の避難」
　　『照明工業会報』No. 10。

神忠久（2014）「生死を分ける避難の知恵——その4　デパート等大空間での火災時
　　の避難」『照明工業会報』No. 11。

炭竃豊（1994）「4　火災時の避難（a）旅客船の避難経路配置」『日本造船学会誌』第
　　779号。

関沢愛・神忠久・渡部勇市（1981）「川治プリンスホテル火災時における宿泊客の避
　　難行動」『日本建築学会大会学術講演梗概集』。

総務省消防庁（2004）「『地下鉄道の火災対策検討会』検討結果概要」『消防の動き』No. 398。

総務省消防庁特殊災害室（2003）「韓国大邱（テグ）市における地下鉄火災現地調査」『近代消防』41巻11号。

総務省消防庁特殊災害室消防研究所（2003）「韓国大邱市地下鉄火災の調査結果概要」『月刊フェスク』261号。

高田隆雄・大久保邦彦（1985）『全国鉄道と時刻表5　近畿北陸山陰』新人物往来社。

田中利男（1976）『列車火災』日本鉄道図書。

竹内吉平（2009）「名古屋地下鉄栄駅変電室消防隊員殉職火災の概要」『近代消防』47巻10号。

樽矢清一（1993）『北陸トンネル列車火災事故』アサヒヤ印刷。

諸辰珠・崔洙根・尹明悟（2003）「特別インタビュー　韓国消防関係者三氏に訊く！韓国大邱市地下鉄火災の惨状と今後の地下鉄火災対策」『近代消防』41巻10号。

地下鉄道火災に関する検討委員会（東京消防庁警防部警防課）（2004）「地下鉄道火災に関する検討委員会報告書」『火災』Vol. 54No. 3。

Channel Tunnel Safety Authority (2012), *Inquiry into the fire on Heavy Goods Vehicle shuttle 7539 on 18 November 1996*, H. M. Stationery Office, p. 9.

辻本誠（2003）「韓国地下鉄火災が投げかけた課題」『建築防災』307号。

大邱廣域市（2005）『大邱地下鉄中央路駅　火災事故白書』。

Desmond Fennell (1988), *Investigation into the Kings Cross Underground Fire*, DEPARTMENT OF TRANSPORT.

鉄道総合技術研究所（2007）『鉄道構造物等維持管理標準・同解説』構造物編トンネル。

東京消防行政研究会（1983）『火災の実態からみた危険性の分析と評価——特異火災事例112』全国加除法令出版。

東北の鉄道震災復興誌編集委員会（2012）『よみがえれ！みちのくの鉄道——東日本大震災からの復興の軌跡』。

戸川喜久二（1966）「避難の実際と問題点」『建築雑誌』1966年4月号。

利部丈実（1997）「英仏海峡海底トンネル火災事故の概況」『鉄道と電気技術』8巻12号。

富樫三郎・猿山忠之助（1968）「地下鉄日比谷線の電車火災概要」『火災』18巻4号。

中尾政之（2005）『失敗百選——41の原因から未来の失敗を予測する』森北出版。

永瀬和彦（2015）「津軽海峡線スーパー白鳥の重大インシデントに見る問題点」『鉄道ジャーナル』Vol. 49No. 7。

Kazuhiro Nagase and Kohji Funatsu (1988), "A Study of a Fire on a Diesel Railcar", *Fire Technology*, Vol. 26No. 4.

中澤昭（2004）『なぜ，人のために命を賭けるのか——消防士の決断』近代消防社。

中西昭夫（2012）『安全の仕組みから解く——鉄道の運転取扱いの要点』日本鉄道運転協会。

中濱慎司ほか（2015）「実験用実大トンネル火災実験のLESによる煙流動解析」『日本建築学会技術報告書』第21巻第48号。

西村隆夫（1987）「青函トンネルの設備の概要——防災関係を中心として」『日本機械学会誌』第90巻第822号。

日本火災学会（1976）『建設防火教材』。

日本火災学会（2002）『火災と建築』共立出版。

日本火災学会（2007）『建物と火災』共立出版。

日本貨物鉄道株式会社（2007）『貨物鉄道百三十年史』中巻。

日本建築学会（1997）「英仏海峡トンネルの火災安全について」『建築雑誌』Vol. 112No. 1401。

日本交通政策研究会（2014）『自動車交通研究　環境と政策』2014年度。

日本国有鉄道（1958）『鉄道技術発達史』第2編（施設）。

日本国有鉄道（1972）『日本国有鉄道百年史』第5巻。

日本国有鉄道（1973）『日本国有鉄道百年史』第11巻。

日本国有鉄道（1974）『日本国有鉄道百年史』第13巻。

日本国有鉄道岐阜工事局（1962）「北陸本線敦賀・今庄間北陸ずい道工事概要」。

日本国有鉄道岐阜工事局（1962）『北陸本線敦賀・今庄間北陸ずい道工事誌』。

日本消防協会（1984）『日本消防百年史』第4巻。

日本地下鉄協会（2010）『世界の地下鉄』ぎょうせい。

日本鉄道運転協会（2013）『重大運転事故記録・資料（復刻版）』。

日本鉄道技術協会（2008）『20年後の鉄道システム』交通新聞社。

日本鉄道建設業協会（1990）『日本鉄道請負業史』昭和（後期）編。

日本鉄道建設公団（1984）『上越新幹線工事誌（大宮・新潟間）』。

日本鉄道建設公団（1995）『日本鉄道建設公団三十年史』。

日本鉄道建設公団新潟新幹線建設局（1983）『上越新幹線工事誌（水上・新潟間）』。

日本鉄道施設協会（1994）『鉄道施設技術発達史』。

日本防火技術者協会（2015）『高齢者福祉施設の夜間火災時の防火・避難マニュアル』近代消防社。

芳賀繁（2011）「想定外への対応とレジリエンス工学」『信学技報』SSS2011-10。

芳賀繁（2012）「しなやかな現場力とこれからの安全文化」『経営情報』No. 221。

芳賀繁（2012）『事故がなくならない理由』PHP研究所。

芳賀繁（2014）「しなやかな現場力を支える安全マネジメント」『JR EAST Technical Review』No. 49。

畑村洋太郎（2005）『失敗学のすすめ』講談社。

服部東（1975）「鉄道火災技術委員会報告書　報告書が作成されるまでの経緯」『運転

協会誌』17巻6号。

林能成（2012）「東日本大震災における鉄道の避難誘導」『社会安全学研究』第2号。

原田和典（2007）『建築火災のメカニズムと火災安全設計』日本建築センター。

原田勝正（2001）『日本鉄道史　技術と人間』刀水書房。

廣井脩（1996）「1993年鹿児島水害における災害情報の伝達と住民の対応」『氾濫原危機管理国際ワークショップ論文集』。

広瀬弘忠（2004）『人はなぜ逃げおくれるのか』集英社。

広瀬弘忠（2011）『きちんと逃げる。災害心理学に学ぶ危機との闘い方』アスペクト。

広瀬弘忠（2011）『災害そのとき人は何を思うのか』ベスト新書。

広瀬弘忠・中嶋励子（2011）『災害そのとき人は何を思うか』KKベストセラーズ。

廣部妥（2012）『東日本大震災からの復活　走り出せ！　東北の鉄道』イカロス出版。

藤井浩・井口裕雄（1981）「英仏海峡トンネル防災対策」『鉄道技術研究所速報』No. 81-178。

藤枝暁生・鈴木玲子（2013）「高齢者施設における火災事故」『損保ジャパン日本興亜RMレポート』Issue98。

古田富彦（2003）「安全・危機管理に関する考察（その2）——緊急時の人間行動特性」『国際地域学研究』第6号。

Peter Zuber (2004), "Compared Safety Features For Rail Tunnels", *1st International Symposium Safe and Reliable Tunnels, Innovative European Achievements.*

防災科学技術研究所（1995）「1993年8月豪雨による鹿児島災害調査報告」『主要災害調査』第32号。

星野昌一（1969）『建築の防火避難設計』日刊工業新聞社。

堀内三郎・室崎益輝・関沢愛・日野宗門・淀野誠三（1974）「大洋デパート火災における避難行動について（その1）」『日本建築学会近畿支部研究報告書』設計計画・住宅問題。

堀内三郎（1994）『新版建築防災』朝倉書房。

毎日新聞東京本社情報調査部（1987）『戦後の重大事件早見表』毎日新聞社。

増井敏克（1943）『地下鉄の話』陽文社。

Mia Kumm (2010), "Carried Fire Load in Mass Transport Systems -a study of occurrence, allocation and fire behavior of bags and luggage in metro and commuter trains in Stockholm", *Studies in Sustainable Technology SiST 2010.*

水根義雄（1991）『二百八名の命を呑込んだ劇場火災』創栄出版。

水野敬三（1991）「ロンドン・キングスクロス地下鉄駅火災に関する技術的調査」『建築雑誌』Vol. 106No. 1312。

三井大相・若松利昭・土屋勇夫（1976）「旅客と群集心理（5）——北陸トンネル事故に見る避難行動」『鉄道労働科学研究資料』No. 76-3。

三ツ村宇充訳（1990）「予期せざる現象　トレンチ効果」『可視化情報』Vol. 10No. 38。

村上力（1999）『北陸トンネル列車火災事故』若越印刷。

室崎益輝（1993）『建築防災の安全』鹿島出版。

森田武（2003）「韓国大邱廣域市地下鉄火災（前篇）」『近代消防』41巻5号。

森田武（2003）「韓国大邱廣域市地下鉄火災（後篇）」『近代消防』41巻6号。

森田武（2003）「韓国大邱（テグ）廣域市地下鉄火災から学ぶ（前編）」『設備と管理』482号。

森田武（2003）「韓国大邱（テグ）廣域市地下鉄火災から学ぶ（後編）」『設備と管理』483号。

森本宏（2002）『火災教訓が風化している（2）』近代消防社。

森本宏（2003）『火災教訓が風化している（3）』近代消防社。

森本宏（2005）『防火管理者のためのパニック論』近代消防社。

八十島義之助（1986）「東京の通勤鉄道路線網計画に関する研究」『土木学会論文集』第371号，Ⅳ-5。

矢野恒太記念会（2006）『数字でみる日本の100年』改訂第5版。

藪内喜一郎（1984）『日本消防史　写真図説』国書刊行会。

山田常圭・鄭炳表（2003）「大邱地下鉄中央路駅火災の概要」『近代消防』41巻5号。

山田常圭・鄭炳表（2003）「大邱地下鉄中央路駅火災の概要」『火災』Vol. 53 No. 2（263号）。

山田常圭（2005）「地下街の防火安全対策の今日的課題」『予防時報』No. 222。

山之内秀一郎（2005）『なぜ起こる鉄道事故』朝日文庫。

吉村恒監修（2001）『トンネルものがたり──技術の歩み』山海堂。

Rohlén, P. and Wahlström, B. (1996), *Tunnelbaneolyckan i Baku, Azerbaijan 28 Oktober 1995*, Räddningsverket.

渡辺実・廣井脩（1994）「災害時の情報伝達方策に関する一考察──93鹿児島水害JR竜ヶ水駅災害における乗客意識調査」『地域安全学会論文報告集（4）』。

その他資料

『朝日新聞』大阪本社版，1947年4月17日ほか。

『朝日新聞』東京本社版，1950年12月21日ほか。

『朝日新聞』北海道本社版，2011年5月31日ほか。

運輸安全委員会（2004）「東海旅客鉄道株式会社中央線田立～南木曽駅間列車火災事故」『鉄道事故調査報告書』RA2004-1。

運輸安全委員会（2013）「北海道旅客鉄道株式会社石勝線清風山信号場構内列車脱線事故」『鉄道事故調査報告書』RA2013-4。

運輸安全委員会（2016）「東海旅客鉄道株式会社東海道新幹線　新横浜～小田原間列車火災事故」『鉄道事故調査報告書』RA2016-5。

運輸省「鉄道事故等報告規則」1987年2月，運輸省令第8号。

運輸省鉄道局保安車両課「事故統計資料」1990-1995年。

運輸省鉄道監督局長「地下鉄道の火災対策の基準」(鉄総第49号の2，1975年1月30日)。

運輸省鉄道局，国土交通省鉄道局『数字でみる鉄道』1991, 1995, 2001, 2016年版，運輸総合研究所。

えちごトキめき鉄道株式会社 (2013)「えちごトキめき鉄道経営基本計画」。

『大阪朝日新聞』1937年12月21日ほか。

大阪地方裁判所「近鉄生駒トンネル火災事故第一審判決」(1990年(わ)947号)『判例タイムズ』893号。

火災予防審議会・東京消防庁 (2011)「複合化するターミナル施設の防火安全対策のあり方——火災予防審議会答申」。

金沢鉄道管理局「金沢鉄道管理局報(乙)」1972年8月5日号外。

九州旅客鉄道株式会社 (1994)『93夏 豪雨災害復旧工事誌』青雲印刷。

近畿日本鉄道 (1988)「東大阪線トンネル火災事故報告書」。

近畿日本鉄道 (1988)「東大阪線トンネル火災事故報告書 添付資料」。

『交通新聞』1962年6月10日ほか。

国土交通省鉄道局『数字でみる鉄道』1991, 2001, 2011, 2016年版，運輸政策研究機構。

国土交通省鉄道局「地下駅における火災対策設備の現況について」(2003年4月11日)別添-1「地下駅における火災対策設備の現況」。

国土交通省鉄道局「地下駅における火災対策設備の現況について」(2003年4月11日)別添-2「地下鉄道の火災対策の検討体制」。

国土交通省鉄道局「地下鉄道の火災対策基準の改正について」(2004年12月27日)。

国土交通省鉄道局「鉄道に関する技術上の基準を定める省令等の解釈基準の一部改正について」(国鉄技第124号，2004年12月27日)。

国土交通省鉄道局安全対策室長 (2011)「鉄道事故等報告規則等の事務取扱いについて」。

国土交通局都市局街路交通施設課 (2014)「地下街の安心避難対策ガイドライン」。

在アゼルバイジャン日本国大使館 (2017)「バクー案内」。

地震調査研究推進本部地震調査委員会 (2017)「全国地震予測地図 手引・解説編2017年版」。

『週刊朝日』(2003.3.7) 朝日新聞出版。

消防庁『消防白書』1978年度版〜2014年度版。

Safety in Railway Tnnnels, 2002, UIC-Codex779-9.

第七十回国会衆議院「運輸委員会議録」第一号，1972年11月7日。

第七十回国会参議院「運輸委員会議録」第二号，1972年11月9日。

第七十回国会参議院「交通安全対策特別委員会議録」第二号，1972年11月10日。

第八十七回国会衆議院「運輸委員会議録」第七号，1979年4月10日。

参考文献

『中日新聞』1983年8月17日ほか。

大邱市「大邱市民安全テーマパーク　パンフレット（日本語）」。

鉄道・運輸機構（2005）「JRTT鉄道・運輸機構だより」No.5（2005春季号）。

鉄道・運輸機構発表資料「北海道新幹線（新函館北斗・札幌間）工事の計画変更について」（2016年7月22日）（2017年6月30日）。

鉄道火災対策技術委員会（1974）「鉄道火災対策技術委員会報告付属資料Ⅰ　委員会資料編（1972年12月～1973年10月）」。

鉄道火災対策技術委員会（1975）「鉄道火災対策技術委員会報告　付属資料Ⅲ　委員会資料編」。

鉄道火災対策技術委員会（1975）「鉄道火災対策技術委員会報告書」。

TRANSAC. 9/9Technical Specification for Interoperability, 2005, 01/16-ST06.

『奈良新聞』1987年9月22日ほか。

『奈良日日新聞』1947年4月17日ほか。

鉄道監督局（1957）「電車の火災事故対策に関する処置方について」鉄運第5号。

『東京朝日新聞』東京本社版, 1939年5月10日ほか。

東京消防庁・火災予防審議会（1991）「都市の地下空間における施設の防火安全対策に係る調査報告書」

鉄道に関する技術上の基準を定める省令（2005年12月25日国土交通省令第151号）第8章車両第六節「動力車を操縦する係員が単独で乗務する列車等の車両設備」。

東海旅客鉄道株式会社・西日本旅客鉄道株式会社「東海道・山陽新幹線の防犯カメラの増設について」（2015年7月6日）。

名古屋市消防局地下鉄栄駅変電室火災事故対策委員会（1983）「地下鉄栄駅変電室火災に関する報告書」。

西日本旅客鉄道株式会社敦賀地域鉄道部（2013, 2014）「北陸トンネルお客様避難・誘導訓練（資料）」。

『日本経済新聞』東京本社版, 1972年11月6日ほか。

日本国有鉄道運転局（1972）「桜木町駅における列車火災事故について」。

日本国有鉄道運転局保安課「運転事故通報」第1号（1949年4月分）～第453号（1986年12月分）。

日本国有鉄道金沢鉄道管理局長（1972）「北陸トンネル列車火災事故医療対策委員会規程」金局達第74号。

日本国有鉄道金沢鉄道管理局運輸部（1979）「長大トンネル火災対策の問題点について」。

日本国有鉄道金沢鉄道管理局運輸部（1979）「長大トンネル火災対策設備について」。

日本国有鉄道監査委員会（1973）「北陸本線北陸トンネル列車火災事故に関する特別監査報告書」。

日本国有鉄道総裁「列車火災事故防止対策の実施について」（運保第853号, 1972年12

月5日）。

『福井新聞』1972年11月6日ほか。

福井地方裁判所「北陸トンネル列車火災刑事事件判決」（1974年（わ）220号）『判例時報』1003号。

北海道旅客鉄道株式会社「安全輸送の確保に関する事業改善命令に対する改善措置について」安全第39号，2011年9月16日。

北海道旅客鉄道株式会社「トンネル諸元表（抜粋）」2011年9月16日。

北海道旅客鉄道株式会社「青函トンネルにおける防災設備，お客様避難に関する考え方及び現段階での車両調査について」2015年4月8日。

北海道資旅客鉄道株式会社「北海道新幹線開業に向けた取り組みについて（異常時対応訓練の実施・避難誘導設備の増強）」2015年12月22日。

『北国新聞』1972年11月7日ほか。

『毎日新聞』大阪本社版，1947年4月17日ほか。

『毎日新聞』東京本社版，1968年1月27日ほか。

『毎日新聞』北海道本社版，2011年5月29日ほか。

宮古線における列車火災試験グループ（1977）「トンネル走行下の列車の火災性状——宮古線猿峠トンネルにおける列車火災試験」『鉄道技術研究報告』No. 1032。

『大和タイムズ』1947年4月17日ほか。

UNITED NATIONS（2003），*RECOMMENDATIONS OF THE MULTIDISCI-PLINARY GROUP OF EXPERTS ON SAFETY IN TUNNELS*（*RAIL*）.

『読売新聞』大阪本社版，1987年9月22日ほか。

『読売新聞』東京本社版，1959年1月17日ほか。

『読売新聞』北海道本社版，2011年5月28日ほか。

列車火災事故防止対策専門委員会（1975）「長大トンネルにおける列車火災発生時のマニュアルの概要」。

列車火災事故防止対策専門委員会（1976）「列車火災事故防止対策の現状と今後の進め方について」。

『和歌山新聞』1956年5月8日ほか。

ホームページ資料

『朝日新聞』DIGITAL，2015年8月29日，9月3日，http://www.asahi.com/articles/DA3S11938632.html，http://www.asahi.com/articles/DA3S11945102.html。

Azerbaijans.com "Metro" http://www.azerbaijans.com/content_789_en.html.

Elizabeth Atwell and Pirouz Khanlou（1995）*Baku's Metro Accident A Challenge to Strategize*, *AZERBAIJANINTERNATIONAL*, Winter1995. https://azer.com/aiweb/magazine/34_folder/34_articles/34_metro.html.

赤塚広隆・小林英男「地下鉄工事現場での都市ガス爆発」失敗知識データベース，

http://www.sozogaku.com/fkd/lis/hyaku_lis.html。

海難審判・船舶事故調査協会ホームページ「裁決録検索システム」http://www2.
maia.or.jp/list.php。

外務省ホームページ，http://www.mofa.go.jp/mofaj/gaiko/oda/shiryo/kuni/11_data
book/pdfs/03-06.pdf。

北後明彦「火災調査の歴史——建築物の避難安全計画に果たしてきた役割」http://
www.research.kobe-u.ac .jp/rcuss-usm/hokugo/kenchikukasai/kasairekishi-
word.html。

国土交通省（2015）「鉄軌道輸送の安全にかかわる情報」2014年度，http://www.
mlit.go.jp/tetudo/tetudo_fr8_000020.html。

国土交通省鉄道局（2010）「鉄道利用者等の理解促進による安全性向上に関する調
査」http://www.mlit.go.jp/tetudo/tetudo_fr8_000005.html。

国土交通省ホームページ「2010年度全国都市交通特性調査の調査結果について」
http://www.mlit.go.jp/toshi/city_plan/toshi_city_plan_tk_000007.html。

国土交通省ホームページ「全国幹線旅客純流動調査」第5回（2010）調査，http://
www.mlit.go.jp/common/001005632.pdf。

国土交通省ホームページ「鉄道のテロ対策」http://www.mlit.go.jp/tetudo/tetudo_
tk1_000007.html。

国土交通省ホームページ「1974年の海上における人命の安全のための国際条約（SO-
LAS条約）」http://www.mlit.go.jp/kaiji/imo/imo0001_.html。

The Daily Telegraph. London ホームページ（2008年9月11日）http://www.telegra
ph.co.uk/travel/travelnews/.2800485/Channel-Tunnel-closed-after-freight-train-
fire.html.

The New York Times, October 30, 1995, World, *Subway Fire Kills 300 in Caucasus
Capital*, http://www.nytimes.com/1995/10/30/world/ subway-fire-kills-300-in-
caucasus-capital.html.

消防防災博物館ホームページ，http://www.bousaihaku.com/cgi-bin/hp/index。

総務省統計局『世界の統計』2009年度版，http://www.stat.go.jp/data/sekai/pdf/200
9al.pdf，2013年度版，http://www.stat.go.jp/data/sekai/pdf/2013al.pdf。

大邱廣域市ホームページ「大邱市の公式ウェブサイト Storytelling 大邱」http://japa
nese.daegu.go.kr/cms/cms.asp?Menu=943&Category=0&Key=&Keyword=&Pa
ge=3&BoardId=14954&Action=view&Current=0&type=2。

大邱都市鉄道公社ホームページ，https://www.dtro.or.kr/japan/main/main.html。

大邱都市鉄道公社ホームページ「運営現況」http://www.dtro.or.kr/open_content_
new/jpn/index。

東京メトロホームページ「路線・駅の情報，日比谷線」http://www.tokyometro.jp/
station/line_hibiya/index.html。

名古屋市交通局ホームページ「栄駅構内図」https://www.kotsu.city. nagoya.jp/pc/
　　SUBWAY/station_campus.html。
日本地下鉄協会ホームページ「日本の地下鉄」http://www.jametro.or.jp/japan/。
日本トンネル技術協会ホームページ「長大トンネルリスト」http://www.japan-tunnel.
　　org/Gallery_best10。
バクー地下鉄ホームページ，http://www.metro.gov.az。
阪急電鉄ホームページ，http://www.hankyu.co.jp/station/pdf。
BBC NEWS ホームページ（2008年 9 月12日）http://news.bbc.co.uk/2/hi/uk_news/
　　7611622.stm。
「防災情報新聞」http://www.bosaijoho.jp/。
北海道総合政策部交通政策局新幹線推進室ホームページ「北海道新幹線のページ」
　　http://www.pref.hokkaido. lg. jp/ss/skt/。
北海道旅客鉄道株式会社ホームページ「青函トンネルの構造」http://www. jrhokkai
　　do.co.jp/seikan/02.html。

あ　と　が　き

　筆者が本書を執筆している最中の2017年5月26日，山陽新幹線の車内で放火事件が発生した。幸いにも近くにいた乗客により火は消し止められたが，2015年6月30日に東海道新幹線で発生した放火事件を彷彿させるものであった。山陽新幹線の放火事件では幸い死傷者は出なかったが，最近の緊迫する国際情勢や2年後の東京オリンピック開催などを考慮すると，航空業界に比べセキュリティー対策が不十分な鉄道をターゲットとしたテロ行為は，今後も発生する可能性があり，安全対策を拡充していく必要がある。

　ところで，筆者が本書を執筆するきっかけとなったのは，大学院博士後期課程への進学にある。博士論文では，過去に発生した鉄道事故を体系的に分析し，今後も管理すべき残留リスクのある鉄道事故について論じた。その一つがトンネル火災である。本書は，博士論文をベースとしつつも，構成の見直しを行い，鉄道トンネル火災に焦点を当てて書き上げたものである。

　筆者は鉄道事故と安全対策を研究する者として，鉄道トンネル火災でお亡くなりになられた方々や被害に遭われた方々の無念さや思いなどを心に刻みつつ，二度とトンネル列車火災事故を再発させてはならないという一心で本書を綴った。ただ，筆者は火災や消防の専門家ではない。そのため，本書に分析の甘さや誤りがあるとすれば，その責はひとえに筆者にある。

　本書では過去に国内外で発生した代表的な列車火災事故を詳細に分析した。第2章で扱った北陸トンネル火災事故は，46年経過した現在でもなお，多くの汲み取るべき教訓を投げかけている。また，第3章で分析した大邱地下鉄火災事故は，地下鉄火災の恐ろしさや放火という新しいタイプの列車火災があることを日本の鉄道関係者に再認識させた事例であった。これらの火災の事例については，単に過去に発生した大惨事として歴史的出来事にとどめるのではなく，

「将来における鉄道の安全を，如何に学ぶか」という視点でそれらを見直し，必要な教訓を引き出していくことが重要である。

　筆者は，これまで経験してきた多くの火災事故に基づき策定されたハード・ソフト対策が施されていれば絶対安全であるという過信は捨て，災害に遭遇した際には如何に正しい判断を短時間のうちに行い，有効な対策を取捨選択していくかが被害を最小限にとどめるポイントになると考えている。安全対策に終着点はないという認識のもと，私たちは常に最良と思われる安全を追求していかなくてはならない。

　最後に，本書を出版するにあたって，大学院の指導教授である関西大学大学院社会安全研究科の安部誠治教授，筆者の勤務先の西日本旅客鉄道株式会社安全研究所の河合篤所長や同僚諸兄，なかでも小川洋治氏，ミネルヴァ書房の梶谷修氏には大変お世話になった。この場を借りて深く感謝を申し上げる。

2018年2月

吉田　裕

韓国・大邱市にある大邱市民安全テーマパーク

（筆者撮影）

索　引

（＊は人名）

あ 行

＊秋田一雄　*279*

安治川口駅列車脱線事故　*10, 12*

アセチレンガス切断機　*260*

アゼルバイジャン　*193*

圧気シールド工法　*145*

安全エリア　*264, 266, 269*

安全ガイドブック　*212*

安全区画　*264*

安全神話　*99, 277*

安全の綱領　*29*

安定度検査器　*54, 65*

池之坊満月城火災　*55, 253, 256*

生駒トンネル　*37, 111, 113*

生駒トンネル火災事故　*111*

石切き電開閉所　*113*

異常時対応能力　*165, 170, 172*

異常出水　*74*

一時避難　*211, 231, 264, 266, 270, 274*

一酸化炭素　*45, 82, 107, 267*

一酸化炭素中毒　*38, 83, 120, 195, 196, 203, 204, 259, 267*

＊糸谷成章　*85, 138*

今庄駅　*103, 104*

今庄口　*82, 100, 105*

引火　*42*

引火点　*42*

インシデント　*6*

咽頭炎　*118*

梅田駅　*205*

ウルドゥズ駅　*194*

運転士知らせ灯　*20, 21*

運転阻害　*5*

運輸政策審議会　*147*

営団地下鉄日比谷線　*197*

英仏海峡トンネル　*228, 234, 237*

英仏海峡トンネル火災事故　*234*

駅ナカ　*271*

エネルギー　*41*

沿線電話　*81, 101, 104*

煙突状態　*154, 268*

オイルショック　*124*

逢坂山トンネル　*69*

大江戸線・六本木駅　*26*

大阪市営地下鉄御堂筋線　*205*

屋外非常階段　*262*

渡島トンネル　*24*

鬼峠トンネル　*73*

折渡トンネル　*70*

か 行

介護避難型　*264*

開削工法　*25, 71, 143, 186*

海底トンネル　*31, 38, 227*

海難審判・船舶事故調査協会　*247*

改良型ATS　*28*

化学消防車両　*95*

化学的消火法　*42*

架空電車線方式　*197*

火災検知装置　*230*

火災報告取扱要領　*42*

313

火災報知装置　152, 161, 162, 202, 266, 275

火災列車走行試験　45, 95, 130, 223

火事ぶれ　266

樫曲斜坑　77, 103

ガス爆発　73

可燃性物質　14, 20, 42, 155

神谷町駅　199

狩勝実験場　46

川治プリンスホテル火災　56, 246, 252, 255, 256, 260, 266, 267

貫通扉　15, 46, 49, 95, 122, 134, 159, 194, 223

鑑定書　85, 138

感電　81, 87, 183, 212

関門トンネル　71

気管支炎　118

気管支拡張剤　120

機関全停止ボタン　120

帰巣性　55

北側トンネル　228, 235

き電　81, 87, 199, 205

軌道短絡器　79, 101

気道熱傷　15

軌道用消防車両　178

木ノ芽信号所　79, 101

気密性　236

旧生駒トンネル　35, 112

旧生駒トンネル火災事故　35

救援列車　82, 103, 116, 199, 233

急行安芸号　90

急行きたぐに号　79

急行立山3号　79, 101

救助活動　82, 100, 126, 134, 176, 195

救助者　107

急性呼吸不全　113

虚偽申告　158

距離帯別代表交通機関別分担率　2

キロ程　14, 100

緊急停止信号　104

緊急停止手配　90

緊急用工作車　114

キングス・クロス駅　186, 188

キングス・クロス駅火災事故　186, 277

近鉄奈良線　35, 112

近鉄東大阪線　37, 112

空気呼吸器　114, 126, 172, 175, 176, 178, 197, 213

くすぶり　191

頸城トンネル　76, 270

クラブカー　234, 236

群集　52

群集心理　52

群衆避難型　263

訓練用トンネル設備　239

携帯拡声器　114

携帯電話　117, 121, 131, 157

携帯用誘導灯　269

けいれん　111

ケーブル放火事件　12, 278

下水暗渠　83, 89, 106

減光係数　44, 65

建築基準法　49, 51

現場への権限移譲　62

鋼アーチ式支保工　72

高圧酸素治療　83

向開放性　55

向光性　55

高信頼性組織　62

構造物割合　22

高速度遮断器　87

喉頭炎　118

高熱除去作業　178

勾配改良　70, 77

交流電化　77

呼吸困難　159, 165, 191

呼吸障害　45

索　引

国鉄金沢鉄道管理局（金鉄局）　*81, 89, 97, 100*

国鉄監査委員会　*78, 85, 94*

国鉄バス南予線火災　*249*

国内貨物輸送量　*3*

国内旅客輸送量　*1*

故障発生警報灯　*234*

＊小松原盛行　*138*

コミュニケーション　*52, 168*

コミュニケーションエラー　*207*

コミュニケーション不足　*192, 207*

さ 行

サービストンネル　*228, 235, 237*

栄駅火災事故　*39, 200*

栄駅変電室　*200, 202*

桜木町駅列車火災事故　*10, 49, 87*

笹子トンネル　*69, 111*

上仁洞ガス爆発事故　*172*

山岳トンネル　*24, 31, 69, 76, 130, 223*

酸欠状態　*110*

酸素　*41, 47*

酸素切断機　*124*

三豊百貨店崩落事故　*157, 158*

三陸鉄道北リアス線　*61*

残留リスク　*11, 13*

シアン化水素　*45*

シールド工法　*26, 70, 71, 145, 186*

シェルター　*211, 270*

視界不良　*47, 165, 180, 182, 185, 274*

自己防衛規制　*53*

事故撲滅　*276*

地震調査委員会　*278*

自然換気　*51, 224*

自然発火　*42*

失踪者申告　*157*

失踪者認定死亡審査委員会　*157*

実物大実験　*48*

死のダイブ　*55*

自閉式鉄製扉　*268*

支保工　*71*

清水トンネル　*71*

斜坑　*76, 77, 113, 135, 268*

斜坑ケーブルカー　*39, 231, 234*

車載モニター　*271*

車掌長　*14*

車内待機　*223*

集合　*52*

集団　*52*

出火エリア　*264*

上越新幹線　*122*

上越線列車火災事故　*37*

消火活動　*134, 178*

消火器　*79, 94, 126, 135, 160, 166, 171, 256, 258, 261*

消火訓練　*191*

消火栓　*95, 166, 256, 261*

消火専念型　*251*

消火の4要素　*42*

上昇気流　*47*

焼身自殺　*14, 38*

消防への通報　*131, 134*

消防法　*49, 51*

乗務員用無線機　*79, 87*

照明　*87, 107, 114, 131*

初期消火　*88, 105, 126, 128, 191, 204, 206, 224, 256*

除去消火法　*42*

初動体制　*204*

白木屋百貨店火災　*56, 256*

新生駒トンネル　*112*

新幹線放火事件　*12, 13, 38, 278*

新建材　*85*

新清水トンネル　*76*

寝台特急日本海号　*98*

＊神忠久　*54*

315

新地駅　62

新北陸トンネル　25

心理的動揺度　54

スイッチバック　77

水平避難　264, 275

数値シュミレーション　48, 64

スプリンクラー　153, 167, 256, 260

スマートフォン　20, 22

青函トンネル　24, 75, 227

青函トンネル火災事故　39, 231

青函トンネル火災対策委員会　228, 279

成功体験　99, 276

正常性バイアス　53, 182

生存意欲　55

聖母の園養老院火災　246

赤外線温度式火災検知器　233

石勝線・清風山信号場構内　12, 37, 117

石勝線トンネル火災事故（石勝線・清風山信号
　場構内列車脱線事故）　12, 37, 85, 116, 133

石北本線トンネル火災事故　36

絶対安全　276

セルロイド　248-250

全国幹線旅客純流動調査　2

全国地震予測地図　手引・解説編　2017年度版
　278

全国新幹線鉄道整備法　122

全国都市交通特性調査　1

潜在的要因　276, 277

仙石線　61, 62

全断面掘削工法　71, 77, 124

千日デパート火災　55, 248, 252, 256, 267

ゾーンモデル　64

＊十河信二　77

ソビエト連邦　193

た　行

ターミナル駅　271

第1種の安全　57

第2種の安全　57

第一二ニウトンネル　37, 117

体温保護シート　120

大火　239

大火源火災　226

対岸の火事　174

大規模火災　239, 245

第三軌条方式　39, 183, 194, 197, 212

第三セクター化　24, 135

大清水トンネル　24, 74, 124

大清水トンネル火災事故　122, 277

大深度トンネル　25, 269

代表交通手段別構成比　1

大洋デパート火災　56, 249, 255-257

武生駅　104

正しいルール違反　57

竜飛定点　39, 231

竪坑（立坑）　69, 76, 113

縦割り行政　100

たれ壁　160

丹那トンネル　70, 72, 99

地下街に関する基本方針　265

地下街の取扱いについて　265

地下鉄　24, 143

地下鉄安全企画団　170

地下鉄安全展示館　172

地下鉄サリン事件　13

地下鉄道の火災対策検討会　226

地下鉄道の火災対策の基準　49, 51

地下鉄道の火災対策の基準について　224

地下鉄道の火災対策の基準の取扱いについて
　51, 224

地下鉄駅ホームの深度化　25, 27

地下鉄連続爆破事件　195

蓄光式案内板　171

窒息事故　31

索　引

窒息消火法　*42*

チャネルトンネル　*228*

中央路駅　*149, 150, 153, 175*

中央本線トンネル放火事件　*20, 38*

中性帯　*209, 220*

チューブ　*186*

頂設導坑式　*69*

長大トンネル　*41, 70, 71, 75, 77, 86, 98, 134*

直通階段　*211, 269*

追従性　*55*

敦賀駅　*79, 103*

敦賀口　*82, 97, 100*

敦賀市消防署　*100*

底設導坑先進上部半断面工法　*71*

底設導坑式　*69*

低体温患者　*120*

定置燃焼試験　*45*

定点　*227*

停電　*82, 86, 103, 113, 160, 185, 203, 212*

大邱廣域市　*148*

大邱廣域市消防本部　*174*

大邱市交通改善方策に関する研究　*149*

大邱市民安全テーマパーク　*172, 174*

大邱地下鉄１号線　*150*

大邱地下鉄火災事故　*41, 148, 170*

大邱地下鉄中央路駅　火災事故白書　*157*

鉄製格子扉　*268*

鉄道運転事故　*5-7*

鉄道営業法　*49*

鉄道火災対策技術委員会　*94, 95, 130, 223*

鉄道火災対策技術委員会報告書　*94, 268*

鉄道技術研究所　*45*

鉄道事故等報告規則　*5*

鉄道人身障害事故　*5-7*

鉄道テロ対策連絡会議　*13*

鉄道に関する技術上の基準を定める省令　*49,*
　51, 226, 271

鉄道に関する技術上の基準を定める省令等の解
　釈基準　*226*

鉄道敷設法　*76*

電車の火災事故対策に関する処理方について
　50

電車の火災事故対策について　*50, 51*

点滅型誘導灯　*171, 264, 269*

点滅スイッチ　*87*

東海道新幹線　*13*

同化性バイアス　*53*

東京高速鉄道　*147*

東京消防庁・火災予防審議会　*48*

東京地下鉄道　*147*

同調性バイアス　*53*

東洋化工工場爆発　*245*

常盤線　*62*

特別高圧線　*113, 115*

都市交通審議会　*147*

都市交通審議会１号答申　*197*

都市鉄道総合安全対策　*170*

都市トンネル　*24, 31, 38, 143, 224*

都市の地下空間における施設の防火安全に係る
　調査報告書　*48*

都市部山岳工法　*71*

ドッジ・ライン　*202*

ドリルジャンボ　*74, 124*

トレンチ効果　*190*

トンネルの長大化　*24, 25*

トンネル標準示方書（山岳編）　*71*

トンネル比率　*22*

な　行

中山トンネル　*71, 74, 124*

名古屋市営地下鉄東山線　*39, 200*

ナリマン・ナリマノフ駅　*194*

南海高野線トンネル火災事故　*36, 50*

難燃材　*20, 86*

317

難燃性　*85, 171*

西本願寺別院　*96*

２段降下式　*264*

日常的習慣型　*252*

日豊本線竜ヶ水駅土石流災害　*58*

２方向避難の原則　*262*

人間の五感　*255*

認定死者　*157*

熱傷窒息　*203*

熱中症　*43*

燃焼　*41*

燃焼の３要素　*41*

燃焼理論　*41*

燃料　*41*

野蒜駅　*61, 62*

は　行

パイパー・アルファ海底油田ガス管爆発事故
　56

ハウエル研究所　*190*

バクー　*193*

バクー地下鉄火災事故　*41, 193*

バケツリレー　*258*

場所打ちコンクリート　*69*

発炎筒　*108*

発火　*42*

発火点　*42*

発光性誘導灯　*168, 210*

発破事故　*73*

パニック　*53, 188*

葉原斜坑　*104*

＊浜田稔　*139*

＊早川徳次　*147*

反統制群集　*52*

東日本大震災　*59*

ピカデリー線　*186*

被災者　*107*

非出火エリア　*264*

非常ブザー　*16, 18*

非常ブレーキ　*16, 18, 20*

非常誘導灯　*167*

非常用ドアコック　*49, 169, 179, 208*

非常用バッテリー　*179, 208*

非統制群集　*52*

避難経路　*51, 262*

避難行動　*100, 111, 179, 182, 184, 195, 210, 261*

避難行動分析　*100, 107, 128, 131, 206*

避難阻止型　*252, 257*

避難誘導　*39, 58, 76, 89, 94, 100, 119, 121, 133, 191,*
　200, 203, 205, 209, 223, 224

避難誘導専念型　*253*

日比谷線火災事故　*38, 50, 197, 277*

ヒューマンエラー　*56, 88*

開き戸　*264*

＊広瀬弘忠　*53*

フィールドモデル　*64*

フールプルーフ　*263*

フェールセーフ　*262*

フェーン現象　*240*

深坂トンネル　*77*

吹付けコンクリート　*71, 72*

福井地方裁判所　*79*

複合化するターミナル施設の防火安全対策のあ
　り方―火災予防審議会答申　*272*

＊福沢桃介　*146*

輻射熱　*165*

福知山線列車事故　*6, 12*

＊布施田廣義　*138*

普通鉄道構造規則　*51*

不適切な手順書　*56*

不燃材　*20, 86, 114, 165*

不燃性　*85*

踏切障害事故　*5-7*

不明火　*85*

索　引

不用意な楽観型　*252, 255*
フラッシュオーバー　*43, 45, 190, 209*
プリアムーリエ号火災　*247*
＊ブルネル，マルク・イサンバール　*145*
分散避難型　*264*
閉鎖空間　*46, 47*
ヘモグロビン　*45*
防火区画　*259, 262, 266, 268*
防火シャッター　*151, 160, 180, 202, 209, 256, 259,*
　268
防火対象物　*100, 265*
防火扉　*229, 256, 259, 262, 267, 270*
放火犯　*14, 19, 20, 153, 155*
防護無線　*21*
防災協定　*205*
防災行動　*212*
防災情報監視システム　*227*
防毒マスク　*95, 106, 161, 172, 212, 213*
防犯カメラ　*12, 19, 22*
北陸新幹線　*25*
北陸隧道　*77*
北陸ずい道工事誌　*99*
北陸トンネル　*76, 77, 79, 98*
北陸トンネル火災事故　*10, 36, 40, 41, 51, 79, 82,*
　90, 99, 130, 133, 220, 247, 276
北陸トンネル災害症　*83*
北陸トンネル列車火災刑事事件判決　*79*
北陸トンネル列車火災事故医療対策委員会　*83*
北陸トンネル列車火災事故対策本部　*90*
北陸本線　*76*
北陸本線北陸トンネル列車火災事故に関する特
　別監査報告書　*78*
＊星野昌一　*139*
北海道新幹線　*24, 39, 76, 233*
布袋座火災　*248*
ホテルニュージャパン火災　*55, 255*
保登野沢工区　*124*

保登野沢斜坑　*126, 128*
墓標安全　*276*
ポリウレタンフォーム　*166*
ポリエチレン　*166*
＊ホルナゲル，エリック　*57*
＊洪元和　*183*
本能的危険回避性　*55*

ま　行

マスターキー　*161, 169, 179*
マニュアル主義　*57*
マンホール　*108, 270*
三河島駅列車衝突事故　*9, 78*
密閉型シールド工法　*145*
南側トンネル　*228, 235*
南富田小学校火災　*250*
未覆工区間　*124, 127*
宮古線　*46*
＊ミラー，H.T.　*28*
無統制群集　*52*
メトロポリタン鉄道　*143, 186*
モーターカー　*95, 106, 127*
モータリゼーション　*1*
木製エスカレーター　*188*
木製支柱式支保工　*71, 72*

や　行

火傷　*38, 43*
柳ヶ瀬トンネル　*31, 69*
誘導音装置付き誘導灯　*264, 269*
有毒ガス　*47, 82, 107, 113, 133, 154, 160*
湯沢トンネル　*129*
輸送障害　*5-7*
ユニバーサルデザイン　*274*
予防安全　*276, 277*

ら 行

落盤事故 *72*
＊ラボアジェ，アントワーヌ *41*
＊リーズン，ジェームズ *56*
リーダー *59, 111, 121, 134, 252, 269*
リーダーシップ *131, 133, 134, 212, 224, 267, 271*
リスクアセスメント *278*
ル・シャトル *234*
＊ル・ボン，ギュスターヴ *52*
冷却消火法 *42*
レジリエンスエンジニアリング *56*
列車火災事故 *5, 10*
列車火災事故防止緊急対策 *90*
列車火災時における処理手順について *86*
列車事故 *5, 6*
列車衝突事故 *5*
列車脱線事故 *5*
列車長 *14, 18, 88*
列車追尾システム *236*
列車防護 *79, 171*
連絡誘導路 *228, 231*
連絡用ブザー *16*
漏えい同軸ケーブル *90*
籠城 *47, 55, 103, 111, 133, 252, 262, 267, 269*
ロープコンベアー *95*
ロシアE型 *194, 196, 218*
ロックボルト *71, 72*
六本木駅 *199*
ロンドン同時爆破テロ *13*

わ 行

渡り板 *233*
ワンセグ放送 *61, 62*

欧 文

A-A 基準 *51, 198*
A-A 様式 *50, 197, 198, 200*
ATC *10, 18, 28, 150*
ATO *150*
ATS *9, 28*
ATS-P *28*
A 様式 *50, 65*
B 様式 *50*
CCTV カメラ *152, 157, 163*
EGS *18*
EU *239*
FRP *166*
HGV *234*
HNC *166*
LCP *152*
MH タイプ *188*
NATM *71, 136*
SOLAS 条約 *265*
The Handbook of Tunnnel Fire Safety *237*
TRS *171*
UIC *239*
UNECE *239*

〈著者紹介〉

吉田　裕（よしだ　ゆたか）
　1972年　生まれ
　1995年　西日本旅客鉄道株式会社　入社
　　　　　線路の保守関係業務に携わった後，大和軌道製造株式会社や鉄道総合技術研究所
　　　　　への出向を経て，軌道材料（主に分岐器）の開発などを担当
　　　　　2006年より同社安全研究所に勤務，現在に至る
　2016年　関西大学大学院社会安全研究科後期博士課程修了，博士（学術）
　2017年　関西大学社会安全学部非常勤講師
　主　著　『踏切事故はなぜなくならないか』（共著）高文研，2015年，47-106頁
　　　　　『改訂版　日本の鉄道の歴史と発展（韓国語）』（共著）ブックギャラリー，2017年，
　　　　　210-246頁
　　　　　「国有鉄道における鉄道事故に関する史的分析序説」『鉄道史学』第32号，2014年，
　　　　　31-47頁
　　　　　「ヒューマンエラーに起因する鉄道事故の防止に関する一考察」『公益事業研究』
　　　　　第66号，2015年，1-10頁
　　　　　「北陸トンネル列車火災事故とその教訓」『鉄道史学』第33号，2015年，17-35頁

鉄道トンネル火災事故の検証
──避難行動の心理と誘導のあり方──

2018年3月30日　初版第1刷発行　　　　　　　　　〈検印省略〉

定価はカバーに
表示しています

著　者　吉　田　　　裕

発行者　杉　田　啓　三

印刷者　藤　森　英　夫

発行所　株式会社　ミネルヴァ書房

607-8494　京都市山科区日ノ岡堤谷町1
電話代表　（075）581-5191
振替口座　01020-0-8076

©吉田　裕，2018　　　　　　　　　亜細亜印刷・新生製本

ISBN978-4-623-08278-0

Printed in Japan

鉄道とトンネル

————————小林寛則／山崎宏之　著　4-6判　320頁　本体2200円

●日本をつらぬく技術発展の系譜　鉄道トンネルには，鉄道技術の発展だけでなく，日本の近代化の歴史全般を見ることができる。

決断力にみるリスクマネジメント

————————亀井克之　著　4-6判　308頁　本体2000円

「決断力」をキーワードに，具体的な事例（ケース）を通して，リスクマネジメントの意義やリスクへの対処の仕方を学ぶ。

事故防止のための社会安全学

————————関西大学社会安全学部　編　A5判　328頁　本体3800円

●防災と被害軽減に繋げる分析と提言　学際融合的アプローチと実践的・政策的アプローチを統合し課題に対峙。

リスク管理のための社会安全学

————————関西大学社会安全学部　編　A5判　288頁　本体3800円

●自然・社会災害への対応と実践　複雑化する現代のリスク要因を分野横断的研究から考察する。

防災・減災のための社会安全学

————————関西大学社会安全学部　編　A5判　250頁　本体3800円

●安全・安心な社会の構築への提言　最先端の学際的研究から自然災害への総合的対策を検証。

東日本大震災 復興5年目の検証

————————関西大学社会安全学部　編　A5判　380頁　本体3800円

●復興の実態と防災・減災・縮災の展望　東日本大震災以降，学際的視点から5年間の復興支援を分析した研究成果。

————————ミネルヴァ書房————————

http://www.minervashobo.co.jp/